培养“野性而又高贵”的孩子（二）

Cultivate the wild and noble child

柯领 著

世界知识出版社

图书在版编目（CIP）数据

培养野性而又高贵的孩子. 2 / 柯领著. —北京:世界知识出版社，2016.7

ISBN 978-7-5012-5275-6

Ⅰ.①培… Ⅱ.①柯… Ⅲ.①家庭教育 Ⅳ.①G78

中国版本图书馆CIP数据核字（2016）第182634号

责任编辑 张 萱
责任校对 马莉娜
责任出版 赵 玥

书 名 培养野性而又高贵的孩子2
Peiyang Yexing Er You Gaogui De Haizi 2

作 者 柯领

出版发行 世界知识出版社
地址邮编 北京市东城区干面胡同51号（100010）
网 址 www.ishizhi.cn
电 话 010-65265923（发行） 010-85119023（邮购）
经 销 新华书店
印 刷 北京温林源印刷有限公司
开本印张 787×1092毫米 1/16 23 印张
字 数 363千字
版次印次 2016年11月第一版 2016年11月第一次印刷
标准书号 ISBN 978-7-5012-5275-6
定 价 38.00元

序　如何“培养野性又高贵的孩子”？

教育的目的，不是成功，而是幸福。教育质量的标准，不只是分数，而是身、心、脑和谐完整的生命。这不仅仅是对教育终极意义的思考与追求,也是对当前一些教育误区的反思与矫正。我们不光要关注孩子“今天走得快不快”，还要关注孩子“明天走得远不远”，更要关注孩子“每天过得好不好”！我们不能让孩子在拥有知识和分数的同时，失去凝望世界的好奇，失去追逐梦想的激情，失去创新创造的勇气，失去博爱感恩的情怀。

高明的园艺师，不是能把任何树都变成自己想要的样子，而是尊重每一棵树的天性，让枝叶得到最合适的发挥。每棵树都有自己的内生力量，枝头一长出来就把它剪掉，就好像“让一个有抱负的人刚一开口就闭嘴”一样，会让它无所适从。老师和家长的职责，是给孩子们最适合自己的发展方向，让他们发挥出最大的能力。

教育不是一副猛药，一贴见效，而是像水一样，无声地滋润着孩子的心灵。教育是一个漫长而艰苦的过程，不是哪一件事让孩子顿悟，而是每一件事的累积。所以，我们要调整好自己的心态，凭着自己的智慧和耐心，去寻找适合孩子的方法。 永远记住孩子是大人的缩小版！教育是留给孩子最宝贵的财富！

最近，又认真拜读了旅美学者柯领先生的教育专著《培养“野性而又高贵”的孩子 2》一书，让人感慨万千、浮想联翩……

教育应该培养人怎样去生活，而非简单的为了谋生

教育应该是培养人怎样去生活，而非简单地去谋生。生活才是最根本的，生活需要感情，需要浪漫！我们的教育误区往往把死知识的灌输和道德的教条看得非常重要，用一种非常枯燥、乏味和专制的手段强迫孩子去学习。兴趣是一种情感，但是我们却用所谓的命令和纪律代替情感，变成了工具化人格与物欲化生存。人不是工具，人是教育的最终目的，人要诗意化生存，审美和谋幸福是教育的核心与灵魂。正如威廉·莫里斯所言："我们必须将这片土地由冰冷无情的工厂改造为花园……直到有一天，我们的头顶出现清澈的蓝天，脚下长出茵茵的青草，工人们可以恢复享受四季之美好，博物馆与学校不再是专属有钱人的消遣，大地之美被重新交还给大众。"这就是我们的真正教育理想。

要唤醒每个孩子内心的英雄，让他们成为最好的自己

每个孩子的内心都有一个英雄，做好父母与老师的秘诀就是要尽量唤醒孩子内心的这个英雄，并成为他们最好的自己。我非常赞同这个观点。长期以来，应试教育通过死记硬背和题海战术折磨孩子，学习过程枯燥乏味，学习效率非常低下。成功的教育＝先进的理念＋经典的内容＋孩子喜欢的方法，优秀的教学要站在建构主义情景认知论的角度，让生命的体验成为起点，形成体验－理解－实践的循环训练教学体系，让孩子充分把握知识的结构与规律，形成举一反三和融会贯通的学习习惯与能力。最终的结果就是教给学生"如何学会学习"，在快乐高效的学习过程中洞悉真理和智慧的奥秘，并唤醒每个孩子内心的英雄，让他们成为最好的自己。

"健康与快乐"是教育的普遍信条

每个孩子都是天才，教育是农业而非工业，农业需要阳光、空气、水和精耕细作，而工业则是批量化生产。人类的教育在奔波了两千多年以后，现在正在走向一个转折点。教育要以挖掘人的潜能、价值和探索人的幸福为出发点，要学会倾听和理解学生，不应简单的关注结果，更应享受快乐学习和思考的过程，校园文化要在流行文化和高雅文化之间保持一种平衡，尽可能把孩子培养成“野性而又高贵”的未来精英，教学围绕从小培养孩子“艺术的感觉、哲学的思辨、科学的实证”这三大核心素质为目标。正如柯领所言：“我要像思想家罗素一样，有三种激情一直强烈地支配着我的人生：对美与爱的渴望、对真理的求索、对人类不幸与苦难的无限怜悯。这三种激情时而像狂风时而又像细雨一样一直揪心揪肺地主导着我的生活。”中国呼唤真正的教育家出现。

教育改革应从心理学理论的突破为起点

美是教育的本质，教育的实践应在美育和心理学的理论突破为起点。人格结构＝需求＋情感＋价值观；智能结构＝知识＋能力＋思维方式。只有美的东西，才能引导心灵正确的成长，引起人们的审美共鸣，激发孩子的想象力和学习兴趣，使学生们的学习变成一种激动人心的智力探索和一种愉快的审美体验，以及一种满怀希望的文化旅行。从而让学习不再是一种负担，而变成幸福生活的一部分。因此，教育应从心理学理论的突破为出发点，从而真正接近人性的本质和规律。而人类心理学的危机强烈呼唤新理论、新思维和新学派的诞生。世界在等待，在等待心理学与教育学新思维的出现……

贺雄飞

目录
Contents

"不要让孩子输在起跑线上"的教育理念，恰恰"让中国的孩子全部输在起跑线上"。当代中国的教育体系已经成了一种"本末倒置"与"揠苗助长"的教育体系。教育就是训练身体和陶冶心灵，好的教育应根据"效法自然"的原理，从感觉开始，也就是从身体的感觉与形象的感觉开始，按人的成长进程的顺序依次是"躯体——情感意志——理性灵魂"的内在节奏来安排课程。教育的规律是人在12岁以前主要是"躯体—情感意志"优势的成长，也就是人格优势的成长；12岁以后主要是"理性灵魂"优势的成长，也就是智能优势地成长。教育的全过程要以审美教育为中心，贯彻"人格成长第一，智能成长第二，专业学习第三"这样一种教育思想。以人为本的教育，就应当遵循人的这种自然进程，通过体育、美育、德育、智育、劳育使人得到多方面的和谐发展。

第二篇 对教育理论的探索

教育的"沉沦"是全世界教育的普遍问题。当今的世界教育遗忘了"高贵的单纯与静穆的优雅"这一伟大的品格，重视科学技术而轻视情感世界与人文艺术所造成的灾难正在渐渐地呈现出来。当代学生们沉湎于互联网与电子游戏，就像是一群浮游动物，在一种寻求刺激的虚幻的世界中生活，越来越远离自然、运动、艺术、人文、亲情友情的亲密接触，越来越不喜欢阅读与接受有精神深度的教育。今天的世界是一个风险社会，在这个风险社会里规避风险的一个主要的办法就是要重建人与自然的联系，人类社会正在实现由“工业社会”向“生态社会”的转型。教育要从“养心”开始，要回归天道、回归自然、回归传统、回归原始、回归农业社会，倡导“生态世界观、公民、体育、音乐、文学、美术、哲学学习第一，数学、物理、化学、生物、历史、地理、英语、电脑学习第二”这种以美育为中心的教育价值观。

第三篇 演讲

事实上，中国传统“天人合一”的文化是很有美感的，天地与我并生，万物与我为一。天地有大美而不言，圣人者，原天地之美而达万物之理。中国的“元气、阴阳、五行、八卦”的哲学与美学，名山大川、园林、古镇，茶艺、书法、国画、养生、中医、风水、太极、武术、饮食文化，儒家的心学、道家的哲学、禅的艺术、藏传佛教的修炼体系与气功的自我训练等是一种天地境界的自然美学，这是一种注重艺术感觉与内在心性修养的修炼美学。这种充满了静穆精神的“天人合一”的自然主义文化达到了人类精神美感的最大值，刚好弥补了西方文化的不足，因为西方文化侧重的是个人主义的人文美学，重视对现实世界的“原子论思维方式的科学观察、实验、概念、判断、推理”与“自由、平等、博爱”的体验以及对“神性世界”的向往。中国天地境界的自然美学与西方的人文美学和科学思维方式是一个互补的结构，21世纪的世界文化应该是“自然文化、人文文化、科学文化”三位一体的统一。中国人应该有对自己民族文化的自信与优越感，这些传统价值会逐渐发掘出来将影响全世界进行文化转型而建设成为全球的生态社会。这就是中国文化的希望与新的文化生长点，将为人类文明灌注“天人合一”的灵魂，人类的生活方式将更加追求“自然化、人文化与科学化”的统一。

当今教育改革方案重视的是工具主义的教育价值，缺少对生命的关爱与对个体幸福的关注，缺少人类“美、真、善、爱”的理想主义的核心价值观，培养的人大多缺少人文精神与内心的定力，追求的是失去了灵魂的卓越。这既让我难受也激发了我的斗志，使我不得不站出来“纸上谈兵”地用教育的真理——美是教育的本质与培养“美、德、智、体、劳”全面发展的人作为永恒的光源普照大地，好让清新的阳光穿过乌云照射下来，柔和而温馨地跟随春、夏、秋、冬的自然节奏，安安静静地滋养大地，润泽生命，使心随“美、真、善、爱”而和鸣，唤醒全球的每一个角落，最终都成为审美国家与审美地区，让一个充满“自由、平等、博爱”的大同世界从地平线上诞生。

教育的普遍法则

人生需要有根本，教育必须要从人生的根本上下功夫，循序渐进，个体才能健康地茁壮成长。教育就像种树一样，最关键的就是根部的培育，根部茂盛与扎根深入，生命的种子才能长大成材。从根本上看，教育就是训练身体和陶冶心灵。用玩耍、体育、劳动来训练身体，用音乐、文学、美术来陶冶心灵。生命要“野性而又高贵”，这一教育思想应作为画龙点睛的灵魂,贯穿在幼儿教育与小学教育的全过程中。玩耍、体育、劳动使人“野性”，音乐、文学、美术使人“高贵”；野性就意味着身强力壮、吃苦耐劳、追求自由；高贵就意味着情趣高雅、追求卓越、严于律己。这一奠基性的品格，为一个人的一生打下了强大的精神基础，这是一切杰出人才的共同素质。好的幼儿教育与小学教育主要就是围绕这两个维度展开的。这就是教育的普遍法则。

首先，让我们看一个中外教育比较的案例：

一个中国“差生”的转变

又是新学期开学，虽然今年教育部确定的开学第一课的主题是“幸福”，但是，还是难掩现实中存在的学生在学校的不快乐、不幸福。

一个正在加拿大读10年级的学生，向我讲述了三年之前，她在国内读初中时的痛苦经历。那时，她被称为学校的“神话”——成绩全年级倒数第一，老师不喜欢她，同学们以异样的眼光看着她，她每天上学都感觉是煎熬，而回到家里，作业不想做，唯一让她觉得有乐趣的事情，就是打电脑游戏。

按照通常的说法，她有明显的厌学情绪以及网瘾。老师多次找家长谈话，但都找不到办法。她不喜欢数学，可是这是必须学的课程，且学得很困难；她不喜欢老师上课从头讲到尾，让大家把手规规矩矩放在桌上，但全班其他同学都这样做；她很喜欢画画，可是学校里没有这样的课，而且，老师告诉她，搞美术的，都是想“曲线高考”……自己想做的不能做，自己不想要的，学校却拼命塞给她，她说，我就像要死了一样，日子过得像鬼一样。

初一结束时，父母决定送她出国，这是当初万不得已的办法，而她终于可以离开自己讨厌的学校、老师和同学。而让她父母没有想到的是，三年之后，她做出的学习规划竟是今后申请美国罗德岛设计学院——这是一所在美国名列前茅且享誉全球的著名设计大学，而对此，她觉得有超过九成的把握申请成功。在温哥华，她获得了青少年艺术大赛的第一名，艺术的天赋在三年的学习中，得到充分的施展。

对比国内学校，她说加拿大的学习有四方面不同。一是虽然还是要学数学，但是难度不高，没有没完没了的考试，没有被老师逼迫的感觉，高中只有数学10是必修，数学11、数学12是选修，不选没关系；二是老师从来不会以成绩来评价学生，更不会打击学生，而是一直对所有学生说，只要努力，就会有希望——她说，老师可能也对她的学习失望，但是他们从来不会当着她的面表露出来；三是我可以选修自己感兴趣的课程，在加拿大9年级（对应国内的初三），就有实验性的选修课，学生们可尝试选修，以发现自己适合学什么、做什么，而进入10年级之后，有的学校有多达100门的选修课程，比如学表演的就有10多门选修课，学音乐的也有10多门选修课，这些选修课都可以作为高中毕业的成绩，她喜欢美术，也就在9、10年级选修了多门课程，感觉是如鱼得水；四是老师的教学和评价很不同，加拿大的课堂，学生们看上去“东倒西歪”的，与国内课堂“井然有序”很不同，美术这样的课，据说在国内，要强调素描，需要学生反复训练，可加拿大的老师，评价一幅画，就看美不美——技术也只是美的一部分——只要总体感觉很美，就OK。“如果在国内学美术，我会很不适应，我哪受得了那样枯燥的培训？”

根据罗德岛设计学院的申请要求，除了中学成绩之外，还要申请者提供20幅代表作。她在10年级已经画好了一幅，被老师给予很高的评价，这个假期，她回到国内，专门去了西藏写生，她对我说：“在未来两年中，画出能代表自己水平的画作，我很有信心。”

她的变化，不仅在对学习的态度上，而对整个生活，也发生了彻底的改变。当她回忆说出三年前自己“像鬼一样”时，就可看出她已经完全走出了过去的阴影，据她妈妈介绍，这次回到国内，很多熟人都感慨她变成了另一个人，对周围的人充满了友善，而且，最大的变化是，她在加拿大还准备了礼物，去看原来的初中老师。

2008年她刚到加拿大时，感到终于摆脱了“该死”的环境，心情自由了很多。但语言上的障碍，在加拿大是很明显的。而让她攻破语言关的，却是打电脑游戏，她买了三大叠游戏光盘，从学校回到家里就玩。当时，父母对此也有意见，但看到她回家可以做一点作业，心情比国内舒畅，也就不再干涉。而且，有一位父母的朋友说，她其实不是在玩，而是在利用原版游戏，学习英语呢！——就这样，经过半年打游戏，她的英语全部跟上，过了语言关！

"在加拿大，我觉得学习的主动权全部在自己手上，老师只是引导者，而在国内学校，我的学习完全是被动的，是老师要求我们学习、逼着我们学习，不管你感不感兴趣都得学，而且要达到他们给你制订的标准，才是好学生，这样的学习我觉得很累很累。"一个10年级的学生，经历了两种完全不同环境的学习之后，得到的感想，值得国内学校教育反思。

这个女生说，她感谢自己的父母给她换了一个环境，否则她不知道自己今天会是怎样的一副模样，什么罗德岛设计学院，她可能听还没有听过。是的，她应该算是换环境成功的典型了，从一个国内学校的倒数第一，到梦想着进世界一流的学府，这是很大的转变。但是，能够像她这样换环境的，毕竟是少数，更多的学生，还挣扎在现实的教育环境中，被自己是"差生"，以及为追求学校、老师设定的"成功"而焦虑。

教育部名为"幸福"的开学第一课，要求学生们幸福，可是，幸福是被要求出来的吗？只有孩子们自己感受到幸福，才是真正的幸福，对此，我们的教育主管部门和学校，给孩子们幸福成长的环境了吗？

以上这个"差生"转变的过程对我们今天的中国教育改革有何启示呢？感谢熊丙奇先生用细腻的文字向我们描述了一个"中国差生"的转变过程，从中我们可以窥见一个人在两种不同的教育体系中的遭遇并向我们昭示了中国未来教育改革的方向。这是一个今天西方教育已普遍实现了“有教无类，因材施教”的典型案例。从宏观上看，当今世界教育主要有两大教育体系：一种是德国教育家赫尔巴特（1776–1841）在两百年前创建的“教师中心、教材中心、课堂中心”的教育体系。中国大陆与台湾当今的教育就属于这一体系，与中国从隋代开始传承了近1400年的科举教育的传统是一致的，以培养善于考试的人为目标，学生们被动接受条条框框的道德知识与书本知识的灌输，把基础知识与基本技能及其解题训练和考试分数作为中心，这样培养出来的人大多只能成为平庸的人；另一种是美国教育家杜威（1859–1952）在一百年前创建的“学生中心、活动中心、经验中心”的教育体系。今天发达国家的教育多数属于这一体系，重视“独立生活能力、体育艺术能力、科学探究能力”这三大能力的训练，以培养自我实现的人为目标，把学生自主性的培养、快乐、兴趣、爱好、自信、理想、意志力、问题意识、探索方法与动手操作等作为教育的中心，这样培养出来的人有可能成为各种类型的创造性人才。这里，我们还应该了解，赫尔巴特的课程观是以“知识为中心”来建构的课程与教学体系，杜威的课程观是以“能力为中心”来建构的课程与教学体系。以上这位“差生”转变的经历向我们展示了由“知识中心”的教育体系转变到“能力中心”的教育体系的学习过程，这是一种灵活多样的鼓励人充分自我实现的教育体系，使得该生如鱼得水，左右逢源。在我看来，一个国家的教育要办好，主要有六个方面：一是有充足的资金支持；二是有个人主义的教育文化与“美是教育的本质”这样的核心教育理念以及美学导向的“课程、教材、教法”体系；三是有多元的办学机制与灵活多样的管理制度和考试方法；四是有全面发展与个性发展相结合的课程计划；五是鼓励学生自由选择与自我实现；六是有丰富的高等教育资源可供学生们自由选择。以下，就对这些方面展开具体的论述。

第一篇　教育从“心”开始

教育是什么？这是学校与每个家长和教师都需要认真思考的核心问题。在我看来，教育就是一种引导，引导孩子与学生们形成积极的自我意识、形成高级的美感。经过多年的研究以后，我发现，培养“野性而又高贵”的人格应作为人类教育的终极目标。这就要求我们的教育要从“心”开始，也就是说教育要从“躯体—情感意志”开始，而不是从条条框框的“理性灵魂”开始。这一教育思想，对今天正在崛起的中华民族来说太重要了。“中国长期都是封建社会，封建社会的最大特点就是泯灭个性以整体来压倒个体，培养依附性”的人格，对人的角色期待为“呆长”，而不是“成长”。因此，封建社会的教育就有一个显著特点，一定要从束缚人的“躯体”、弱化人的“情感意志”、消灭人的“自我意识”开始。尽管1911年辛亥革命以后，中国推翻了清王朝，告别了封建社会，但封建社会的价值观与思维方式直到现在还依然严重存在，并以集体无意识的方式在主导着我们的日常生活，阻碍中国成为现代性的国家。当然新中国成立以后中国教育大有改善。**我基于这样的理念：文明是一种内在的精神状态，一个社会的改变有三个方面，人心—制度—物质。现代文明的根本，不在物质上，也不在制度上，而是人们内在的精神上，是“文明人”来创造“文明的制度与文明的产品”。所以，文明人的培养是第一位的，这是国家的头等大事，是教育的全部内涵，更是社会可持续发展的核心**。西方国家的文化发展普遍认为要追求普世价值与多元文化的统一，没有个人主义的文化就没有国家的现代化，也没有现代化的基础教育与现代化的大学。一个好的国家与好的社会以及好的教育，主要就只有一种核心的主义，这就是个人主义；只有一种核心的精神，这就是人文精神；只有一种核心的信仰，这就是对“自由、平等、博爱”的信仰。**变革社会要从变“心”开始，教育是“心脑手合一”的结构，心的变革才是社会最根本的变革，而心的变革应从重建个人主义的文化价值观开始，鼓励人人追求自我实现，并从制度上保证人人都有追求自我实现的可能性**。也就是说，社会文明的提升要从重建个体的内在精神世界着手，从“身体动作的自由”与“艺术想象力的自由”开始，只有鼓励个体的自我意识，尊重自我与尊重多元的个性，承认个性存在与自由选择的合理性，人民才有“幸福”可言。**在我看来，中国的崛起应围绕“以美立国，以法治国”来展开：美是内涵，学校教育要以“美育”为中心，努力培养“美、德、智、体、劳”全面发展的人才。**当今中国政府高瞻远瞩地提出了要建设“以人为本，和谐社会、创新国家”的发展理念，这是一次伟大的发生在心灵深处的革命，是中华民族深层文化价值观的重大转型，由重视国家转向为重视个人，中国教育的目标要由培养“善于考试的人”转型为培养“善于自我实现的人”，教育内容要由“学好数理化，走遍世界都不怕”的偏重智能的训练转型为“人文精神与科学思维并举”的训练；从“自由、选择、责任”三位一体的教育理念出发，以关怀个体的生命质量与幸福度为中心，让教育从“心”开始，也就是从“躯体—情感意志”开始，把“体育与美育”作为激发社会活力与创造性的突破口。这就是中华民族实现伟大复兴并使人民幸福的真正道路。

一、中国的孩子全部输在起跑线上

儿童是一个独立的个体，他们有权拥有属于自己的时间和空间，而且，也只有在一个属于自己的较长时间和较大空间里，在放松的、快乐的、尽兴玩耍的、游戏的状态下，儿童才会形成自由、阳光的性格与完整健全的个性。这种性格与个性构成了文明社会的基础。

——柯领

“教育的起跑线问题”是一个困扰了中国社会许多年的理论难题与实践难题。有的人说，中国的孩子赢在起跑线上；有的人说，中国的孩子输在起跑线上；也有的人说，中国的孩子被绊倒在起跑线上。我想，每一种说法都有自己的立场与自己看问题的角度，重要的是不能只停留在经验的说教层面，而应上升到理论分析的高度来论述，也就是说，要站得高，才能看得远。这里，我经过多年的研究以后，从中美教育比较的角度，提出了一套自己的看法。

（一）教育的起跑线在哪里？

“不要让孩子输在起跑线上”的教育理念，恰恰“让中国的孩子全部输在起跑线上”。当代中国的教育体系已经成了一种“本末倒置”与“揠苗助长”的教育体系。**教育就是训练身体和陶冶心灵，好的教育应根据**

“效法自然”的原理，从感觉开始，也就是从身体的感觉与形象的感觉开始，按人的成长进程的顺序依次是“躯体—情感意志—理性灵魂”的内在节奏来安排课程；教育的规律是人在12岁以前主要是“躯体—情感意志”优势的成长，也就是人格优势的成长；12岁以后主要是“理性灵魂”优势的成长，也就是智能优势的成长；教育的全过程要以审美教育为中心，贯彻“人格成长第一，智能成长第二，专业学习第三”这样一种教育思想的[①]。以人为本的教育，就应当遵循人的这种自然进程，通过体育、美育、德育、智育、劳育使人得到多方面的和谐发展。教育要以人为本，要遵循由外而内的“动作把握、形象把握、逻辑把握”的认知成长的建构规律，在教育孩子与学生时，应从动作把握与形象把握开始，说得少一点，要尽量引导儿童去活动、去发现、去探索、去看、去听、去感觉，通过动作、形象与逻辑的内化来建构智能，而非一味地将枯燥的知识硬塞给儿童。教育的原则和方法是否正确，关键在于过程中是否造成儿童一种愉快的兴奋，是否引起兴趣和爱好，以提高儿童学习的主动性。儿童需要自身发展的时间与空间，当代的儿童在不得不过快成长的压力下长大，失去了对他们年龄段来说永不再来的、一次性体验的机会。为儿童安排过度的学习，是摧垮儿童身心的罪魁祸首。我们当今社会生活节奏的速度之快，几乎不尊重或不理解儿童的需求。因此我们身为教师和家长必须为儿童创造出能充分发挥童年特点的时间和空间。这样做，到了儿童成年时，大大有助于促进创造性独立思考、独立行动能力的形成。

（二）为什么说“中国的孩子全部输在起跑线上”

人的成长就像“春、夏、秋、冬”展开的秩序一样，有一个内在的

① 要深入理解这一重要结论，请参阅拙著，由人民日报出版社2011年1月出版的《追问教育的本质？》“教育的心理学基础”这一部分。

节奏，由于中国的教育体系是从逻辑把握开始的，这就违背了教育的规律，也就是违背了人的内在成长节奏，重视“语文、数学、英语”的超前学习与升学考试的竞争，忽视了动作把握与形象把握这两个阶段的奠基性的成长，从一开始就重视理性灵魂的训练，使得中国的孩子普遍地缺少“春天”，缺少感性春天的玩耍、体育、劳动、音乐、文学、美术、野性、清新、舒缓、浪漫与原始生命力的勃发，主要是“语文、数学、英语”的理性的夏日的暴晒、煎熬、辛苦与重复的劳作，到了秋天就多半收获空壳的果实，从学校毕业后，走到社会上就经受漫长“冬季”的人生煎熬，缺少人文教养与内心的强大和强健的体魄以及解决实际问题的动手能力，从而人格萎缩、有气无力、歪歪倒倒、东躲西藏、不敢挑战人生的极限而可怜巴巴地度过一生，普遍压抑、情感与理智严重地失衡，连一个正常人都不是，哪里还谈得上什么创造性的培养与人生浪漫的情调，真是白日做梦。据我对中美教育的观察与比较，我认为，中国的孩子全部输在起跑线上。

中国自古以来，就有死读书与读死书的科举教育的弊端，中国式的早教与美国的幼儿教育完全不同。中国的幼儿往往以能多识字、多背唐诗、会算术为能事，而许多美国人认为，孩子未到适合的年龄，是断然不可多识字、多背诗、多计算的，否则，就扼杀了他们的想象力与创造性。毛泽东主席曾号召我们“教育要学工、学农，要与生产劳动相结合”，就是想突破中国传统教育只重视书本知识的这个瓶颈，可惜走了极端使教育改革失败了。现在，我们要再一次重新认识感性教育”的重要性，教育是“心脑手合一”的结构，这是教育的普遍规律。当代欧美国家的教育体系是从“心”开始的教育体系，也就是从“躯体—情感意志”开始的，这就自觉与不自觉地顺应了教育的普遍规律；而中国当代的教育体系是从“脑”开始的教育体系，也就是从“理性灵魂”开始的，这就严重地违背了教育的普遍规律。

我认识一个在美国硅谷读小学一年级的孩子，他们学的数学的加减运算是从具体的形象开始的，像是解应用题，主要用文字来描述，如一个苹果加两个苹果等于几个苹果？五个苹果减两个苹果等于几个苹果？三个蛋糕加四个蛋糕等于几个蛋糕？孩子们就用手指头与脚指头来进行加减运算；他们的《科学》课程很有特色，教材是大开本，图文并茂，围绕科学的常识展开，讲自然环境、天体行星、日月星辰、植物、动物，与此相对应的作业是，回家用花盆栽小树苗、栽番茄、种小麦、养蚕、养小鱼等，观察成长过程并作记录，学会用文字或绘画来作科学报告，描述植物与动物的成长过程等；老师每天给孩子们布置的家庭作业进行 20 分钟的阅读训练，可以从班上图书室与学校图书馆借书，自己找感兴趣的书籍看，任何书籍都可以。显然，他们的认知是从动作把握与形象把握开始的，而不是从抽象 1+2=？，5−2=？，3+4=？开始的。比较一下，中国的小学一年级是怎样进行教学的呢？

为此，我们需要从教育模式的角度才能更深入地理解：**当代中国的教育模式是以“知识为本”的教育模式，也就是教育的实践是围绕“知识导向为中心”展开的，这一思维方式是两百年前由德国教育家赫尔巴特（1776—1841）创立的，赫尔巴特又影响了苏联教育家凯洛夫（1893—1978），凯洛夫的《教育学》在 20 世纪 50 年代翻译成中文，成了中国教育的“圣经”。有三个特点，教师中心、教材中心、课堂中心。奇怪的是台湾也是这样的教育模式，是 20 世纪初民国时期从日本人那里学来的。以基础知识与基本技能为中心，强调灌输式的死记硬背；而美国的教育模式主要受美国教育家杜威（1859—1952）的影响，是一种以“能力为本”的教育模式，也就是教育的实践围绕“能力导向为中心”展开的，主要有三个特点，学生中心、活动中心、经验中心。主张学习与教育要满足儿童的内在需要，以兴趣为中心，反对压抑学生们想象力与创造力的死记硬背，强调从做中学，强调学生多参加体育活动与实践活动，要以解决问题为中心多动手做项目，努力培养兴趣、体力、观察力与解决实际问题的各种能力。**于是中国的学生“高分低能”现象突出，美国的学生“低分高能”却很常见，而社会需要的是能力型的人才；中国的孩子“赢在起点，输在终点”，美国的孩子“输在起点，赢在终点”。中国到现在都还是这种以“知识为本”的教育模式。中国的许多教育专家认为，中国的基础教育比美国的基础教育搞得好，因为中国的中学生比美国的中学生基础知识与基本技能更扎实，在国际竞赛中考得更好。这是一个极大的“误区”。**当今，中国的以升学考试为中心的教育体系是一种“本末倒置”与“揠苗助长”的教育体系，尤其在小学阶段侧重的是“语文、数学、英语”这三门核心课程的系统训练，这是一种重知识、重理性、重科学、重智商开发的左脑型教育，在社会生存竞争的压力下，以教育人们“学会工作”为目的，缺少自由玩耍与体育，缺少艺术活动的浪漫，缺少劳动与独立生活能力的塑造，缺少“爱心”与生态世界观的培养，过早地让孩子在12岁以前接受太多的知识灌输与逻辑思维训练，抑制了形象思维与情商的生长发育，使右脑神经细胞由于缺少外在的形象化物象的刺激而全面萎缩，从而失去了想象力、失去了生命的激情与创造性、失去了生活的丰富与生命的尽性。**显然，中国的教育体系过早地耗散了孩子的元气，是给孩子“放气”的教育，它的本事就是把活蹦乱跳的孩子变成瘪了的皮球。

（三）美国的基础教育真的比中国的基础教育差吗？

事实上，欧美国家的强大，首先是他们的人文、制度与教育系统的强大，其次才是科学技术与经济的强大。也就是说是精神的强大才导致了物质的强大。我想，对于我们从中国到美国来生活的人，要安静下来，慢慢用心体会欧洲的教育与美国的教育，**他们从古希腊开始的“博雅教育”就把培养“野性而又高贵的人格”作为教育奋斗的目标。“野性”就意味着“身强力壮、吃苦耐劳、追求自由”，“高贵”就意味着“情趣高雅、追求卓越、严于律己”，于是，基础教育就为孩子与学生们创造**

了许多"自由探索的时间"与"自由探索的空间"，玩耍多，体育课多，艺术活动多，科学活动多，探究性学习活动多，课后社团活动多，父母带孩子参与社会活动多。这种以人格为中心的教育就全面奠定了人生的根基。

在我看来，兴趣与爱好是产生丰富个性与创造性的源泉。美国基础教育的真正精华是在每天下午3:00放学以后的围绕"体育、艺术、科学探究、社会实践"而展开的丰富多彩的课后活动。学生们自由选择可以参加学校组织的活动也可以不参加。我认识一个在美国硅谷中学读书的15岁的中学生，他告诉我他们中学有53个社团组织，他自己就参加了5个社团组织，周一到周五下午3：00—4：00就参与各种社团活动，他喜欢歌唱艺术，就参加了美声唱法社团与爵士乐风格歌唱社团的活动，还参加了莎士比亚戏剧表演社团，星期日参加了去教会做义工的社团活动。

人生就像是与自己比赛的马拉松赛跑，西方教育倡导的是"先慢后快"，人格先成长，智能与技术后成长，体能与意志先成长，知识与技能后成长，他们的人就越来越有后劲，中国的"知识教育模式"造成的后果是"先快后慢"，教材体系性强，知识难度大，条条框框语言刻板，缺少形象的情节与故事性太注重，分数竞争、班级排名，智能的开发，如果把人生比喻为万米赛跑的话，中国的教育体系是从"理性灵魂"开始的，重视逻辑的训练，就起跑快，拼命往前冲，也许会赢前面的3000米，但由于过早地耗散了孩子的元气与能量，就多半会输掉后面的7000米；西方的教育是从"躯体—情感意志"开始的，也许开始跑得慢，会输掉前面的3000米，但由于重视动作技能与形象思维的训练，打好了人生的基础，等多半会赢后面的7000米。。中国的教育是"先紧后松"，"紧"是基础教育难度大，以"语文、数学、英语"等主课为核心进行系统训练，以考试为中心，填鸭式学习，没有调动学生们的学习积极性，进而缺乏对学习的兴趣，造成普遍厌学，"松"是学生们考上大学了，离开了家长的管制与升学考试的压力，终于可以玩耍了，很多学生在大学期间，反而没有学习的热情了。而美国的教育是“先松后紧”，基础教育的理念是“少学多玩”，“玩耍”是最好的学习，幼儿园与小学嘻嘻哈哈很放松基本上是在玩耍中度过的，从初中开始好像才进入了正规的学习，寒暑假没有家庭作业，没有升学考试与分数排名，没有指定的教材，每个教师可以根据教学的要求自主选择教材，在教学内容与教学实施方面有较多的自主性、能动性与创造性。整个基础教育以人文教育为中心，重视体育、音乐、文学、美术、手工、人文历史地理、科学、数学、写作、社会研究、外语等课程的学习。教材印刷得很精美——是大开本、图文并茂、故事性强、内容丰富、编得很厚、知识面宽、重视世界文明的学习、知识难度小，就像科普读物，容易学习，练习题灵活多样，经常围绕项目进行社会调查与观察，并作动手动脑和写报告的科学研究，有利于激发学生们的学习兴趣与想象力，自由活动时间较多，以“活动”为中心，下午 3：00 就放学了，体育活动多，艺术活动多，社会活动多，探究性学习活动多，松松垮垮，体格健壮，心力与体力都好，考上大学后，知识结构全面而又学习任务重，前 2 年主要是通识教育，后 2 年主要是专业教育，很容易转专业，有较多自主选择的机会，找到自己感兴趣的专业了，就发自内心地自觉学习，是自己想“紧”。放眼看世界，中国人的位置在哪里？中国有自己的教育思想家吗？有原创性的教育思想与教育理论吗？世界上的人文、社科、科学技术与发明创造有多少是中国人搞出来的呢？

看一看当今的中国教育，“不要让孩子输在起跑线上”“幼儿园小学化，小学初中化，初中高中化”等让人难以承受之重成了我们的至理名言。浮躁的社会再加上急功近利的心态，让多少儿童本应充满纯真和快乐的童年不再，让多少青少年本应充满朝气和活力的青春不再，醒着的时间就只有一个字——快！要知道，在许多成人眼中自然而然的事情，对于孩子来说，却需要时间，我们不能焦急，只能慢慢等待，要把人生当成

是一趟旅游而不是一场赛跑！只有有了旅游的心境，我们才会对我们的人生学会欣赏、学会享受、学会快乐！面对幼稚的生命，我们不应催促，我们只有等待，这是人伦，更是常识。教育是什么？其实，教育就是一种引导，引导孩子与学生们形成积极的自我意识、形成高级的美感。人的成长应在“躯体—情感意志本位”的主导下，遵循“自由—选择—责任”的人格建构规律：教育的目的就是最大程度为人谋幸福，基础教育阶段要以美为本，培养“美、德、智、体、劳”全面发展的人为目标，以培养“野性而又高贵”的人格为中心，强调“生态世界观—公民—体育—艺术—数学—科学”六位一体的综合训练；每一个人都是一个独特的元素，都有其自己的独特价值，要强调学生自由的探索而不是相互攀比分数的高低，使每一个人的独特性受到尊重与培养。教育不是制造产品的工业，而更像是需要精耕细作的农业，是一门“慢”的艺术，尤其是基础教育阶段，要唤醒学生的自我意识与尊重学生丰富的个性，教育要强调“慢”,强调“活动与快乐”,强调“体验—理解—实践”,强调“野性、清新、舒缓、浪漫与原始生命力的勃发”,“身、心、灵”的健康成长尤其忌讳强迫与压力而需要很放松的外在条件，需要通过“慢”的节奏，通过“自由与自我选择的探索才能逐渐走向自觉”，从而奠定好人生的根基。人格成长第一，智能成长第二，专业学习第三;生态世界观、公民、体育、音乐、文学、美术、哲学等学习第一，数学、物理、化学、生物、历史、地理、英语、电脑学习第二。给儿童更多属于自己的时间与自己的空间，让他们的“身、心、灵”在发展自己兴趣爱好的过程中得到健康、自主、快乐而尽兴的发展。儿童是一个独立的个体，他们有权拥有属于自己的时间和空间，而且，也只有在一个属于自己的较长时间和较大空间里，在放松的、快乐的、尽兴玩耍的、游戏的状态下，儿童才会形成自由、阳光的性格与完整健全的个性。这种性格与个性构成了文明社会的基础。

（四）风险社会的教育选择

当今的信息化时代是一个风险社会，电子网络与游戏给全世界的基础教育带来了严重挑战，据美国临床心理治疗专家介绍，美国因上网与电玩成瘾的中学生占 8.7%，给家庭、学校、社会带来了很大的麻烦。在我看来，互联网一半在建设一半在破坏，一半是进步一半是堕落，一半是天使一半是魔鬼，一半是光明一半是黑暗。尤其是对未成年人来说，互联网与电子游戏就是新时代的“鸦片”，学生们正在沦落成为“电子儿童”。作家三毛曾在《塑料儿童》一文中，说她邀约几个台湾孩子去看海，以领略大海的自然之美，一路上他们都专注于玩自己手中的电子游戏，到了海边不为所动，“这就是海呀，回去吧，晚上 6 点半动画片就要开始了”。以管窥豹，这就是这个时代城市孩子生活的普遍缩影。显然，在一个风险社会里，规避风险的一个主要办法就是要重建人与自然的联系，人类社会正在实现由“工业社会”向“生态社会”的转型，教育要从“养心”开始，要回归天道、回归自然、回归传统。最好小学生的学习不用电脑与上互联网，上初中以后才开始使用电脑与开设这些课程，“电脑要从娃娃抓起”这句话是错误的和不可靠的，要延缓儿童接触电子产品的时间与接触电子产品的亲密度。在这个方面，世界性的华德福学校做得较好，在他们的学校里，幼儿与小学生，不看电视，不学电脑，倡导在大自然里学习，重视手工、劳动、体育、艺术、身体韵律、自然观察、多元文化等的学习。在我看来，人类的教育体系要在“美是教育的本质”这个基础上，要重新开始与重新出发，华德福的教育思想与教育实践为我们的教育树立了榜样，值得我们学习与借鉴。

目前，中国的教育正在改变之中，新课程教育改革已经迈出了成功的第一步，但是，还有许多需要进一步完善的地方。我主张中国的高校招生与高考要全面引进美国的招生体系与 SAT 水平考试体系，主要考三科：阅读、数学、写作。每年有七次考试机会，每次考试四个半小时。

高校录取学生主要从三个方面入手，学生成绩 = 个人自传（填写十多页表格，我的背景、我爱好什么、我做过什么、我做义工的情况、我有哪些才能、老师的推荐信）+ 高中 4 年的平时成绩 +SAT 水平考试成绩（以最好的一次成绩计算），每项大约占三分之一的比重。在美国社会生活，个人、家庭与学校就感受不到升学考试的压力，许多学生高中毕业时用不着复习与上补习班，或者花少许的时间复习并熟悉考试的风格，就轻轻松松报名去参加 SAT 考试，美国的招生体系与考试体系能最大程度激发学生们的自主性、能动性与创造性，是非常科学而又合理的。在我看来，如果我们不从改革招生制度与高考内容入手，中国的任何一次教育改革都存在着失败的危险。我主张中国高考只考三科：阅读、数学、写作；把学生们从繁重的课堂学习中解放出来，更多地引向课外活动与个性化的学习，去发展特长。学习美国"私立大学、州立一市立大学、社区学院"三位一体的高校系统与灵活多样的国家基础教育系统和学校教学系统，以及学习美国大学"三合一"的录取方式，给学生们创造更多大学选择的空间，创造更多的自主学习的时间与自主学习的空间，去充分发展兴趣、个性与创造性，培养"独立生存与独立思考以及独立实践"这三大能力。我到现在都无法理解，中国为什么不学习美国或其他欧洲国家的招生体系与高考体系。在中国，高考指挥棒"绑架"了整个基础教育，"语文、数学、英语"成了基础教育的三大核心学科，由于教育理论界没有搞清楚人文学科的教育价值，体育、劳动、音乐、文学、美术、世界文明史、哲学、美学是不重要的豆芽学科，而在美国的基础教育与常青藤大学这些就是核心学科，人文教育使人"务虚"，科学技术教育使人"务实"，务虚与务实要保持一种平衡，感性与理性要构成互动，人才有想象力与创造性，才有更多的幸福感。否则，中国人只能做一些低端的技术工作，整个中国就只能成为世界低端产品的制造工厂，成为发达国家廉价物质消费品的生产基地。不过，当前中国大陆正在普遍推广人文学科课程，这是中国教育的希望与新生长点。在我看来，文、史、哲是大学的灵魂学科，大学学风在文、史、哲教育；文、史、哲强，则大学强，国家强；文、史、哲弱，则大学弱，国家弱。这里，我要特别强调的是，应把人文学科的课程与人文精神的建设放到核心、灵魂与本体的地位。因为人文是人的精神基础，是国家走向强大的必需的精神土壤；人文、民主与科学是一个整体，人文能充分唤醒人的自我意识，为个人灌注浪漫、深度、有品位的精神生活，为民主灌注自由、平等、博爱的精神，为科学灌注充满创新精神的审美价值，为社会灌注生态主义与人道主义的终极关怀。因此，人文是立人之本，科学技术是立人之术，二者合一，才能造就出抱持健康价值观与充满创造活力的个体。要有一流的文科，才有一流的理科，要有一流的理科才有一流的工科。文、理、工、科、兼备、三者、相辅相成，构成一个文理良性互动的教育生态系统。

人文知识分子要有批判精神。还好，都是从善良的角度来批判我们的不足与缺点。我之所以能够坦诚相见，是因为我爱您；我之所以为您流泪，是因为我希望您强大。

哦，让我想起艾青那句有名的诗句：为什么我的眼里满含泪水，因为我对这块土地爱得深沉。

二、中国教育究竟比美国教育差多远

中国当代的教育模式是以“知识为本”的教育模式，以培养善于应试的人为目标，学生们被动接受条条框框的道德知识与书本知识的灌输，把基础知识与基本技能及其解题训练和考试分数作为中心；美国当代的教育模式是以“能力为本”的教育模式，以培养自我实现的人为目标，把学生自主性的培养、快乐、兴趣、爱好、自信、理想、意志力、问题意识、探索方法与动手操作等作为教育的中心。

——柯领

1979 年 6 月，中美建交伊始，美国立即派团来考察中国教育。他们在看了北京、上海、西安的几所学校后，有了这样的发现：中国的小学生在上课时喜欢把手端在胸前，除非老师发问时，才举起右手。中国的孩子喜欢早起，七点钟之前，在中国的大街上见到最多的是孩子，他们边走路边吃早点。中国学生有一种作业叫“家庭作业”，据一位中国老师解释，它的意思是学校作业在家庭的延续。中国把考试分数最高的学生称为学习“最优秀的学生”，他们在学期结束时，一般会得到一张荣誉证书，其他人则没有。

美国人深深感受到，中国的学生是世界上起得最早，睡得最晚，学习最勤奋的学生，他们预测 20 年以后，中国的科技将远远地把美国甩在后面。

在同一年，中国也派一个访问团去美国考察初级教育。回国后，访问团写了一份三万字的报告，他们是这样总结的：美国孩子无论品德优劣、能力高低，无不趾高气扬、踌躇满志；小学二年级的孩子，大字不识一斗，加减乘除还在掰手指头，就整天奢谈发明创造；无论是公立还是私立学校，音、体、美活动无不如火如荼，而数、理、化则乏人问津；课堂几乎处于失控状态，孩子或挤眉弄眼，或谈天说地，或跷着二郎腿，更有甚者，如逛街一般，在教室里摇来晃去。当时中国的代表团认为美国的基础教育已经病入膏肓。

但是20年转瞬即逝，美国的教育又培养了八十几位诺贝尔奖获得者，并且美国的科技继续领先世界。双方的预言都错了，错在什么地方，令人深思。下面，我就对这一问题，尝试性地做出解答。

现在，让我们从感受美国的基础教育与中国的基础教育开始……

（一）透视美国教育——美国中小学教什么？

许多中国人可能听说过，美国是“儿童的乐园，青年人的战场，老年人的坟墓”。实际上，第一句是比较正确的；在美国，少年儿童确实是幸福的。

首先，我们认为美国中小学教育的目的是比较现实的，也是明智的。一般，美国小学1—3年级教孩子认识社会，学习一些基本自然现象的知识，了解基本的伦理、道德，社交礼仪、行为举止，生活中的基本技能、伙伴合作等社会、生活知识为主；而书本知识的学习是第二位的。

4—5年级，课本的知识才渐渐地多了起来。但也学习许多生活中的知识，如，查地图，安排旅游计划，订旅馆，机票等，做手工，烤苹果派，缝纫等，而且也开始社会实践，到养老院为老人们唱歌、奏乐，还参加慈善义卖等志愿活动。

到了初中（6—8年级），课本知识的量与难度就加大了，作业也多了许多。一般作业量每天在1—3小时。但是有些作业是有弹性的。

到了高中（9—12 年级），就采用选修制与学分制了，不同程度要求的学生可以选修不同难度的课程。

可以说，美国的小学教育是：传授做人的知识，即所谓的美国文化的核心价值（也是美国家庭的核心价值）：平等、博爱、诚实、公正、自信、包容、独立等。而为这个核心价值观服务的知识与具体技能的学习是在次要地位的。学校通过引导学生参加生动活泼的课堂教学、体育活动、文化艺术活动、集体社会活动，以及家庭配合的丰富多彩的课外活动，来激发学生内心的爱好，开发个人的聪明才智，规范个人的行为举止，发扬人性的善良与爱心，建立个人的自信心。

总体上说，与中国学生相比，美国中小学生的“幸福”之处在于：(1) 功课难度较小，学校压力较轻（不排名，不公布成绩等，不讲升学率等）；(2) 作业量少及难度较小；(3) 课外活动较丰富多彩。

至于课外活动，很大程度取决于家庭。在美国，中产阶级是一个庞大的群体，因此很大一部分的中小学生能得到好的课外教育。对于来自较富裕家庭的孩子，由于从幼儿园（0–5 岁）开始到学前班（5–6 岁），就受到良好的集体教育及家庭教育，因此读小学就很轻松。这样，孩子们就有更多的时间参加自己（父母）喜欢的课外活动。一般美国的孩子们有很丰富多彩的课外活动。较大众化的有：

体育：游泳，篮球，棒球，垒球，足球，跑步，马术，溜冰，滑雪，网球，板球，击剑，跆拳道，等等。

音乐：钢琴，小提琴，合唱队，铜管乐器，笛子，架子鼓，等等。

艺术：绘画，雕塑，陶艺，芭蕾舞，等等。

社会活动：童子军，慈善组织活动，教会活动，各种家庭活动。

有一点要指出的是，家长们让孩子参加这些课外活动，就是作为孩子们的一个兴趣，并没有强迫孩子。一般都是孩子们主动参加（不过，家长要动动脑筋，想想办法激发孩子的兴趣）。

比如说，我们家的老二（下半年小学五年级），在上学时，每天 7:50

乘校车离家上学，下午 4 点回到家。每周参加的课外活动：

体育：一天 1 小时的游泳（一周 5–7 次，真正游泳的时间 40 分钟，一年四季不间断），2–3 次跆拳道（45 分钟）。

音乐：一次钢琴课（45 分钟），一次小提琴课（30 分钟），每天练琴 30 分钟（我们没有时间规定，完全由孩子自己决定，有时提醒一下）。

语文：阅读课外书 1 小时（几乎每天）。写作，不确定，一周 1–2 次。再做一点文字、语法方面的练习，做些预习。

数学：一周 1–3 小时额外的课程知识的学习。

中文：不定期学习。

艺术：不定期参加音乐会、观看芭蕾舞、电影（电影在家看）等。

社会：一次教会活动（1–2 小时），及学校、社区不定期组织的活动。

一周 3 – 6 小时（粗略估计）与邻居小伙伴玩。每天孩子总有自己支配（玩）的时间。这里要说明，孩子的作业一般在每天半小时之内，有时在学校里就完成了。

假期：两次旅游（2–3 周）。参加读书计划，如这个暑假，计划读 50 本以上的书（每本 100 页以上）。写作。参加游泳项目，每天游泳 1 公里，训练时游 1.5–2 公里，参加 7–8 次比赛，等等。

需要特别强调的是所有的课外活动都没有强制性的。如同时学钢琴课与小提琴课，今年我们提议可以只上一门课，放弃一门，但孩子愿意两个都选（去年，钢琴还是一周二次的课）。

孩子快乐，我们也高兴。

中国有过灿烂的文明，是世界上文化最先进的民族 / 国家，只是近一两百年才落后了。中国的老祖宗也有很先进的教育思想，其中一条是“因材施教”。对比中国现在的中小学，统一教材、统一教学大纲、统一考试；美国有不一样的教育系统。依我们看，美国的中小学教育更符合我们老祖宗的“因材施教”的先进教育思想。在下面，我们就来谈谈美国高中的学分制与选修课制度。我们认为这是实现“因材施教”教育思想的重要制度安排。

建立选修课制度的基本依据是什么？那就是“因材施教”，就是适应学生的自身水平、个性喜好与特长。学生有较大的自主权来选择自己喜欢的课程。另外，老师也有较多的自主权来选择或开出课程。

在美国，没有全国性的教育大纲或官方的统一考试。但一般州里有一个统一的毕业考试，不过也没有官方的统一教材。教材是由学校选择的,或者说是由老师自己选择的。但有一点是全国统一的,即选修课制度。美国的高中开设许多课程供学生选择。课程分类：一为主修课程，一为选修课程；难度等级又分为“一般”“荣誉”“高级”三个等级。

现在以俄亥俄州为例（其他州也大同小异），具体谈谈美国高中的学分制与选修课制度。俄亥俄州教育委员会规定：高中毕业学生毕业时至少要修满 20 学分（一个学分为持续一年二个学期的课程，半个学分为仅一个学期的课程）。

规定主修科目14学分：4年4学分的英语（美国高中是四年制的），3年3学分的数学课程，3年3学分的科学课程，3年3学分的社会学课程，0.5学分的体育，0.5学分的健康。

主修科目	具体课程
英语	写作、英语文学、美国文学，等
数学	代数Ⅰ&Ⅱ、几何、初级微积分、微积分、概率与统计、金融数学等
科学	生物、化学、物理、环境科学、地球科学、天文学、解剖学和生理学、地理学、大学物理等
社会学	世界历史、美国历史、欧洲历史、法学、心理学、社会学等

比如数学，虽然要求四年中要有三年来学满 3 个学分的课程，但不同学生选的课程可以是难易程度相差很大。比如一个数学弱、今后要读文科的学生，就可以只选最简单的:代数Ⅰ，代数Ⅱ，与几何（一般班）。而一个数学基础好、今后准备读相关专业的学生，会选择读四年的数学，如一开始就读代数Ⅱ，几何（荣誉班），再读微积分（这一般是大学ＡＰ

课了)，然后，可能再学概率与统计等。这样，虽然，两个学生都满足毕业的要求，但在数学的程度相差是很大的。美国的中学生还可以到大学修课在得到特别许可后也可算学分，另外若成绩合格，今后上大学可免修。

科学的课程也一样，学生可以在多门科学课程中选择3门自己喜欢的课。其他主修课也以此类推。这是主修课中的选修。至于选修课，那范围就更大了。

（二）中国教育的思维方式——中国的中小学教什么?

1. 一个中国父亲的忧虑：幼儿园里究竟该学什么?

老爸拿来儿子幼儿园发的资料，是2012年9月份的教学内容一览表，内容有语言，数学，计算，英语，常识，美术，音乐类，其中占的分量最大的是语言，数学，英语类，占了大部分的学习时间。而那些能够训练小朋友灵活性的手工，启发小朋友的音乐，美术，体育等却只占了很少的一部分。拿到这样的一张一览表，心里有点纳闷，三四岁的小孩子究竟应该学些什么呢?

一直以来，我对儿子教育的观念是，要让他“玩”过童年，至于学习嘛，培养学习的习惯比简单的学到多少东西更为重要。刚送儿子到幼儿园的时候就跟老师交流过，如果儿子不想学，就请让他去教室外玩都可以，不强调他要学多少书本上的知识，儿子回家之后我也从来未要求儿子做家庭作业，儿子才三岁多，根本用不着要写多少个字，背多少个单词，算几个算数。孩子的成长是有一个过程的，过早地去“开发”孩子的一些所谓的“能力”，有可能对孩子将来的发展造成很大的影响。一个简单的例子，如果教一个两岁的孩子从一数到十，可能要花费很长一段时间，但是如果是教一个五岁的孩子去做同样的一件事，通常用不了多长的时间。这是跟孩子自身心智的发展是离不开的，所以我想根本用不着拔苗助长。

当前的幼儿园大多特别注重孩子在智力方面的培养，却放松了孩子们在礼仪，道德，手工，性格方面的培养，于我看来，孩子进幼儿园的时候，大多是两三岁左右，正是性格的形成期，如果这个时候，老师可以在这方面多下功夫，或者对孩子的成长来说更为有用。要教孩子算会一个算数题，大概比教孩子跟人说“谢谢”，“不客气”之类的要难得多；教小孩学会礼让三先，不要做一个不讲道理的小皇帝；教小朋友要讲卫生，饭前便后要洗手……养成好的生活习惯，做一个学会尊重他人的小朋友，我想这大概是很多家长更愿意看到的吧！

2. 中国九年义务教育全日制小学、初级中学课程计划(试行)

九年义务教育全日制小学、初级中学课程计划（试行）(2000-11-01)。

九年义务教育全日制小学、初级中学课程计划是依据《中华人民共和国义务教育法》制定的。本课程计划遵循教育要面向现代化、面向世界、面向未来的战略思想，贯彻国家的教育方针，坚持教育为社会主义建设服务，实行教育与生产劳动相结合，对学生进行德育、智育、体育、美育和劳动教育，以全面提高义务教育质量。

本课程计划把坚定正确的政治方向放在第一位，以人类社会的优秀文化成果教育学生；面向全体学生，注重全面打好基础，因材施教，促进学生个性的健康发展；根据儿童、少年身心发展规律，合理安排课程，注意教学要求和课业负担适当；从我国实际出发，注意城乡和各类地区的不同特点，坚持统一性与灵活性相结合。

（1）培养目标

按照国家对义务教育的要求，小学和初中对儿童、少年实施全面的基础教育，使他们在德、智、体诸方面生动活泼地、主动地得到发展，为提高全民族素质，培养社会主义现代化建设的各级各类人才奠定基础。

小学阶段的目标：

初步具有爱祖国、爱人民、爱劳动、爱科学、爱社会主义的思想感情，初步养成关心他人、关心集体、认真负责、诚实、勤俭、勇敢、正直、合群、活泼向上等良好品德和个性品质，养成讲文明、讲礼貌、守纪律的行为习惯，初步具有自我管理以及分辨是非的能力。

具有阅读、书写、表达、计算的基本知识和基本技能，了解一些生活、自然和社会常识，初步具有基本的观察、思维、动手操作和自学的能力，养成良好的学习习惯。

初步养成锻炼身体和讲究卫生的习惯，具有健康的身体。具有较广泛的兴趣和健康的爱美的情趣。

初步学会生活自理，会使用简单的劳动工具，养成爱劳动的习惯。

初中阶段的目标：

具有爱祖国、爱人民、爱劳动、爱科学、爱社会主义的思想感情，初步了解辩证唯物主义、历史唯物主义的基本观点，初步具有为人民服务和集体主义的思想，具有守信、勤奋、自立、合作、乐观、进取等良好的品德和个性品质，遵纪守法，养成文明礼貌的行为习惯，具有分辨是非和自我教育的能力。掌握必要的文化科学技术知识和基本技能，具有一定的自学能力、动手操作能力，以及运用所学知识分析和解决问题的能力，初步具有实事求是的科学态度，掌握一些简单的科学方法。

初步掌握锻炼身体的基础知识和正确方法，养成讲究卫生的习惯，具有健康的体魄。具有初步的审美能力，形成健康的志趣和爱好。学会生活自理和参加力所能及的家务劳动，初步掌握一些生产劳动的基础知识和基本技能，了解一些择业的常识，具有正确的劳动态度和良好的劳动习惯。

(2) 课程设置

根据九年义务教育小学阶段、初中阶段的培养目标和儿童、少年身心发育的规律设置课程。课程包括学科、活动两部分，主要由国家统一安排，也有一部分由地方安排。学科以文化基础教育为主，在适当年级，因地制宜地渗透职业技术教育；以分科课为主，适当设置综合课；以必修课为主，初中阶段适当设置选修课；以按学年、学期安排的课为主，适当设置课时较少的短期课。活动在实施全面发展教育中同学科相辅相成。学校在教育、教学工作中，要充分发挥学科和活动的整体功能，对学生进行德育、智育、体育、美育和劳动教育，为学生的全面发展打好基础。

(1) 国家安排课程

学科：

小学阶段开设思想品德、语文、数学、社会、自然、体育、音乐、美术、劳动等九科，有条件的小学可增设外语；初中阶段开设思想政治、语文、数学、外语、历史、地理、物理、化学、生物、体育、音乐、美术、劳动技术等十三科，还开设短期的职业指导课。所有学科都要加强基础知识和基本技能的教学，与此同时要重视培养和提高学生的能力，并根据各门学科的特点有机地渗透思想教育，促进学生个性心理品质的健康发展，全面完成学科教学的任务。

(2) 学科设置的基本要求

思想品德

进行以“五爱”为基本内容的社会公德教育和一般的政治常识教育，教育学生心中有他人、有集体、有祖国，着重提高学生的道德认识，培养道德情感，指导道德行为，使学生初步具有分辨是非的能力。

思想政治使学生初步明确社会主义道德的基本准则、公民的权利和义务，了解社会发展的一般规律，了解我国国情和建设有中国特色的社会主义的有关知识，使学生初步确立坚持中国共产党领导，坚持走社会主义道路的信念，初步树立道德观念、法制观念、国家观念以及阶级观点、劳动观点、群众观点、集体主义观点，初步具有社会责任感，提高分辨是非的能力。

语文

小学阶段使学生学会汉语拼音和2500个左右的常用汉字，掌握常用词语和一定的写字技能，会说普通话，会使用常用字典，打好听、说、读、写的基础。使学生从小热爱祖国语言文字，发展观察和思维能力，受到生动的思想、政治、品德教育和审美教育。

初中阶段使学生掌握现代语文的基础知识，学一点文言文，扩大识字量和常用词汇，较熟练地使用常用字典、词典等工具书。通过听、说、读、写的基本训练，提高理解和运用语言文字的能力，进一步发展观察和思维能力，受到较深刻的政治教育、思想教育和审美教育。

数学

小学阶段使学生掌握整数、小数、分数的基础知识和四则运算的技能，学一些简单的几何图形、简易方程和珠算知识，学一些简单的统计初步知识。培养初步的逻辑思维能力和空间观念，以及运用所学的数学知识解决一些简单实际问题的能力。初中阶段使学生掌握代数、平面几何的基础知识和基本技能，学一点统计初步知识、直观空间图形知识。进一步培养学生的运算能力、逻辑思维能力和空间观念，以及运用所学数学知识解决简单实际问题的能力。

外语

初中阶段开设英语或俄语、日语等，分两级水平：一级水平学习两年，掌握适量的基础知识，通过初步的言语训练，能进行简单的听、说、读、写活动；二级水平是在一级水平的基础上，继续学习一年或二年，掌握必要的基础知识，经过进一步的言语训练，具有初步的听、说、读、写能力，为继续学习外语打好基础。

（三）中美教育的比较分析

以上是美籍华人陈智博士撰写的介绍美国基础教育的文章与中国幼

儿教育和教育部设计的小学与初中的课程计划，为我们感性地了解美国基础教育与中国基础提供了一个好的案例。但要深入理解美国基础教育的内涵与外延，还需要我们从中美教育文化与教育模式的具体比较中，才能更深入地认识与理解。

有一位海外华人发表了一篇《中美教育的十个最大差异对比：究竟为谁而学》的文章，从十个方面比较了中美教育：(一) 为谁而学：美国教育告诉学生学习是自己的事，让学生自己去想，想学什么东西，因而学生一般学得主动、灵活、高兴。而中国的教育总是要事先给学生做出细致烦琐的各种规定，该学什么，学多少，什么时候学，该怎么学等等，中国的学生视学习为功利，因而习惯于应付，学习是家长、老师的事情，是为升官发财找工作而学，学得被动、教条、无奈。(二) 育人目标：美国不太重视“基础知识”的学习，极其看重学生“创造力”的培养，因而才会有美国白领不会算 10 减 6 等于几貌似“可笑”的事情发生，他们觉得要趁孩子年龄小时抓紧培养创造性思维，而中国教育特别重视所谓的“双基”，重在练“基本功”，不重视对学生创造力和思维能力的培养。教育界普遍认为美国的学生低分高能，中国的学生高分低能。因而世界 500 强企业，一般不愿意接收中国学生，在他们看来，中国教育是培养知识的奴仆，而不是在“育人”。(三) 课堂：中国的教育善于给孩子一个总结，把学生教到无问题就好；美国的教育善于给孩子一个启发，把学生教到能不断提出新问题。中国的课堂要举手发言，美国的课堂鼓励自由发言。中国的课堂如果对教师的结论不同意会遭受批评，而在美国的课堂上则受到表扬。中国的课堂讲纪律，美国的课堂讲个性。(四) 师生关系：在中国，一日为师终身为父，孩子刚踏入学校就知道老师总是高高在上，而在美国教授也没有什么权威。美国人不承认权威。中国孩子盲目崇拜老师，觉得老师总是对的，中国的老师喜欢保持威严，不苟言笑，美国老师很喜欢和小孩一起聊天，是要好的朋友关系。(五) 考试制度：美国的考试经常是开卷，孩子们一周内交卷即可，而中国的考试则如临大敌，单人单桌，主监副监严防紧守。在中国，考试的主要目的是为了淘汰；而美国的考试目的在于寻找自身存在的不足，查漏补缺，以利于今后的发展。（六）班级人数：中国虽明文规定每班不超过 45 人，但乡镇及县级学校班级人数平均 60 人之多，法律并不能约束什么。而在美国，一个班的人数不超过 30 人，31 个人就属于违反教育法，不同的是美国人看重的是诚信——自我信誉度，故不敢越雷池半步。（七）时间：在一年中，中国中学生有 8 个月是上课时间，每天 11 个小时左右的在校时间。美国学生每年只有 1000 个小时左右。上学时间短、课业负担少，这是让孩子做自己感兴趣的事，孩子有了更多的自由安排时间还能让孩子学会自已安排时间。（八）成绩单：成绩在美国属于“隐私”。老师给家长看成绩单，他只给你看自己小孩的成绩，不会公布全班的成绩。在中国，行政部门会想方设法地公布学校成绩。教师的考核也要看学生的升学率、优秀率。学生从一年级开始就在这样的机制下学习，长达 12 年之久，心理压力之大是显而易见的。（九）教材：美国的教材浅显，对孩子没有严格的要求，特别是数学，导致许多的成年人离开计算机对数字就没了概念，连日常生活的计算都成了难题，看之非常可笑，但是他们注重动手能力、创新能力的培养。我国的教材一味强调夯实基础，才导致机械重复的作业一堆堆，其结果是造就了一批又一批的高分低能的人才。（十）课外生活：中国一般不太允许小孩参加真正的社会活动。但在美国小学生一旦走进校门就开始真正参与社会活动了。美国的课外活动是学生自发参与，经费也是大家共同出资、共同寻求赞助。比如，8 岁的孩子会帮人家清洗洗衣机，一次 8 美元，为别人演奏等，把赚到的钱拿来搞活动。当然并非所有的活动都是为了赚钱，也有很多是打义工的。美国让小孩接触社会环境的方式非常多，他们认为教育即生活。以上，从十个方面比较了中美教育的异同，大多数的观点，我是认同的，也是符合中美教育现实的。

事实上，欧洲的教育，美国的教育都是从古希腊演变而来的，在古希腊三大精神——即“民主精神、人文主义精神、理性精神”的主导下，他们有重视运动，重视艺术，重视科学思维，重视玩耍中学习的教育弊端，不太重视死记硬背书本知识，而中国刚好相反，我们有重视死记硬背书本知识，轻视运动，轻视艺术，轻视玩耍的“科举教育”的传统。而根据我的教育理论，西方人的教育模式是以“能力为本”的教育模式，以培养自我实现的人为目标，把学生自主性的培养、快乐、兴趣、爱好、自信、理想、意志力、问题意识、探索方法与动手操作等作为教育的中心，而中国人的教育模式是以“知识为本”的教育模式，以培养善于考试的人为目标，学生们被动接受条条框框的道德知识与书本知识的灌输，把基础知识与基本技能及其解题训练和考试分数作为中心。西方人对了，中国人错了。**根据“以美为本的教育理论”以及对中美教育比较后的综合感觉，我认为美国的教育系统已接近教育总规律70%左右，而中国的教育系统才接近30%左右。**在美国，我去参观与访问过一些好的幼儿园、小学、中学、大学。事实上，从教育理念、管理制度、考试方法、课程设计、教材编写、学校环境、教学计划、教师风格、学生学习，课后活动等，他们在多数情况下已经是按“美的规律”来办教育了，只不过理论上没有搞清楚，是根据经验和局部的规律办起来的教育，缺少系统的理论指导，所以，**当今全世界的教育都需要在“美是教育的本质”这一最高规律的世界观与方法论的主导下，从教育思想、教育理论与教育实践这三个方面更上一层楼，由美的教育理论全面主导教育实践，完成一次人类史上最根本与最彻底的教育革命，真正实现教育为人类最大程度谋幸福的理想。**

2013年6月18日中国教育部宣布将启动中小学教育质量评价综合改革，并推出配套的《中小学教育质量综合评价指标框架》。该框架被称为“绿色评价”指标体系，综合学生品德发展水平、学业发展水平、身心发展水平、兴趣特长养成、学业负担状况五方面，共20个关键性指标。通过对学生“绿色指标”的调查，完成对学校的评估。据了解，(一) 品德发展水平，包括行为习惯、公民素养、人格品质、理想信念 4 个关键性指标，由低到高、循序渐进。(二)学业发展水平、包括知识技能、学科思想方法、实践能力、创新意识 4 个关键性指标。教育部有关负责人特别强调，这一指标不是简单强调考试分数，更加重视“基础知识”和“基本技能”。(三) 身心发展水平，包括身体形态机能、健康生活方式、审美修养、人际沟通、情绪行为调控等。(四)兴趣特长养成是针对促进学生个性发展提出的，包括好奇心求知欲、爱好特长、潜能发展 3 个关键性指标。(五) 学业负担状况，关注学生学习效率、兴趣和热情，强调“绿色成绩”，包括学习时间、课业质量、课业难度、学习压力 4 个关键性指标，其中学习时间包括学生上课时间、作业时间、补课时间、睡眠时间等；学习压力则包括学生在学习过程中表现出的快乐、疲倦、焦虑、厌学等状态。这里，我们可以预见，如果中国教育按照“绿色评价体系”来指挥全国中小学进行教育改革，将会逐渐改变“以知识为中心”的课程与教学体系。如果成功，这将是中国教育一次具有划时代意义的进步。

三、家庭教育的秘诀：要唤醒孩子的自我意识，使孩子成为自己

每个孩子的内心都有一个英雄，做好父母与老师的秘诀就是要尽量唤醒孩子内心的这个英雄。

——柯领

由于中国教育长时间以来是以应试教育为根本，鼓励学生竞争与分数排名而缺少对个体素质的全面培养与对学生幸福的关注，家长普遍“望子成龙”与“望女成凤”，把分数的成功看得高于个体的幸福，使得中国的孩子与学生们普遍生活在“应试教育至上”的压力之中，本末倒置而又拔苗助长地使“身、心、灵”遭受严重伤害，孩子与学生们普遍失去了快乐的童年，失去了健康的身体，失去了自我，失去了选择的能力，失去了个性与创造性，失去了“美、德、智、体、劳”全面发展的素质，成了沉重的主体，六神无主而又歪歪倒倒地行走在大地上。

一位旧金山圣何塞大学学艺术设计的中国留学生对我说：“我现在刚毕业，感到身体极度疲劳、精神疲软，全身虚弱，每天要睡 12 个小时以上才能平衡。我在中国从小学开始就是每天早晨 6：30 起床，然后去学校上早自习，直到高中，我很少有自由玩耍的时间，我没有快乐的童年，我的身体被应试教育完全搞坏了，几年前来美定居又去读大学，现在我毕业了，我太疲劳了，我不知道我以后该怎么办？”还有一位加

州大学圣塔克鲁斯分校读电脑专业的博士生告诉我："我小时候有舞蹈、音乐、美术的爱好，学了一段时间就被父母停下来了，因为中国的教育是以语文、数学、英语这三科为中心展开的，以至于我们在美国的中国留学生大多数都没有自己的爱好，既不爱好体育，也不爱好艺术，周末我们不知道去哪里玩，就待在寝室里上上网，或聚在一起打打牌，吃吃饭。而美国学生，大多数都有自己的爱好，周末他们都去享受自己的爱好去了，而且，愈是博士阶段，我们中国留学生的思维方式就愈死板、愈被动，美国学生思维很活跃，主动选择研究课题，工作能力强，我们中国人很是被动，往往要导师指明方向和课题，才能继续研究下去，因为我们从小就不懂得如何选择，都是父母与学校代替我们选择，我们是'被成长'的一代，所以，我们现在学习、工作、生活都很被动。"美国名校斯坦福大学的一位教授说："我们美国教师很喜欢八十年代和九十年代初到美国的中国留学生，虽然贫穷，但很有精神，能吃苦，认真学习，很想学到本事回到自己的祖国服务，我们都抢着想要中国的留学生，可是，现在的新一代的留学生大概家庭都比较富裕，除了英语水平比以前的好以外，其他方面就差远了，不能吃苦，无心学习，好像只是来拿一个文凭，就想匆匆忙忙找工作，想留在美国，告诉他们，我们不喜欢这样的人。"旧金山一位银行的行长对我说："我们银行先后有三个中国大陆在美国留学获金融硕士而留下来的80后的职员，我都分别把他们解雇了，工作不负责任，出了错，不自我检讨，不认错，还推卸责任，以后80后、90后的人，我都不要！中国的下一代为什么是这样？"我无言以对。**一直以来，中国的教育界生活在一种自我麻痹与可笑的自我陶醉之中，认为中国的基础教育比美国的基础教育好，美国的高等教育比中国的高等教育好，甚至有教育专家还总结出了一个公式：好教育＝中国基础教育＋美国高等教育。事实上，是这样的吗？依我之见，中美教育是两个不同的层次，美国的教育模式是一种以"能力为本"的教育模式，以培养"善于自我实现的人"为教育目标，注重"独立生活能力、**

体育艺术能力、科学探究能力”这三大能力的培养；今天中国的教育体系与教育学以及教师们的思维方式仍然大部分还停留在两百年前德国教育家赫尔巴特（1776–1841）创建的以“知识为本”的教育模式里而不能自拔，以培养“善于考试的人”为教育目标，学生们被动接受条条框框的道德知识与书本知识的灌输，把基础知识与基本技能及其解题训练和考试分数作为中心；而社会需要的是能力型的人才，这就是美国社会真正的成功之道，也是发达国家真正的成功之道——无为而无不为。

在我看来，如果中国社会不实现由国家主义的教育文化向“以人为本，尊重人、关心人”的教育文化的转型，不实现由功利主义的“培养工具人”的教育文化向超越功利主义的“培养文明人”的教育文化的转型，那么，中国将永远落后下去。**人的自由度与主体能动性和创造性的发挥以及个人“幸福感”的建设永远是社会最根本的问题。**我在美国高科技的心脏“硅谷”生活了九年，硅谷在旧金山以南50多英里的圣何塞地区，这里有十多万来自世界各地的华人，全世界电子科技的著名公司的总部主要集中在这里，比如，斯坦福大学、谷歌公司、雅虎公司、苹果公司、脸书公司、英特尔公司、惠普公司、思科公司、甲骨文公司等。这里的基本情况是，公司里的CEO群体与市场营销部门大多数是白人或犹太人，中间层的技术经理许多是印度人，中国人主要是第一线从事生产的电子工程师。也就是说，这些在中国名列各省理工科状元群体的人，在美国获得了硕士、博士后，只能在美国做一个小小的工程师，成为高科技的工人，很难再有大发展，而且这些工程师们普遍木讷，基本上没有个人爱好，主要是外在的生活而缺少内心的生活，每天生活在家庭、公司、菜市、接送孩子的路上这样三点一线的生活方式里。难道，我们还不应该反思中国的基础教育与高等教育吗？

为什么中国一流的人才在美国只能担当二流或者三流人才的角色？而且普遍缺少个性与创造性，缺少精神生活也缺少浪漫的生活情趣。显然，是整个中国（包括大陆、台湾、香港、全世界的华人社会）的功利主义的教育文化与教育系统出了严重问题，是传承了近 1400 年的科举教育传统的“学而优则仕”与“望子成龙”与“望女成凤”的教育文化和计划经济下的教育文化、教育制度、教育内容与教育方法不适应时代的要求而造成的。为了尽可能克服这些缺点，这里，我将从以下三个方面来讨论当代中国家庭教育的策略。

（一）家庭教育的风格：民主与溺爱专制型

我把家庭教育的风格主要归纳为五种类型——民主型、溺爱专制型、溺爱型、专制型、放任自流型。我曾经和在美国的一些华人讨论过中国家庭教育的风格问题，从中得出一个仅供参考的结论：西方人的家庭教育大约 80% 采用的是民主型（据我观察，西方人与孩子的关系多数是“非占有”关系，西方人大多没有“望子成龙”与“望女成凤”的要求，比较尊重孩子自由玩耍的天性，尊重孩子的个人愿望与人生选择，让孩子成为自己），大约 20% 采用的是专制型或放任自流型；而当代中国人的家庭教育大约 80% 采用的是溺爱专制型（据我观察，中国人与孩子的关系多数是“占有”关系，物质上极大满足孩子，重视知识灌输与学习成绩，望子成龙与望女成凤，不尊重孩子自由玩耍的天性，用家长的个人愿望与人生选择主导孩子的未来，孩子成了实现父母愿望的工具），大约 20% 采用的是民主型或放任自流型。为什么“溺爱专制型”成了中国人家庭教育的普遍风格呢？我想，最主要的就是独生子女的社会现实与中国的应试教育制度，不遵守这个制度，就有可能被淘汰，从而造成了学校过多作业的压力与家长对孩子学习成绩要求过高的压力，落后的应试教育制度与单向度的教育内容是总根源。中国应试教育的现实是，人口多、竞争大、基础教育偏重智能轻视人格培养。

看一看欧美的个人主义的文化价值观对我们今天的中国教育文化转型具有一定的启发性。中国学者方朝晖在《如何理解中国文化？》一文中向我们描述道："欧美文化把人理解为一种连续、稳定、自主、边界确定、独立于处境的实体（entity），这个实体拥有一系列内在的个人属性（internal，personal attributes），包括爱好、动机、目标、态度、信念、能力、主观感受等，并正是由这些属性支配、决定和影响着个人的外在行为。在这一基础上，每个人把自己想象成一个独特的自我（distinctive self）。具体表现为，在欧美文化中，父母从小就有意识地培养孩子们的自我意识。调查发现，有 64% 的美国母亲和只有 8% 的中国母亲注重培养孩子们的自我意识。美国中产阶级从婴儿起就让孩子与自己分开睡甚至分屋睡。在学校里，孩子们需要学会自己表达自己，自己描述自己，自己展示自己。甚至儿童的课程设置也是为了开发每个学生的独特潜力，强化他们每个人的"独特感"，所以已经"个人主义化"。美国孩子们养成了"对于一个'稳定不变的我'的欲望"（desire for a consistent self），这个"我"是完整、稳定、不可分割和独立于周围环境的。例如，他们认为，一个人换了一种场合就隐瞒自己原来的观点，是"自我没有稳定性"（consistency）的表现，说明一个人没有勇气坚持自己的信念。

在个人主义的文化中，孩子们从小学会在生活的各个方面养成自主（self-determination）的习惯。表现为被鼓励或要求在各种各样的选择中获得自我的认同感，包括对自己的食物、衣服、冰激凌、洗澡时间、发型等生活中所有方面的事情上自己进行选择和决定。孩子们被鼓励对自己的每一件事情，哪怕是非常细小的事情，由本人亲自决定。"你是现在就睡呢，还是先洗个澡再睡？"一个独立而自主的自我就是这样形成的。美国社会生活的方方面面都是围绕着让人们按照自己的喜好进行自我选择而展开的，在超市里，在餐厅里，在所有的购物场所，并由此展示、确认或表达他们的独特自我。"Help yourself，"美国人就是在这一过程中获得自我的独特感，和对自身命运的主宰意识。这种个人主义型的社会性及自我模式（individualist model of sociality and the self）在社会心理学的绝大多数领域中被或公开或潜在地使用着。

但是，在中国、日本、韩国及东南亚地区，人的概念颇不相同，认为“人”从根本上就是与其他人相联系的（在中国古代，每一个人的生命都是前辈生命的一部分，所以有曾子临终时“启予手、启予足”之说；历代的国君也都把保存好家业或者说祖宗之业当作自己最神圣的责任），注重同情心、互助、依附、亲情、等级、忠诚、尊重、礼貌。因此，每个人都感到自己与他人处在“相互依赖”（interdependent）之中，社会关系、角色、规范、集体团结比个人的需要更受重视，对一个人的期望是他能够调节自己以满足他人的需要，为自己所在的组合、集体、机构或国家而工作。这种相互依赖型的人（the interdependent model of the person），以他人或群体为本位，倾向于认为那些我行我素、自我中心、刚愎自用的人幼稚和不成熟。

在美国学校里，好学生的衡量标准是能干（good performance）、发挥自己独特的潜力；而在日本学校里，好学生的标准则对每个人而言完全一样：心地善良、有恒心、热情、帮助别人、非常刻苦、勇于自我批评等。西方文化要人们“认识自我”（know thy self），而亚洲文化特别是佛教则要求人们忘我（ignoring and transcending oneself）。

东亚社会里，母子亲密接触现象十分普遍，包括同浴、同睡；在其他类型的关系，如上下级关系中也有类似现象（如朋友关系亦然）。在欧美文化中，人们被鼓励大胆而自信地表达自己的观点；而在许多东亚社会，人们要学会“倾听”别人，解释别人的意思，而不是表达自己。“多听少说”，甚至不说，在东亚社会中受到重视；人们被教育要学会适应社会、理解别人，以他人为导向。日本的母亲在孩子需要作决定时，往往不是问孩子自己的倾向是什么，而是往往代孩子们决定和办理。日本人或东亚人往往以情感的态度来看待事物，而不是以理智的、关心原因的方式来看待事物，这是一种移情（feeling and empathy）思维。例如，在一项实验中中国的大学生比美国学生在“理解”一群鱼的感受方面多得多。在东亚社会,“道歉”,甚至是不问原因、不管自己是不是真错的“道歉”是十分重要的。这种谦虚的、自我批评的态度,有助于与他人交流和建立关系。“害臊”(shaming)是东亚社会中教育孩子时常用的手段。

值得一提的是,以美国密西根大学心理学系的 Richard Nisbett 等人领导的比较研究发现:与西方相比,以中国、日本和韩国等为代表的东亚文化在思维方式上具有 relational, contextual, interdependent(即关系性、处境性和相互依赖性)等特点,可以得到大量心理学实验的支持。Richard Nisbett 在《思维地图》(*The Geography of Thought*, 2003)中将以中国、日本、韩国等代表的东亚思维方式归结为 relational, contextual, interdependent 三个特点,即对关系、处境和相互依赖的关注。

(二)家庭教育要在“价值引导与自主建构”这一教育原理的主导下立体地展开

事实上,人的成长过程是一个不断地“认识自己、设计自己与实现自己”的过程。教育的出发点就是要竭尽所能地“唤醒人的自我意识,使人成为自己”。**家庭教育的秘诀就是要唤醒孩子的自我意识,使孩子成为自己。**教育要以关怀孩子与学生的幸福作为永恒的出发点,要给孩子与学生更多的鼓励,给予更多自由探索的时间与自由探索的空间。自由—选择—责任,这是人格成长的规律。不是家长的意识来主导孩子的生活,而是孩子的自我意识来主导自己的人生。培养孩子的自我意识与自我约束能力,尤其在孩子成长的早期,家长的引导可能要起主要作用,**要采用“价值引导与自主建构”的策略,最后形成孩子“独立生存与独立思考和独立实践”的良好习惯。一旦孩子形成了“态度、认知与行为”的良好习惯,家庭教育就算成功了,以后的造化主要靠孩子的自我奋斗了。**

这里,如何由“溺爱专制型”走向“民主型”,实现中国家庭教育的战略转型呢?下面为大家提供一些大思路:

首先，国家要由“培养工具人”的教育理念转型为“培养文明人”的教育理念，改变高考模式与应试教育体系，建设更多高质量的可供人民自由选择的高等教育资源，为孩子与学生们创造宽松自由的成长环境；其次，父母们要掌握一些培养孩子的教育规律。

1. 家庭教育要在“价值引导与自主建构”这一教育原理的主导下立体地展开

教育是什么？事实上，教育就是一种引导，引导孩子与学生们形成积极的自我意识、形成高级的美感。总的来说，家庭教育主要有两大策略：一是防御策略；二是进攻策略。家长首先要采取防御策略——在孩子生命开始之初，最重要的是防止孩子的心灵世界被流行文化的精神污染，要尽可能让孩子的心灵接触自然美与艺术美的东西。在孩子 12 岁以前，也就是孩子的心智还没有成熟以前，他们还不懂得如何选择，内心世界很容易被花哨的东西所败坏，使价值观停留在浅薄的层次，其结果是孩子的感官在成长，而心灵品质并没有成长，在这样流行文化氛围中长大起来的孩子，根基扎得很浅，大多数只是人的符号，而缺少人的内涵，内心缺少积极向上的定力，一辈子都像是一个浮游动物，崇尚物质主义、功利心十足、花花哨哨地追赶时髦，成为与内心强大、与经典文化、与浪漫主义与理想主义、与人类高贵精神、与世界文明进步无关的边缘人。因此，这时，要尽量避免孩子接触功利性十足的大众文化的电脑、手机、游戏机、电视、电影、广告、杂志等，或者要有严格选择性与限制性地让孩子接触，要尽可能在高雅文化价值观的主导下引导孩子健康地成长。家庭环境要安静而又优雅，要造成一种学习与阅读的氛围，让孩子主要通过听优雅的儿童歌曲与阅读童话和好的文学作品来滋润心灵，让他们在一个充满爱和温暖的环境气氛中生活，并有很好的榜样让他们模仿，要特别保护孩子周围的生活环境，避免出现孩子模仿不良的行为，这样的环境就能滋养孩子的心灵成长。

其次，家长还需要良好的教育策略——在孩子生命开始之初，**家长，我们要清醒地认识到。中国的很多家长往往以能多识字、多背唐诗、会算术为荣。而现代教育理论认为，识字与计算应从小学开始，孩子未到适合的年龄，是断然不可多识字、多背诗、多计算的。**

儿童阶段是大脑的休眠期，此时，大脑神经细胞还没有发育健全，要让孩子的身体先成长、情感意志先成长。过早的教育超越了孩子大脑的接受能力，这样做，实际上是拔苗助长，就扼杀了他们自发的学习兴趣与想象力以及创造性，到了孩子成熟时，往往对学习就没有新鲜感与可持续性的学习兴趣，就害怕学习与逃避学习。幼儿阶段不要进行“读、写、算”的技能训练，不要给幼儿太多的学习任务，要让他们的头脑“空”着，对书本知识的求知有一种饥饿感，主要是一种感受性的生活教育、艺术教育与自然教育而非“读、写、算”的训练性的教育。要让幼儿成为一个自由的自然人，要注意激发孩子内心的力量，让他们轻松快乐、自由玩耍、唱唱、跳跳、独立做事、引导会话、讲故事、画画、手工、与同伴玩耍、接触自然与外出参观等。正是在这种种快乐玩耍的体验之中，儿童内心世界的“自我心象”经受了考验，确定了它的方向、品性与多向度发展的空间。从根本上看，教育就是训练身体和陶冶心灵。用玩耍、体育、劳动来训练身体，用音乐、文学、美术来陶冶心灵。生命要“野性而又高贵”，这一教育思想应作为画龙点睛的灵魂，贯穿在幼儿教育与小学教育的全过程中。玩耍、体育、劳动使人“野性”，音乐、文学、美术使人“高贵”；野性就意味着身强力壮、吃苦耐劳、追求自由；高贵就意味着情趣高雅、追求卓越、严于律己。这一奠基性的品格，为一个人的一生打下了强大的精神基础，这是一切杰出人才的共同素质。好的幼儿教育与小学教育主要就是围绕这两个维度展开的。这就是教育的普遍法则。在这里，父母能够为孩子做的事情，就是要尽量用“经典”文化的价值观来引导孩子健康地成长，要尽可能把孩子的感觉引向到欣赏高雅的音乐、文学、美术作品的过程中，人类“美、真、善、爱”的美好价值观就这样通过经典作品不知不觉地传递给了下一代，成为引领孩子生存与发展的核心精神力量。

同时，父母还要让孩子学会建构自己的人生，努力培养孩子的自主选择能力、自主学习能力与自主生活能力，要千方百计地为孩子创造许多“自己做主”的机会，让孩子的独立自主能力在自己做主的过程中逐渐培养起来。由于儿童阶段是铸造独立人格的最佳时期，因此，学校要与家长密切合作，通过学校教育与家庭教育的有机结合来培养儿童在吃、穿、住、行、用、玩、睡、学习与选择等方面的独立生活能力与自我约束能力，竭尽全力地帮助学生们学会自助。**一定要记住，老师与家长对学生与孩子的最大贡献就是帮助他们学会自助**。事实上，在培养儿童独立生活能力方面，家庭教育要承担主要的责任。从3—4岁开始，要让幼儿吃、穿、住、行、用、玩、睡等方面尽量自己完成，逐渐培养幼儿应有的独立生活能力与独立选择能力。也许有的父母会说：“因为孩子毕竟还小，他们的选择不一定正确。”的确，尊重孩子的选择并不能保证孩子的每一次选择都是正确的。这就要求父母在尊重孩子选择权的同时，还应培养孩子的辨别能力。不过辨别能力也只有在选择的实践中培养。因此，最好的培养办法还是多为孩子提供“自作主张”的机会。星期天，最好让孩子办一天伙食，吃什么、怎么吃，都由他去操心；孩子需要添置衣服了最好在式样、颜色等方面由孩子做主；学习上遇到困难了，父母就应帮着出主意，但解决问题的办法最后还得孩子自己拿。在这个过程中，孩子肯定会摔几个跟斗、走一段弯路，但选择的能力却会在一次次的尝试中不断提高。当然，父母尊重孩子的自主选择，并非是推卸责任，而是在培养孩子的自主能力和社会责任感，让他们渐渐成熟起来。

2. 要选择“民主型”的家庭教育风格，而不是选择“溺爱专制型”或“溺爱型”“专制型”“放任自流型”的家庭教育风格。

父母们要放松、放松、再放松，不以分数与学科成绩论高下，要放弃“望子成龙”与“望女成凤”的过高期望，而转变为“望子成人”的教育心态，不管成绩好与坏，主要给孩子以赏识为主，以鼓励为主。民主型的父母更像是一个励志教练，要全心全意去发现孩子身上的优点与长处，并千方百计去赞美与培养孩子身上的这些优点与长处，以唤醒孩子的自我意识与成就感，让孩子在宽松的家庭氛围里、在自由选择中逐渐找到自己的人生目标与角色，这就是家庭教育的最大秘密。要记住，每一个人的“幸福点”是不一样的，这就需要探索。**每个孩子的内心都有一个英雄，做好父母与老师的秘诀就是要尽量唤醒孩子内心的这个英雄**。家长要通过有意识地引导、对话、倾听与赞美来尽可能把孩子的“自主学习与自我奋斗的意识”从内心深处唤醒，而不是去强迫执行。不要计较分数与学科成绩的好坏，要鼓励孩子去尝试与冒险，要学会欣赏孩子的优点和多多赞美，鼓励与赞美要远远多于批评与指责。当看到孩子有了“自主学习与自我汩汩奋斗”的冲动以后，家长能做的就是像拧水龙头一样让这种冲动汩汩地流淌出来。家长的角色更像是导演，不是去指导而是去引导，引导孩子走向自主学习与自我奋斗的境界。要充分地信赖孩子从内心里面向外部溢出的成长的力量，去打开他们的水龙头这才是真正的教育。不要代替孩子做出生活的选择，要经常倾听孩子的心声，尊重孩子的想法，让孩子自己做出选择，可以给孩子提出合理的建议并加以指导。

3. 要在管教与疼爱之间保持一种平衡，并学会以一种宽容的心态来对待孩子。

在这里，父母最重要的是在“吃、穿、住、行、用、玩、睡、学习、运动、礼貌、课外学习”等方面为孩子制订一个规矩，要按规矩严格执行，要在规矩与疼爱之间保持一种平衡，直到孩子形成的良好习惯。我们要永远记住：**好习惯是终身享用不尽的财富，坏习惯是终身偿还不尽的债**

务，努力培养孩子的好习惯吧！事实上，教育就是培养良好习惯。只要对孩子身心健康有积极促进作用的，就应积极鼓励与支持，尽可能创造条件给予满足，但对孩子身心健康有不好作用的，就应立即阻止，要树立家长的权威。对孩子既要充满爱心，又要不失理智，懂得什么是孩子最需要的，能够巧妙地将理智与情感融合在一起。拒绝或阻止孩子不恰当的要求和行为时，应心平气和地说明原因，绝不能简单粗暴地诉诸大人的权威。这里，父母们还要学会以一种宽容的心态来对待孩子：父母要知道，每一个人的心性与生活的愿望是不一样的，“望子成龙”与“望女成凤”把孩子培养成社会的精英，这是每个家长的共同心愿，但是精英永远是少数，大多数是平凡的普通人。父母对孩子的态度要以孩子的幸福为中心，教导孩子像陶行知说的那样“不做人上人，不做人下人，而做人中人”。当孩子成了高中生，一种自律性与积极向上的人生观还没有培养起来，孩子只想成为一个普通人而不想成为一个出色的精英，或者孩子厌学成了一个大众文化的过度消费者，或者成了一个穿着打扮怪异赶时髦的追星族以后，父母要明白自己的价值观可能与孩子存在较大的差异，既然不能改变自己，那么就应该宽容地对待孩子，让他们保持自己的价值观。孩子不是“物”，他们有自己的情感和意志，有自主选择生活道路的权利，父母只能积极引导而切不可横加干涉。当然，由于孩子知识经验的不足，看问题的不全面，父母给予应有的指导和帮助是无可厚非的，问题在于父母该采取何种方式与子女交流。

4. 这里，我们要尽可能防止“溺爱型”家庭教育风格培养出来的“娇生惯养”型孩子的出现。

过分的溺爱，使得家庭中“权力”转移，孩子成了地地道道的“独裁者”。这类孩子行为上带有显而易见的特征，一般来说，有以下 10 种：(1) 不是高级的，坚决不要；(2) 不断追求新的刺激；(3) 做什么都是虎头蛇尾；(4) 最在乎人家怎么看自己；(5) 情感没有随年龄而发育；(6) 对物品毫不珍惜；(7) 对自己的错误，惯于原谅，对自己的行为，惯于放纵；(8) 不诚实；(9) 办事能力很成问题；(10) 对未来没有目标。

父母容忍，放任孩子为所欲为，“谁的话我都不听，发发脾气，东西就可到手”。这种思维定式不会在孩子身上消失，只会随着年龄逐渐增长而变得根深蒂固。一旦孩子长大成人，与外界接触，与人打交道，后遗症就会一一显现，使他们遇到比普通人多得多的生活挫折。这种“娇生惯养”型的孩子并非是不治之症，只要家庭、学校和社会配合，采取有针对性的教育，他们就会渐渐把毛病改掉的。这里的关键在于，我们要尽可能帮助孩子建立“独立自主的意识”。如果问：“怎样训练，才能使孩子变为不怕困难，办事能力强和有责任心的人？”回答可长可短，简略点儿说就是：东西，少给；尽可能多给“个人的价值观”方面的熏陶。“独立自主的意识”的形成，是日积月累的，以下是美国儿童教育学家总结出来的十条建议，家长可对照一下，你的管教方法与此有何不同。

(1) 充分发展孩子的兴趣与个性；(2) 在日常生活中，让孩子分担责任；(3) 让孩子参与合作性活动；(4) 引导孩子去关心别人，训练孩子对别人感觉的敏感性；(5) 做事不可半途而废；(6) 让孩子吃吃苦头；(7) 学会划分界线；(8) 让孩子对自己负起责任来；(9) 严格限制看电视的时间；(10)“免费赠品”不要滥给，要让孩子做一定的事，完成任务后，才给予奖励。

西方的家庭教育与学校教育很重视孩子与学生的独立生活能力的培养，他们的成功经验与具体量化的操作指标对我们培养孩子与学生的独立性很有参考价值。下面是美国一家庭教育的教科书上所列出来的，在培养孩子的独立性时，在各个年龄阶段要求做到的事情。

"我能自己干，谢谢您！"

你的孩子能完成的自我照料的任务（鼓励独立性）

自我依靠的技能	掌握的年龄	家务	掌握的年龄
用杯子喝东西	8~12个月	摆饭桌	5岁
自己吃东西	8~14个月	折叠洗净之衣物	5~7岁
穿夹克或毛衣	2~3岁	擦拭家具	8~10岁
穿鞋袜	2~3 岁	用吸尘器吸地	8~12岁
刷牙	2~3岁	洗净及烘干衣物	10~13岁
洗手	2~3岁	拖地板	12~14岁
系鞋带	4~6岁	给植物浇水	7~10岁
梳头	4~6岁	整理冰箱的食物	10~13岁
整理衣柜的衣物	5~7岁	洗汽车	12~14岁
从头到脚自己穿着	5~7岁	使用炉子和烤箱	12~14岁
选择次日的衣物	6~7岁	用微波炉热食物	12~14岁
洗澡	6~7岁	清扫树叶	8~10岁
洗头	7~8岁	种花	7~9岁
吹干头发	10~14岁	用割草机割草	12~14岁
到商店买衣物	10~14岁	到超级商场买食物	15~17岁

我们可以想象，美国的家庭教育利用孩子要"干些什么"的天性，引导孩子按照上述表格的内容一项一项来做。做了一项，父母又利用孩子"得到信任的需要"的心理，给予鼓励和表扬；以增强孩子的自信心与自尊心，如此不断地螺旋式循环，按部就班地、一步步地走下去，以形成孩子独立生活的习惯。

（三）学习好的家庭教育的经验——培养“野性而又高贵”的孩子

从总体上看，教育要从培养健康的人格出发，要培养孩子与学生们强大的内在精神世界以及与人、与社会、与自然、与工作、与生活的平衡感和自控能力。家庭教育要以培养孩子“野性而又高贵的人格”为中心，主要围绕“玩耍、体育、艺术、科学思维、表达、独立生活能力、独立学习能力、独立社交能力”等方面展开。从家庭教育开始，从小要给孩子足够的活动时间和活动空间。有专家给过家长十种教子方法：给他一个时间，让他自己去安排；给他一个空间，让他自己往前走；给他一个条件，让他自己去锻炼；给他一个问题，让他自己找答案；给他一个困难，让他自己去解决；给他一个机遇，让他自己去抓住；给他一个冲突，让他自己去讨论；给他一个对手，让他自己去竞争；给他一个权利，让他自己去选择；给他一个题目，让他自己去创造。当然这些方法也同样适用于学校教育。

案例训练一：

教育孩子的12大误区

家里有小宝宝，做父母的一定特别开心，虽然做父母的都爱孩子，但不知不觉中，也会走入误区。

1. 不准掰手指数数

有些父母、幼儿园老师，教宝宝数数时，看见他们掰着手指头数，就会要求他们放下手，要求心里记。心理学家说，这种教宝宝数数的方法，并不科学。

心理学家认为，2 ~ 5 岁幼儿的数字概念发展，通常是由口头数数开始，然后是点着实物数，接下来孩子能够推算出总数，最后，才是根据抽象的语言数字拿取相等的实物。

幼儿掌握初步的数学概念，需经过由具体到抽象的过程。由具体到抽象是幼儿对周围事物形成各种概念的一般认识过程。所以在教幼儿数概念时，要从具体出发。就是要从接触具体的事物开始，从亲自摆弄、接触、看具体事物中获得有关数量方面的感性经验开始。这种对数量的感性经验越丰富，就越有利于幼儿形成抽象数概念。

正确做法：

数数时不妨让他们数数手指、衣扣、玩具等，让他们从具体的东西开始。

2. 过分溺爱

有时候，父母的精心呵护反而会“伤”了宝宝。比如，有些父母，总怕宝宝走着会摔倒，会累着，于是喜欢用车推着宝宝或是抱着宝宝。这样一来，宝宝活动量小，协调能力、大肌肉的锻炼都不够，活动能力就特别差。宝宝吃饭、穿衣、收拾玩具，家人总是包办代替，会造成孩子的动手能力和自理能力差；宝宝和小朋友发生争执，父母挺身而出，为宝宝讨公道，这种看似对宝宝的爱，会使宝宝今后，社交能力差而不敢面对外面的社会。

其实，孩子有着惊人的适应能力。他们需要运动和交流，甚至稍微还要有一点冒险，这样才能充分发掘他们身上的各种潜能。

正确做法：

放开手，让宝宝自己收拾玩具，自己吃饭、摔倒后自己爬起来，能使宝宝更快乐，更有成就感。

3. 过分专制

有的父母认为管教宝宝，就要从小做起，让宝宝绝对服从自己的意志。宝宝想要红色的玩具，妈妈却认为绿色的好看，于是买下绿的。宝宝想看天线宝宝，妈妈却认为另外的历史故事更有意义，一切都是家长做主，宝宝没有任何可选择的余地，不听话就会挨批评。日久天长，宝宝就会变得畏畏缩缩，心里总是处于被压制状态，从而局限了宝宝的智力发展，宝宝变得胆小、怕事。

正确做法：

假如宝宝提出的要求合理，尽量尊重宝宝的选择，而不要把成人的思维强加给宝宝。

4. 拔苗助长

有的家长对宝宝的智力发展和成长期望值太高，在教育宝宝的过程中操之过急，不遵循宝宝身心发展和智力成长的规律，"拔苗助长"，却往往适得其反，造成宝宝负担过重，难以适应压力而产生消极的心理倾向和行为。比如，有的家长让2岁的宝宝学英语，让3岁的宝宝背唐诗、做数学题，这种方法不值得推广。

正确做法：

对孩子来说，学就是玩，玩皮球锻炼宝宝的眼、手、脚协调能力，玩积木锻炼宝宝的创造力，玩插片锻炼宝宝的动手、动脑能力。这些能力都有利于今后的知识学习。

5. 完全照书本养孩子

年轻父母大多数以书为标准喂养孩子，有的过分认真地执行书本上的要求，认为这样才是科学的。比如书上说8个月会爬、1岁半会串珠子，如果自家的宝宝不会，就异常着急，以为是宝宝的智力发育有问题。其实，书本上的知识和要求不一定与孩子的实际情况相符。有的可能说话早些，有的可能走路早些，每个宝宝的成长路线都是不一样的。

正确做法：

把书作为参考，一旦觉得宝宝与书上说的哪点不一样时，不要着急，综合考虑宝宝的发展，比如不会爬是不是因为穿得多，不会说话是不是因为没给他说话的机会。

6. 以孩子为中心

有些父母在吃饭时，有好吃的要先给宝宝，宝宝要爱吃哪样，父母就不能动。这样一来，宝宝觉得只有这样才是正确的，如果哪天父母吃了他爱吃的东西，他会哭闹，而且宝宝会在与小朋友的交往中，也会以自我为中心，认为只有自己重要。这样的宝宝会变得不懂分享，不懂爱。

正确做法：

把宝宝看成是家庭成员之一，吃东西时，无论父母爱吃与否，也要让宝宝分给每人一份，让宝宝学会分享，懂得关爱。

7. 满足孩子的所有愿望

宝宝想要某个玩具，想吃麦当劳，父母一定要满足他吗？不一定。无节制地满足孩子的要求，会让宝宝觉得一切太顺利，而太容易获得的东西往往不珍惜，而且从中获得的乐趣也没了。

正确做法：

宝宝想要买某个玩具，可以对他说，假如坚持一周都去幼儿园，妈妈就买给你。要是宝宝想吃麦当劳，可以告诉他生日的时候在这里开生日 Party。这样让宝宝有一种期待，有一种追求的愿望。父母一定要兑现自己的承诺，不能骗宝宝。

8. 父母替宝宝道歉

两三岁的宝宝一起玩时，宝宝把别人打哭，这时有些父母会挺身而出，替宝宝道歉。这样一来，宝宝认识不到自己的错误，而且也没觉得这样有什么不好。他长大后不会自己承担责任。

正确做法：

做错的事情，父母要及时纠正宝宝，因为宝宝不知道怎样做是正确的，哪样做是错误的，正误都需要父母指引。告诉宝宝打人是不对的，要向人道歉，让他自己承担后果，这样才能让他记住，明白对与错。

9. 与出生不久的宝宝说话没必要

父母是孩子学习语言的第一任老师，对孩子语言发展有深刻影响。婴儿听觉研究专家发现，婴儿脑内的“听觉地图”到 1 岁左右完成，在此期间，给零岁婴儿输送越多的有意义的声音，越能促进婴儿脑内主管听觉的神经元的敏感性。另外，还有研究表明，婴儿获得的词汇量的多少，很大程度上取决于母亲对婴儿说话的数量。

正确做法：

当给宝宝穿衣服时，当给宝宝喂奶、换尿布时，要和宝宝说话，告诉他："妈妈在给你换衣服，凉不凉啊？伸伸小胳膊、抬起头。"也就是说尽可能地与孩子多说话，这是发展孩子的语言能力所必不可少的。当到了一定时候宝宝的语言会突然爆发，于是很多话都会说了。

10. 你唱红脸我唱白脸

有些父母总是在教育宝宝上不能达成一致，因此在教育孩子的问题上常有分歧。总是出现妈妈惩罚孩子，爸爸替他说情；或者爸爸对孩子发火，妈妈为孩子辩护。有的父母因为教育宝宝的问题，还会互相指责，长此以往，孩子对父母不尊重，并且让孩子产生投机心理，谁护着他就找谁。

正确做法：

作为夫妻双方，在教育宝宝上要一致，私下多沟通，不要当着宝宝的面争吵。当一个人教育宝宝时，即使说得不对，另一方也不要当着宝宝的面指责。

11. 父母的冲突不会影响婴儿

大多数爸爸妈妈都知道，夫妻当着学龄期孩子的面吵架是一件令孩子紧张的事。但他们中的许多人并不知道，当着初生婴儿或尚不会说话的婴儿争吵，也会影响到婴幼儿的思想或情绪。

心理学家在研究中发现，当家庭中父母冲突升级时，8 个月至 2 岁间的孩子都会变得非常着急，并懂得要努力去阻止父母间的冲突。2 岁以上的孩子，在目睹父母之间或陌生人之间的吵架场面后，会很快地在与同伴的交往中模仿大人气势汹汹地说话和争斗，行为举止变得非常粗野。由此可见，父母应尽量避免在任何年龄段的孩子面前争吵。

正确做法：

当在宝宝面前时,父母要学会克制自己的情绪。如果觉得克制不住，索性走出家门，当情绪平静了再回来。不要当着宝宝的面大吵大闹。

12. 物质奖励

奖励孩子本质上并不是坏事，但是，你必须明智地去选择何时何地用何种奖励。如果孩子做什么事都期望获得物质奖励，那么没有得到物质奖励的时候，孩子就会变得灰心丧气，他们甚至会认为没有物质奖励的事情不值得去做。物质刺激的确能对幼儿的行为产生巨大的影响，使孩子有高度的积极性，可是产生的效力却是短暂的。家长只考虑物质刺激给幼儿带来的短期效应，而未考虑给幼儿造成的危害。从长远来看，这种手段注定会产生不良的影响。当幼儿受到多次物质刺激后，就会变得越来越依赖于物质刺激，甚至做一点普通的事也是如此。因此，家长应当慎用物质刺激，而多用精神鼓励的方法，给幼儿以精神上的激励。

正确做法：

当宝宝能按时起床，自己穿衣服时，父母要及时表扬，夸他：“你真棒！”或是亲一亲他。

案例训练二：

一个父亲的教育智慧：孩子教不好，别总怨社会

为逃避教育制度送孩子出国
就如同把孩子和洗澡水一起泼掉

到北京出差，和一位朋友聊天。朋友说现在中国的教育制度太糟糕，他不准备让孩子上普通的学校，想送到私塾类的学校读书，到了中学阶段就送到国外读书，想听听我的意见。

我问了他三个问题：第一，你自己退休后是不是希望到外国生活？他回答说不愿意，自己已经习惯中国的文化和生活方式，也喜欢这里的朋友圈子；第二，愿不愿意接受和独生子女远隔重洋几年见不了一次的局面？他说也不希望这样；第三，让孩子从小接受了西方的教育后，再让孩子回到中国来工作和生活，孩子能不能适应，会不会开心？他马上就明白了，说自己光想到怎么样让孩子接受一种比较好的教育，但没想到这样做的后果。我说你对中国的教育制度有意见，就让孩子从小脱离这个教育制度，实质上就是嫌洗澡水脏了，把孩子一起泼掉。让孩子从小接受西方文化教育，回头又希望孩子有中国传统文化的美德，比如要孝顺父母等，这可能吗？

我看到并听说过太多太多这样的故事了。我一个朋友的孩子 9 岁时被送到国外读书，现在 20 岁了，世界观和父母格格不入，完全是一个“香蕉型”的西方人，孩子和父母都很痛苦。

如今，越来越多的父母想让孩子中学阶段就去留学，总希望把孩子培养成精英，希望孩子以后幸福，却没想过这样做的后果。

我对孩子的教育方式在朋友圈里得到了很多赞扬。我认为孩子的教

育是社会、学校和家庭三方面合力的结果，但是现在社会信仰缺失，道德水准下降，网络和媒体传播很多负面的东西，对孩子的教育和成长相当不利。学校教育也的确存在很大问题，小学中学本该是普及教育，大学是精英教育，中国的现状则刚好相反。中学的分班教育导致把最优秀的老师都集中到最优秀的学生身上，搞什么奥数班、实验班、重点班，一个中学培养出几个考上清华北大的学生就认为成绩巨大，忽略了大部分成绩普通的学生，所以中学是精英教育模式。大学反而是普及教育，大量扩招导致一个导师带几十个研究生，所以大学倒是真像普及教育模式。既然社会和学校教育都存在缺陷，家庭教育就成了关键。父母自己都没下功夫去好好教育孩子，我们怎么能去责怪学校和政府呢?

初中时让孩子住校
有助于顺利度过叛逆期

儿子不到1岁时我下海创业，创业之初非常辛苦，但我有一个理念，就是赚再多的钱，如果儿子没教育好，我的人生就谈不上成功，所以每个星期六加班工作，周日陪儿子玩，基本上雷打不动。亲情也需要时间去培养和维护，保持好和儿子的沟通，一直不间断很重要，断了几年再来就可能接不上。

孩子上初中时是和父母关系最特殊的阶段，因为这是孩子心理叛逆最严重的时期。我的经验就是找个环境好、管理好的学校，让孩子住校。这个阶段的孩子心理实际上还是小孩，对父母挺依赖的，但又以为自己长大了，想推翻父母亲的权威，如果在家住往往容易嫌父母啰唆烦人，容易和父母吵架，但住校一个星期回家一次，见了父母就很亲热，来不及吵架又要回学校了，有助于平稳度过叛逆期。

高中让孩子按照“木桶理论”去学习

我儿子学习成绩中等，想考上他心目中的理想大学难度很大。我跟他讲，高考就是“木桶理论”，6 门课就是 6 块木桶的木板，最短的木板决定你的高考成绩，也就决定了你的命运。一门课 90 多分了，想增加几分需要付出很大努力，而另一门课 60 来分要提升到 80 多分则相对容易得多，所以高考复习就是不停将自己最短的那块“木板”找出来，加高它，当这个“木桶”所有的木板都不短了，成绩也就达到比较理想状态了。另外，“木桶”的底就是身体，比一圈的木板更重要，为什么很多考生高考成绩还不如平时成绩，不是智商问题，是高考复习实在太累了，身体状况下降，自然发挥不好。6 块木板的黏合剂是心情，一定要把高考的过程变成轻松快乐的过程。

我儿子从高二开始按照我的“高考木桶理论”去复习，不断找出自己的短板去加高，成绩一步步提升。同时他每天坚持练陈氏太极拳，保持了旺盛的体力；喜欢玩魔术，边备战高考边练一些自己喜欢的魔术节目，和同学们一起成立魔术社作表演，保持了心情的快乐。

离高考还有半年的时候，他找我说他的字写得太难看了，估计会影响成绩。以前我们说他的握笔姿势不对字难看，他一直不愿承认也不愿改变，现在终于承认了。按照一些专家观点，字难看的人考试每门课平均可能会被扣 2–3 分。也就是说，字写得难看等于“木桶”的每块木板都有一些“虫眼漏洞”。

我们一起上网寻找解决方案，最后还真找到了一个专门教人怎么把难看的字写好看的专家，在北京办培训班，只要一天时间就可以改变写字习惯。一个周六下午，我准备了行李在学校门口等着，放学时儿子背着书包飞奔而来，我们直奔机场飞到北京，周日上了一天的写字课程，晚上飞回广州，星期一上课写作文时老师发现我儿子的字体已经像换了一个人一样。

从这件事可以看出，人真想做一件事情其实并不难，就怕不下决心去做。

高考成绩出来了，儿子如愿以偿考入了理想的大学。我们父子俩很有成就感。儿子说：“爸爸，我这次不但考上了理想的大学，更重要的是学会了怎么设置一个理想的目标，然后用几年时间去一步步逼近目标，最后实现目标。”

用“金刚钻”理论指导大学学习

儿子高考之后，我建议他去街上摆摊。他去了，回来后明白，其实城管执法还是非常文明礼貌的。我告诉他，广州有上万名城管每天在执法，偶尔一次发生了冲突打架，报纸网络就会报道渲染，而平时 99% 正常的执法却没有新闻价值，所以你看到的很多并不是社会真相，你亲自去体验几天才会明白。很多愤青实际上并不了解真相。

我儿子上大学以后，我告诉他高考的“木桶理论”结束了，读大学要用“金刚钻理论”：你可以很多门课都是“短板”，及格了就可以，但一定要有一两门强项，也就是自己的“金刚钻”，样样都不错却没有一样特别强的人，找工作比不上有“金刚钻”的人。现在社会很缺乏创新能力，我劝儿子训练自己的创新精神，如果到大学毕业时手上有 10 项专利证书，找工作比一个研究生文凭管用多了。于是我儿子开始不断思考不断发明，现在大二了，已经成功申请了 6 项专利。

儿子只要在家，早上就一定会早起，和我一起去爬山，再回家一起打太极拳。记得我儿子 18 岁生日那天早上，一个冬季的下雨天，相当阴冷，我们父子还是打着伞去爬山锻炼，看到山路蜿蜒曲折，山上浓雾弥漫，我说今天是你 18 岁生日，很有意义的日子，我们一起作首诗吧，结果我们一人一句写了首诗：冷风携雨扑面寒，山路盘旋入云端。脚下就是通天路，父子含笑共登攀。

案例训练三：

一个中国妈妈的教子经验

一、教子要点

1. 在吃饭方面：一碗，这是基本量。如他说妈妈我吃不完了，我说没关系，晚饭时，接着吃，不够再吃新的。以后再没这问题。吃饭要遵循七分饱的原则，够身体消耗能量就好，少吃肉多吃蔬菜水果，不要身体累积脂肪影响大脑，过量有害无利。

2. 放学后做作业：规定一个时间，到时间就不准他做了，他说家庭作业不做完，明天会被老师罚的，但我告诉他，什么时间做什么事，不能挪用。第二天他一大早就起来做，我同样不准，他是哭着上的学。从此以后，他是先做完作业才吃晚饭，一直到高中毕业，都是以先完成作业为第一任务。从初中到高中，所有作业都是在学校完成。当时我是不准儿子占用他玩和看课外书的时间用来做作业的。

3. 教师告状及罚作业（关于批评）：我儿子在小学一年级时也被罚过，我接他放学，等到他做完被罚的作业，同时听着老师数落儿子上课如何不认真、如何和同学发生事情等。但我看儿子的眼神还是很平静。回到家后仔细问情况，属于同学不对的，就不批评他；是自己的问题，但都是轻言细语给他讲怎么样注意及改正。有一点很重要，家长要用道理解除他有可能对老师产生的负面情绪。打击小孩自信心的主要是家长和老师。如小孩在学校挨批评了，做父母的要及时把事情了解清楚，化解小孩的情绪，修补他的自信心，人的一生自信心很重要。

4. 注意力不集中：是否晚上睡眠不好？是否吃太饱？是否听不懂课？找出原因，针对原因找解决问题的方法，不能一味骂小孩。

5. 好玩天性：要给他时间玩，动手本身也等于动脑，没什么不好，家长同小孩制定好课后到睡眠之间的时间，一切按作息表。玩纸牌游戏是一特教老师告诉的方法。我应用和实践了，是很成功的。我儿子在小学时，上课老师布置作业，他都是快速完成的。

6. 没事你要小孩多用左手玩抛接物，是锻炼右脑的，家长和小孩每天玩一次纸牌加法，抽二张快速在他面前晃一下，让他快说出加出来的数，坚持到三年级时就做一次加法一次减法，五年级以后就不用了。锻炼注意力、快速反应能力、心算能力。

7. 曾看过一帖：关于小孩子的教育，我一直在思考一些问题，也跟大家交流下。我认为：

第一，进行早期教育，注重开发思维智力，不强迫他学什么。

第二，善待一切生命，教他学会换位思考，已不悦不强加于人。

第三，教他在做人做事时以水为榜样，遇事以柔克刚，遇困难曲折前行。

第四，学会知足常乐。

第五，宁静致远，淡泊名利，让心自由。

二、家庭作业几件事

1. 老师布置家庭作业要家长检查签字：我采取的方式是，请小孩自己检查，检查好拿来我签个字就行。在签字时询问：你检查后都没有错了吧，他确定说没有错，家长就签字。但是，在他检查时也有没有检查出来的时候，你明明看到有错的题，你不要给他指出来，让他明天的作业本有一个红叉，面对这一情况，你只要说昨天为什么没有检查出来即可，家长不要太严厉，不要让小孩有被打骂的担心，一切以讲理为主。这样他下次检查就会认真很多。

2. 关于听写：我解决的方式是请他用默写的方式来完成。他不解，睁着大眼睛盯着我，我说没人给你念，你能将所学的生字默写下来，那不是证明你很棒吗？他回他书房去，老老实实把他的语文书放在我面前，我看这一举动，我说把你的书拿走，妈妈相信你不会看，他又老老实实把书拿走。

在一年级开学年，家长要和小孩好好谈心，让他明白学习是他作为学生身份的主要任务，学习不是为家长学习，家长没有关系，家长有家长的责任；让小孩自己检查，是在学习上的事尽量让小孩自己管理。

三、早期教育真的很重要！我们家很民主，说出道理不会强迫他做什么

我家是从小孩能说话开始，做什么事都会征求他的意见，做错什么事时（包括打烂东西），请他讲前后事情经过，为什么会发生都请他讲出来，我不会批评骂他也不会打他，讲完后，指出改正的方式方法。

大一点的小孩，已养成一定的习性，这就要靠大人调整自己的方式方法给他讲道理：

1. 主要还是要让孩子明白他学生身份该有的任务和责任。

2. 让他明白学习是为今后自己的人生打基础的一个阶段，自己的人生只有自己掌控了，才活得轻松、活得精彩。

3. 让他学会对自己的人生负责。

四、关于吃饭

1. 吃饭少关系不大，我不追着他，不吃就算了，但下一餐时把上一餐剩饭加热放在他面前。我的态度是：不愿吃剩饭，那中午就该吃完。

2. 尽量培养孩子吃蔬菜水果，你孩子不吃肉深得我心（能坚持最好）。我是每天每次给儿子削两三个苹果（其他水果是附品），肉和饭随他吃多与少。我家在高中以前就没给儿子买过有色饮料和袋装零食，只

给他喝矿泉水或白开水或茶水。

3. 孩子吃饭不要过饱，否则会影响智力的发展。

4. "她营养不够"：一定要把零食取消，用水果代替，每天必须吃苹果和香蕉，这两样都和智力有关并有安神作用。

5. 要培养孩子的爱心：不同小朋友发生恶意争执引申到爱护花草，动物，昆虫，美丽的花，可以欣赏，不要伸手折，小动物特别是各种昆虫，是有生命的，培养小孩子的慈悲心爱护它们，不能看到面前有蚂蚁，伸脚就去把它踩了，培养小孩尊重一切生命；一切身外的人和事物。小孩的心性就是在小时教育他对万事万物都要充满友爱的心去对待。恒顺众生而得果报就是自己也一切顺利。

在与同学相处和大人的接触中，难免有对小孩不好的事，也会遇到他认为不公平，不甘心的事。大人怎么给小孩子疏解情绪呢？我告诉他，别人是没有义务对你好的，人心是不平的，如大地有高山、河谷、平原。那么他对你好，你就该对别人充满感激之心，没对你好，那是他的处世行为，也是正常的。万事万物没有绝对的公平。心量越大，所能获取的能量越大，不要求而自得更多。这道理学佛的人能明白。**心量和慈悲心很重要，对孩子以后的人生和境遇差异有决定性的作用。**就如李宇春说的态度决定了你是谁。

五、关于生育与养育孩子问题

（一）孕前父母的作为

父母双方要调理好身体，抽烟喝酒最好戒掉，饮食尽量偏蔬菜水果，男方每天补充点维生素 E，女方每天补充点叶酸。少吃肉类。

（二）怀孕后

1. 在母体内的胎教很重要。其中一点请母亲一定要每天抽点时间静静看书，内心不急不躁、听听音乐，总之要让心情放松。

2. 在吃的方面：不要吃肥肉、饼干和甜食等，尽量不要让胎儿在母体内长得太大。在怀孕期间（5个月以后），能恰逢其时，能碰上昙花开放，把昙花用来蒸蛋吃，多多益善。其余饮食的注意事项一般人都懂的。

（三）生下小孩后，对大脑发育的帮助

1. 母乳喂养很重要，是最好最安全的食品。保证了孩子健康，又避免母亲在40岁后患乳腺癌的几率。刚生下小孩子，有可能发生乳腺不通的情况，一定要解决。不能为了所谓的身材而不给小孩子喂奶。

2. 我说了，我是在小孩子20多天后开始的早教。在孩子醒时，我会让小孩的小手抚摸各种手边的物品。众所周知，小孩子从出生后到1岁时大脑发育是飞速的，在1岁到3岁又是一个阶段，在这个人生最重要的阶段，就不是你只请保姆，让小孩不哭就可以了。最需要是妈妈们付出心力的时候。

要刺激大脑发育就用小孩的双手去抚摸这个世界。现在带孩子，家长对玩具都准备充分，对半岁以前的小娃就身边玩具给小娃娃，让他小手抚摸，母亲并给小孩讲解，这是什么物品，有什么用处，记着从0岁到3岁都不要给小娃说：“车车、饭饭等，要直接说是汽车或吉普车、拖拉机或稀饭、馒头等，这样小孩会吸收大量词汇。”

在小孩10来个月，睡眠时间不是很长后醒的时间再多些时，就可以去找整套的“十万个为什么？各类百科知识全书，365夜等”那些有图和文字的书。你手指图里的要件用图下面的文字给小孩讲。这是为了刺激小孩大脑皮层发育。

到一定时候，当你再拿这书给他讲时，他会伸手翻下一页，那说明，他对这一页有印象，想要新鲜的了。如我们带小孩到大自然中，(我是每周的星期天都带小孩去公园，有山有水的环境)，各类植物、枝叶、小草、小蚂蚁、小小蜗牛等都是让小孩观察的最好道具。

以上是说让小孩通过手接触世界，其余时间在大人无空闲时，就给小孩放讲故事听，我那时是鞠萍姐姐讲故事，现在的种类应该很多。在动画片方面我同儿子看得最多的动画片是葫芦娃的故事和圣斗士星矢。我认为这两种画面很美，又比较炫，对小孩的形象思维很好。

与此同时淘一点有字幕的如讲弟子规,国学方面的浅显一点的东西，每天放给小孩子看。这样小孩子在无形中会接触到很多词汇，如小时思维刺激得好，那他所看到的字、词慢慢就会搬家，无形中就会应用到其他地方。

睡前听讲故事磁带，白天安排放有字幕的碟，讲百科知识图册（书店种类很多）成语故事书。以上刺激孩子的左脑及形象思维，余下就是家长还要针对孩子的右脑进行开发。右脑是左手的功能，每天抽一点空闲，同小孩玩游戏，用左手抛小球，用左手接等，你所能想到的，你心里大概给他规定个数，完成就做其他的了。

另补充一个锻炼大脑的：画图画，我们不要求小孩画得很像实物。只要能用手去勾画线条就对大脑有作用。最怕有不懂教育小孩的会说小孩你画的车怎么不像呢？此时你要快纠正说那是宝宝画的变形汽车。

在0–3岁的教育中，用鼓励不能用打击的方式，不是要求他把实物画得多像，而只是锻炼大脑皮层的沟纵。

在饮食方面，我强调的是蔬菜水果。在小孩可以吃饭时，给小孩的碗里添的菜是各种蔬菜，不要给他添肉菜，因一般小孩子主动夹的是肉，而不会主动夹蔬菜，我们大人就在小孩子会吃饭菜时，引导他。水果：每天苹果、香蕉是必需的。这样就不会把小孩养成小胖墩。

大脑开发到一定程度，小孩子的求知欲望就比较强烈，找各种书给他看。

我家对儿子早餐是：一个鸡蛋、一个苹果和水。

我儿子从小就正餐吃得少，所都是他一放学回家就给他削二到三个苹果，然后做作业，然后吃晚饭。肉菜有，但我们大人都是先说吃蔬菜。我的朋友们都说我儿子是投入少产出多，高中毕业 1.8 米的净高，才 100 零几斤，不过这次放假回来是 130 多斤（学校选的体育是游泳、篮球，现在这学期选的羽毛球）。

胃口不好问题：吃七分是常识。

一个医生朋友曾告诉我，千万不要强迫小孩子吃饭，小孩子是有几个生长发育期的，特别是青春期，饭量自然会增加的。如早早打开胃口，到发育期时他的饭量就过了，到青春期时你让他少吃点都不行了，小儿肥胖就是在大人的爱心中膨胀了。

六、关于英语

上小学后开设了英语课，我要求是学一课必须记一课，他记了几课，他认为死记硬背方法不好，很痛苦，我说你自己想个办法解决这个问题。几天后他给我汇报，他想了一个方法，在电脑上打单词，采取无形记意的方法：在 C1 栏打上英语单词 ONE，在 D1 栏上打上英语单词 ONE，在 E1 栏打一个公式：=IF（C1=D1，“YES”，“NO”），在 B 栏打上相对应的汉语，把 E1 打好后出现的是 YES，指导 E1 栏朝下拖很多栏。在练习时：把 D 栏拖来隐藏，把 C 栏的英语取消，看到 B 栏汉语在 C 栏就打出对应的英语，打对了，E 栏就是显正确，没有打对显的是错。对出差错的英语学词就多思考一下，多打几次。我要求他是每天开电脑第一个要完成五课的英语单词练习（是 12345、23456、34567 以此类推，包括电脑游戏里的单词都要记完）。完成练习后才能在电脑上做其他事。

这个方法对其他人有没有用我不知道，但我儿子在初二参加全国英语竞赛得过一等奖。我儿子喜欢看 NBA 和足球比赛，有一天我看到他界面是中文的，我就和他谈英超、米兰等，顺势漫不经心地说，你其实可以进英文网站看这些内容，对不懂的查一下就可以了，顺便可以提高英语阅读水平。第二天，真的就看到满界面都是英语了。为了鼓励他，我偶尔会指着一个球员图片下一串串英文，问他是什么意思，他会很乐意给我介绍。

双手在电脑上盲打英语单词，坚持一段时间后，那些单词，会条件反射在大脑里、双手上反映出来。你让他用这方法，他不一定乐意。你可以先要求孩子学一课必须记一课的英语单词，死记硬背那方法很痛苦，他想不到更好的方法时你再告诉他还有这样一种方式。如果他能自己想到方法那更好！

七、关于分数

考试多少分不过多的发表意见，我的原则是学习是他自己的事。我只告诉他把卷子上错题分析原因，是不懂还是粗心，自我修正就好。也不会问他这分数在班上排第几名（一直到高中毕业都是如此）。

八、关于粗心

数学总会写错很简单的题，大人小孩都会很后悔地说，“好可惜！如果细心点数学就是满分了。”我也曾遇到这种情况，看到 99 分的卷子，就想怎么样才能让他不粗心大意、不马大哈呢？大概在三年级时，机会是在别人的惨痛中到来，有个单位修住宅，修到一半时房子倒塌了。我带他到现场，从力学等方法讲，由于计算上的一点误差会造成基脚支撑房子有差异，计算少了的那个点会下沉；从建筑材料上来讲，水泥少个标号、钢筋小一点、砖瓦质量次一点，那整个房子就是危房了。为了他有个深刻的认识,我说如果就因你计算上的粗心大意造成别人的死亡(那事故死亡6人),人命怎么样来赔?上千万的经济损失怎么样来赔?让孩子认识到粗心大意的危害,对孩子的教育就成功了一半了。

案例训练四：

爸爸就在你身边陪你一起撒野

忙完《让子弹飞》后，姜文几乎整整一年时间没有露面，与他一起消失的，还有两个儿子。原来，姜文是带着孩子“移民”了，为期一年。是欧美还是新澳？姜文的回答让人吃惊不小，都不是，是新疆。

天要下雨，爹要教子

姜文的两个儿子一个六岁一个四岁，对两个孩子，姜文非常不满意。

因为父亲是军人，姜文在部队大院长大，他觉得这种成长经历对于造就他的刚毅性格非常有好处。可看看自己的儿子，在家被长辈宠溺，还有专职保姆伺候，衣来伸手饭来张口，个子见长坏脾气也见长，在家摔跟头后的第一反应不是自个儿爬起来拍拍灰，而是扯开嗓门号啕，非得等人把他们扶起来用手拼命打地报仇后才破涕为笑。

两个小子在家如龙似虎，一旦出了门马上变成怯生生的小白兔，大气不敢喘。这样下去怎么得了？姜文决定给自己放个长假，好好地对两个儿子展开军事化的吃苦主义教育。

在北京是不行的，爷爷奶奶隔三岔五就要过来看孙子，要是看见孙子吃苦受罪，自己耳根一定不得清净。必须得去外地，越远越好。而且最好撇下老婆周韵，因为她虽然彪悍，但护儿子也护得厉害。姜文计划的人数只有三个——他和两个儿子。

目的地最终确定下来，姜文看中了新疆阿克苏。

姜文联系了几个新疆好友，让他们帮忙找房子，要求很明确：市中心的精装豪宅一律不考虑，要城郊的普通民居，不漏风不漏水，能做饭能洗澡能睡觉即可。

去的时候一行四人，姜文开一辆越野车，装满了他觉得会派上用场的东西和生活用品，跟周韵轮流驾驶，耗时3天。

到了阿克苏的新家，周韵急了，这房子太简陋了——无论是庭院还是屋内，都是土坯地面，墙壁光秃秃地裸露着，老旧的木头家具，仅有的电器是一个太阳能热水器和一台电视机。

姜文没有给周韵去市区买新家具的机会，第二天就把她送上了从阿克苏飞往乌鲁木齐的飞机，让她自己转机回北京。有慈母在场，严父就不容易登台。而今只剩下一父两子，任何事情都是姜文说了算！

在塔克拉玛干沙漠撒野

第三天，两个孩子的苦日子正式开始……

早上6点半，他们就被姜文从热乎乎的被窝里拖了出来，三两下套上防寒运动衣，半梦半醒地被呵斥着开始了锻炼。虽然号称“塞上江南”，但阿克苏的昼夜温差很大，两个儿子出门就打哆嗦，本能地想往暖和的房间里钻。

但姜文不给他们机会，一手拉一个，几步就拖出了庭院，告诉他们：“跟着我跑，跑不动了走也行，转完这一圈才能回家。”这一圈大概一千米，两兄弟只跑了不到两百米，剩下的八百米都是喘着气走下来的。

好不容易回了家，姜文端起在炉子上温着的羊奶给他们一人倒了一碗。到阿克苏的第一天，姜文就给他们喝过羊奶，两个儿子只喝了一口就吐了，说受不了那古怪的味道。这才隔了两天，羊奶一到手便仰着脖子喝了个底朝天。

姜文对两个儿子的饮食结构也做了很大调整，精心烹饪的儿童餐没了，取而代之的是当地民族餐食：菜品以手抓羊肉和大块牛肉为主，主食不是糙米饭就是馕，配餐的青菜既非白灼也非上汤，无公害的蔬菜洗干净后直接生吃，佐餐的饮料是新鲜牛奶。除了正餐外，不提供巧克力饼干果冻之类的零食，但新鲜水果24小时敞开供应。

家里没请钟点工或保姆,两个儿子在姜文的指挥下担任起了保洁员。收拾床铺也包干到人。

姜文很少让儿子无所事事地待在屋里，只要天气不恶劣，他经常带他们出去转悠。不开车，就这么信步乱逛，不走到两个儿子气喘吁吁大汗淋漓不停下。号称转悠，更像是拉练。小孩子的潜力是无穷的，从最初的走不上几百米就叫苦叫累，到1个月后，两个儿子一左一右牵着姜文的手，一口气走上3000米，粗气都不喘。

每天坚持锻炼，加上原生态的饮食结构，两个儿子的身体就这样一天天结实起来。

周韵前来探望时，眼泪都快下来了。两个儿子都晒成了巧克力色，皮肤粗糙了，脸蛋上还多了两坨高原红。可是，目睹了他们超越同龄人的自理能力，周韵没话说了一天要下雨爹要教子，由姜文去吧。

最好的营养品是苦头

自从姜文去了新疆后，朋友打他的手机，传来的永远是“您拨打的用户不在服务区”的语音提示。得知他在新疆闭门教子，有好奇的朋友想来凑热闹。姜文统统婉拒，说目前还不到时候，等他觉得时机成熟了，会安排一次活动，邀请大家一起参加。

姜文这么说真不是客气话，在新疆待了大半年后，两个孩子从“豆芽菜”变成了“红豆杉”，姜文打电话邀请了十几位亲友，亲友团在阿克苏租了六辆越野车，在两个专业向导的指引下，来了一场浩浩荡荡的阿尔金山无人区穿越之旅。

亲友们大赞不虚此行，最让大家惊叹的是，当一群成年人都因为高原反应气喘吁吁、头疼如裂、食不下咽、连续失眠时，姜文的两个儿子却精力充沛，拎着小弓箭追着野兔射，过滤后依然透出一股怪味的山泉水端起来眉头都不皱地一饮而尽……这哪里像是家境优越的明星孩子，完全就是两个扔在哪里都能放心，交给谁照顾都不用担心的“野孩子”。

起先还对姜文带着孩子奔赴新疆颇有微词的亲友们全都没话说了——加起来才 10 岁的两个小孩，比这帮大人还坚强，事实胜于雄辩，这怪招的确管用。

但姜文说这才是第一步，他的计划是每年抽一段时间带着孩子去那些最偏僻、最艰苦的地方折腾。他说，如今的小孩，最缺乏的食物不是营养品，而是苦头。多吃苦是有百利而无一害的，既锻炼了身体，又增强了能力。少时吃苦不算苦，算财富！

姜文说他不久前看了《乔布斯传》，乔布斯表示之所以愿意出这本书，是为了让他的孩子知道这些年来他在做什么。虽然说法很温情，但姜文说自己不会这么做。为什么要在没有机会后通过一本生硬的书去告诉孩子自己在做什么？他要趁着现在有时间有精力有想法，用行动告诉孩子——爸爸就在身边陪你们撒野！

案例训练五：

嘿，这就是日本幼儿园

福田心田

来到日本以前，我的女儿田田已经在北京上过一年幼儿园，可以说，对于幼儿园我们并不陌生，但是日本的幼儿园，有些事儿还是让我目瞪口呆。

1. 无数大大小小的包

我们办理入园手续的第一天，幼儿园就向我们说明，要准备若干个大大小小的包：书包、装毛毯的包、装餐具的包、装衣服的包、装备换衣服的包、装换下来衣服的包、装鞋子的包等。然后是A包多少厘米长，B包多少厘米宽，C包放在D包里，E包放在F包里……我真是彻底崩溃了！搞不懂为什么日本人要弄出这么多复杂的名堂来！有的幼儿园甚至要求所有的包都要妈妈一针一线缝制！但经过两年，现在我们已经对此驾轻就熟了，孩子也可以非常有条理地分门别类。我常想，京都人可以对垃圾精细分类处理而不觉其烦，是否和从小所受教育有关？

2. 大人空着手，所有的包都由孩子肩背手拿

这是很震动我的一个场景，早晚接送孩子的时候，看到其他日本家长，无论是爸爸妈妈，还是爷爷奶奶，手里一律空着，而上面所说的那些少说也有两三个大包外加书包都由那些孩子们肩背手拿着，而且还都跑得飞快。我们呢，自然还是咱国内的传统，田田空手，我拿包。过了两天，老师就来和我聊天了：“田田妈，Tina在学校可是什么都自己做啊……”日本人惯于只说半句话，后面的让你琢磨去。我立刻就明白是在问家里的情形了，看我还在想，老师就说了“比方说上学时拿包吧……”这就是委婉的提醒。从此就只好让田田自己拿了。等开家长恳谈会时，我和大家说，在中国幼儿园，习惯家长拿东西。这回轮到日本妈妈目瞪口呆了，异口同声地问：“为什么？”为什么？是不是因为我们中国人爱孩子更多一点呢？

3. 反复脱换的行头

田田的幼儿园是统一服装，春秋换装。入园时最外边都要穿幼儿园的套头衫，穿短裤，戴贝蕾帽（夏天戴草帽），穿自己的鞋子；到了幼儿园，就要把套头衫脱下来，换一种玩耍时的罩衣，鞋子脱下来，换白色的芭蕾鞋，到操场玩的时候，自然再换自己的鞋子。这还不是最麻烦的，开学时老师要求拿一组换的衣服，在我们看来，那自然是防备孩子玩耍时弄脏备用的，然而，并不是。只要孩子们中午睡了午觉，起来必定要重新换一套，真是够麻烦。到田田在外边宿泊一个晚上的时候，光备用的换洗衣服就要备好多套，真赶上那个爱新衣的皇帝了。

刚开始每天早上去送田田，都要重复那么一套换衣程序，田田在菊花班的时候，看她实在慢，我就不免代劳。但是不久就发现日本的妈妈们都是站在一旁看着孩子，从不伸手帮忙。慢慢体会到，日本幼儿园就是通过每天的穿衣换衣，让孩子练习独立生活的能力。通过每天到校后换衣服、放联系手册、自己贴当日的sticker、挂手绢等从两三岁开始的训练，让孩子们养成有条不紊做事的习惯。

4. 大冬天穿短裤

日本幼儿园的孩子，冬天无论多么冷，都穿非常短的短裤上学。刚去的时候，北京的爷爷奶奶非常担心，说一定要和老师商量一下，因为我们是中国的孩子，受不了这个冻。这个……让我怎么说得出口。没法子，只好入乡随俗地狠下心来，为国争个面子。不用说，刚入园那时候，三天两头就冻病了。和日本妈妈说呢，答案又叫人目瞪口呆：“是啊，孩子送幼儿园就是来让他们得病的。”看看一个个像小炮弹一样冲到我面前说“你好”的孩子，那个结实劲儿，我是觉得我们不能太金贵孩子了。

5. 0岁参加运动会

刚到幼儿园，就看见很多老师怀里都抱着个小小孩，看上去也就几个月大吧，一问，是0岁。田田幼儿园的班级都用花的名字命名，田田班的曾经是菊花，然后变成百合，现在已经是一株很有大姐姐风范的紫罗兰了。而0岁的小宝宝，就是“桃花”班，用日文叫“もも”，和咱汉字的“毛毛”同音，很是形象。这些0岁的毛毛，不光入托了，而且还要参加幼儿园的一切大型活动，比如运动会、演出发表会等。看这些0岁的毛毛哭着拼命向前爬，还是有点打动人的力量的。

6. 女孩子踢足球

到了年中，开始上每周一次的jumping课，相当于我们的体育和形体课；到了年长组，就有了足球大会，孩子们成天不是练习打鼓，就是练习足球。那是真踢啊！而且幼儿园之间有连续的比赛，田田身上经常青一块、紫一块的，但是体力和勇气都练出了。

说实话，刚来日本时，田田的表现真是让人汗颜。日本的孩子一般从十三四岁开始，才往上蹿个儿，之前比中国孩子矮很多。田田在班里，那可是鹤立鸡群的“庞然大物”，可实际上却是外强中干。日本孩子光着脚在外边跑，田田呢，榻榻米上有一点沙子，就恨不得踮着脚走路。有一次远足爬山，下来的时候，她干脆由两个矮个子的日本孩子搀扶下山。这怨不得孩子，3岁的孩子，根本没有让她徒步爬山1小时的经验。

现在好了，去年在香格里拉，在缺氧的环境下，徒步 4 个小时没有任何问题。

7. 完全混班教育

在中国时，我们参观过几次田田的幼儿园，都是各自在自己的班上课。到了日本则不同，在早上 9：30 之前，下午 15：30 之后，全园的孩子都在一起玩。在院子里，大孩子抱小孩子，小孩子追大孩子，玩得很疯狂。孩子们真正能体会到哥哥姐姐、弟弟妹妹的感觉。孩子们的成长感特别明显。比方前些天田田年长组最后的发表会上，表演完太鼓之后，他们说了一番话，让所有的家长落泪：今天的发表会真高兴，低年组的小朋友们也非常努力地表演成功了。这是我们最后的发表会了，到了小学我们仍然不会忘记我们的朋友和幼儿园。

8. 教育是为了教孩子学会“笑”和“感谢”

在这个幼儿园，似乎完全不重视孩子们的知识教育，孩子们没有课本，只有每月一册的绘本。学校的教学计划中，完全没有数学、假名、绘画、音乐这些项目，更别说英语、奥数了。也不学轮滑，也不教游泳。问教什么，答案永远也想不到——“教孩子们学会笑眯眯！”在日本，无论走到哪里，无论和谁讲话，“笑眯眯”最重要，一个笑眯眯的女孩子最漂亮。还教什么？——“教学会说谢谢。”总之，这里强调的和国内非常不同。开家长会的时候，不会有一个家长讨论孩子学会认字了、算数了这些内容。大家说的是：这个孩子，学会整天笑了；这个孩子，学会使用敬语了；这个孩子慢慢自己能上校车了；这个孩子，今年特别像大哥哥了。总之，先前我关注的那些点，没有一次被提到。

虽说没有特别强调学习什么，但是田田在美术和音乐方面的兴趣培养却让我吃惊。更为难得的是，组织多少大型活动，所有的道具都是老师带着孩子们用废物利用的方法做，从不用昂贵的新品。

9. 一年到头数不清的活动

我的日历上标出的做便当的日子，就是田田他们远足的日子，一年到头不知道爬多少次山，看多少次湖，观察多少次动物和植物，除此之外，捡橡子、打年糕、开运动会、为社区演出、宿泊、过园节、开发表会、去拜寺庙、作品展等。反正是名堂多多。总之，结论是:生命在于活动!

京都差不多所有幼儿园的全年活动都相同，看这些安排时，完全看不出他们教了什么知识。大多写着：培养孩子感激的心，培养孩子做自己的事情，培养孩子交好朋友，等等。总之，幼儿园教育中最重要的是“心的培养”，其中最重要的是体会他人的体贴心。所有一切活动都围绕这个内容。

10. 中国人都不过的节日本幼儿园过

这也是让我狠狠吃惊的地方，像上面说的，日本幼儿园过一切他们自己的传统节日，女孩节、男孩节、纳凉节，除此之外，中国的正月初七的七草节（几位知道？)、二月的节分、七七乞巧节都认真地过上一遍。孩子回来说：“今天老师问我这些节日在中国怎么过？”我说：“惭愧啊，妈妈也不知道。”

案例训练六：

日本的《家庭教育手册》

日本文部省

编者按：1999 年 4 月，日本文部省颁布了《家庭教育手册》，内容通俗易懂，却极有深度和针对性。现刊出其中的主要内容，以供参考。

一、家庭是什么？

★ 孩子最大的愿望是家里人都能愉快地过日子

当问及孩子“你对家庭有什么更高的期望”时，孩子回答得最多的是“家里人都能愉快地过日子”。孩子们在企求这么理所当然的事，作为父母应该认真面对这样的现实。

只要给孩子提供必要的东西，孩子就能自然地成长的时代已经过去了。现在，营造安宁、愉快的家庭需要全家人有意识的共同努力。为了孩子，为了自己，请对家庭进行一次再认识吧。

不会珍惜自己的人也不会珍惜孩子

养育孩子确实很重要，但是整天神经绷得紧紧的也吃不消，父母的烦躁不安会传染给孩子。正因为养育孩子很辛苦，所以，拥有属于自己的时间，保持心理健康很重要。父母应互相配合，共同承担。有效利用孩子去托幼机构的时间，可让你的身心有个“休整”。

另外，有什么事别自己一个人烦恼，鼓起勇气去家庭教育咨询中心、保健中心、儿童咨询所等处跟专家谈谈。

在家里，父母充满幸福的笑容，会使孩子感受到幸福。

“养育孩子是母亲的事”，有这种想法的父亲要当心

一般认为，在现代家庭里，父亲的权威变得越来越弱，对孩子辨别善恶、分清好坏的社会教育也越来越马虎。通常，父亲和母亲的育儿方针基本一致，但父亲和母亲站在不同的角度教育孩子，能纠正过于密切的母子关系。父亲自然地参与养育孩子，发挥父亲的影响力，父母的互相配合很有必要。母亲应注意不要在孩子面前贬低、瞧不起父亲。父亲也应注意，不要在孩子面前大声斥责母亲。

★ 未必“一说就知道”，但不说就更不知道了

在现代社会，如果什么都不说，要互相理解是很难的。不断增加夫妻之间、父母和孩子之间的对话，是建立幸福家庭的基础。无论是夫妻之间还是父母和孩子之间，不管什么事都可以交谈是最好不过了。全家人一起吃饭，一起交流各自的近况，早晨的问候，让孩子帮忙做家务，和孩子一起玩，一起参加社区的义务活动，等等，这些对增加交流都很重要。

★ 全家人一起吃饭这件事真的很重要

饮食生活不仅对儿童身体的健康，也对儿童心理的发展有深远的影响。全家人 起吃饭父母费心做出的饭菜、吃饭时的愉悦等自然地将父母的爱传达给孩子。由此得到的满足感、信赖感能使孩子开朗、坚强地成长。

注意饮食的营养均衡，设法定好一起吃饭的日子，养成全家人一起吃饭的习惯吧。

★ 父母积极向上的生活姿态，孩子一定能领会到

家长要一边工作一边养育孩子，因此容易使家长与孩子接触的时间变少。但是，疼爱孩子，为了更美好的未来而努力奋斗的家长形象，一定会深深地铭刻在孩子的心中。

另外，各种各样的烦恼是难免的，别一个人承受着，应请亲戚、朋友们协助，或积极利用社区的咨询窗以及育儿机构。

无论何时，都要充满自信地养育孩子，表现出积极向上的生活姿态。

二、家教

★ 不知为什么，孩子的缺点跟父母总是很相似

那些“只要自己好就行，别的我不管”、不守公德的人，让人讨厌、不可信赖。如果自己的孩子这样做时，大众不予以纠正，孩子会误认为自己做得对，慢慢就可能变成一个不讨人喜欢的人。应抛弃“只要自己的孩子好就行，别的我不管”的想法。孩子做错事时，要以父母之爱严正斥责、严加管教。

同时，大人自己也要注意尽量不做出格的事，而要做能一直让孩子依赖、尊敬的父母。

★“规矩”是为谁定的

在家里，孩子们有时候守规矩，有时候“犯规”，由此逐渐学会处理人与人之间的关系，了解社会规则的重要性。

为了让孩子懂规矩并一直遵守规矩，父母要经过认真讨论，定出明确的家规，父母和孩子一起遵守这个家规。另外，倾听孩子的意见、和孩子共同定家规也很重要。

★ 如果让孩子帮着做家务，他将变得很能干

孩子们有言行以自我为中心、自立推迟等倾向，主要因为自我责任感没有形成。日本的父母太宠爱孩子，好多人没有受过“自己的事儿自己做”的家教。

在家里定出规矩，让孩子分担家务，对培养孩子的责任感、自立心、感受到自己是有用的人等方面很重要。

让孩子从“把用过的东西整理好”等小事做起，养成和父母一起做家务的习惯。

★ 如果孩子最好的朋友是电视，那太寂寞啦

如果孩子整天待在屋里看电视、看录像、玩电子游戏的话，容易造成与他人、与大自然接触的体验不够，从而不能与他人很好地交流，缺乏同情心，生与死的现实感薄弱，不能区别现实与假想世界，给孩子身心的健康成长留下阴影。给孩子创设与其他小朋友一起玩、与大自然接触的机会，并让其积极参加。定出不多看电视、录像，不多玩电子游戏的规矩，并使孩子养成遵守这些规矩的习惯。

★ 给孩子单独房间的同时，也给他定好规矩吧

如果孩子整天待在自己的房间里，父母就搞不清孩子在干些什么，父母与孩子间的对话也会减少。况且，有的孩子的房间甚至会成为犯罪现场。

要使孩子房间对孩子的成长起作用，定出家规很有必要。比如，孩子回到家后，先在起居室露个面再进自己的房间；孩子的房间不上锁；孩子带朋友进自己房间前，先把朋友介绍给父母；父母觉得有必要时可以进入孩子的房间，以便把握孩子的实际情况，等等。

★ 孩子并不能正确发出“危险”信号

父母情绪焦躁，对孩子的爱抚、疼爱不够，或者对孩子过分娇生惯养和过多干预等，都会影响到孩子的心理健康，并常常会在孩子身上表现出来。例如孩子出现肚子疼、恶心、拉肚子、食欲不振、头晕眼花、发烧等症状，以及吃得过多、失眠、吮指头、咬指甲等行为。当察觉到这些症状、行为后，不要只担心孩子是不是生病了，还要好好想想这些症状、行为是不是由于心理原因造成的。

不要仅给孩子贴上“神经过敏”“任性”“赖学”之类的标签了事，要好好观察孩子，认真听听孩子说话，做出努力理解孩子的姿态很重要。同时，也要与熟悉孩子的医生好好谈谈。

★ 孩子愿意跟怎样的父母谈心

人是一种喜欢被别人爱、被别人理解的生物。如果因为得不到别人的理解而致使产生的不满积累太多的话，有时会一下子爆发出来。孩子突然大发脾气时，连孩子本人和家长都搞不清是怎么回事。其实，孩子发火、苦恼是有原因的。如父母平时做到仔细听孩子说话、与孩子站在同一角度考虑问题、对孩子的事非常关心等，孩子便能切实体会到自己被父母爱着。

孩子只有在感到自己被爱着时，才能心平气和地对待问题。这样能避免不必要的冲突，使孩子能接纳别人、正视问题，茁壮成长。

三、同情心

★ 幸福，不仅有从别人那儿得到的幸福，还有为别人造福的幸福

有 65% 的中、小学生说他们“没有”或“不太”在公共汽车、电车上让座。为培养同情弱者，有勇气帮助、爱护弱者的孩子，家长能做些什么呢？父母可以从孩子很小的时候开始，通过日常生活的实践培养孩子的同情心。父母应率先给孩子做出榜样，逐渐培养孩子给孕妇、老年人等让座，当残疾人遇到困难时能主动上前询问等行为习惯。

★ 不希望孩子成为歧视他人的人

当发觉孩子有欺负、伤害、污辱别人的行为时，父母有责任教导自己的孩子：对正直的人来说，这是可耻的行为！

在这种时候，与其给孩子讲大道理，不如给孩子讲讲父母是如何爱孩子、希望孩子成为杰出的人；看到自己孩子欺负弱者时是多么吃惊；看到自己孩子对别人受到伤害时反而高兴是多么气愤；等等。尽量把自己的真实想法传达给孩子。

还有，要向孩子表明：父母自己不持偏见，不欺负别人，也不容许孩子欺负别人。这对孩子的教育很重要。

★ 人和人不一样，生命只有一次

眼看着亲近的人死去的情况越来越少了，如果渐渐习惯电视节目、电子游戏中不断重复杀人虚构的死的话，将很难体会到“生命是宝贵的，生命只有一次”。

让孩子在大自然中游戏、精心培育花草虫鱼等，有意识地给孩子提供各种生物以及看到生物死亡的机会，让孩子切实感受到生命的尊严和珍贵。

还有，让孩子想象失去亲人的家属和有心灵创伤的人的心情，使孩子理解那种悲伤是多么深切。

★ 最精彩的书，是父母亲身念给孩子听的书

在孩子感受到父母爱之温馨的同时，也要让他们接触优秀的图书。和家长一起阅读并产生共鸣的时候，正是丰富孩子的感情和心灵的宝贵时刻。

就像人必须有吃饭时间一样，父母也应费心开设“读书时间”，哪怕只有一点点时间也没关系。坚持每天给孩子讲故事吧！

但是，如果在孩子还很小的时候就一下子给孩子念很难的故事，会搞得孩子心理紧张、焦虑，反而可能使孩子对书产生厌恶情绪。所以，还是由浅入深慢慢来吧！

四、个性与理想

★ 把孩子培养成一个能自己思考、自己行动的人

父母把孩子要跨越的路上的障碍物先全部清除掉——“过于保护”、孩子每走一步都要指示一下——“过于干涉”的结果是：孩子到任何时候也不会一个人走路。父母这样做也剥夺了孩子接受挑战、从失败中学习以及获得各种体验的机会。

父母们往往爱拿自己的孩子跟别人家的孩子比较、把自己的希望强加给孩子、让孩子与自己的步调一致，等等。但是，没有一个孩子是跟别的孩子完全一样的。父母应重视孩子的个性，去爱“就是这样”的孩子吧！

★ 不要总是指责缺点，应使优点不断增多

对孩子来说，重要的是具有自信、自爱的精神。这种精神就像植物的根一样，扎得越深越广，结出的果实也就越大。父母不要只看表面情况，对孩子的成长、发展要充满信心。给孩子的心田浇灌丰富的营养和水分吧！

那么，成为营养和水分的东西是什么呢？是找出孩子的优点并加以表扬。该批评的时候就批评，该表扬的时候应好好表扬。在心里定下批评一次、表扬三次的“一比三”标准吧。受到表扬的孩子心情愉快，自信及自尊心也会随之得到发展。

★有了理想人会变得坚强

有这样一种说法，现在的孩子没有热情、对将来不抱幻想和希望、对艰难的目标还未挑战就先放弃，等等。但是，孩子有他自己的梦想、希望，不管其多么微不足道。多么滑稽可笑，作为父母，都要静心倾听他讲述自己的梦想和希望。

还有，父母要抓住时机给孩子讲讲自己的经验，讲讲那些经过长期艰苦奋斗而最后实现了自己理想的人们的生活经验，教育孩子人生的目标是在流大汗、不断重复失败的过程中达到的。父母要热切关注孩子的成长，父母是孩子的“大后方”。

★没有一个孩子跟别的孩子完全一样

孩子记住了多少单词，已经学会了多少东西？有的父母只将眼光落在自己的孩子跟人家的孩子相比、跟平均值相比上，以自己的期望值来评价孩子。这对孩子的个性及孩子的成长、发展没有好处。在这样的父母教育下，孩子会变得容易失去自信。把自己的孩子跟其他孩子、跟平均值比较以后,不要坐立不安。不管什么时候都要相信自己孩子的个性、相信孩子的成长。慢慢地、切实地培养你的孩子吧！

★“拔苗助长”要不得

对孩子进行早期智力教育的父母正在不断增加。但是，让孩子从很小的时候起就学这学那的，等到上了小学、中学，不少孩子已感到疲惫不堪。在那种老把自己的孩子跟别人家孩子相比、想早出成果而焦躁不安的家庭气氛中，孩子的心理发展容易被扭曲。而且，过早地让孩子学习，也减少了对幼儿的发展来说很重要的游戏及各种各样的体验机会，不利于孩子的发展。

应正确地看待孩子，充分认识根据孩子的个性、以充足的时间踏踏实实地培养孩子的重要性。

★ 没有一个人是完美无缺的

完美主义的父母总希望自己的孩子能做到完美无缺。一旦孩子出现小小的失败、一丁点儿过错，父母马上变得神经过敏、心理紧张、焦虑不安，长期下去可能导致“育儿不安”、虐待孩子等。

孩子没有完全照着父母期望的那样去做，这是很自然的事。大方向对了就行，不必太拘小节，这一点很重要。自然地养育孩子更能使孩子茁壮成长。

五、游戏

★ 游戏是孩子的工作

游戏对孩子的心理发展非常重要，特别是在幼儿期，孩子通过游戏运用感知进行活动、想象、动手制作东西。如果减少孩子们一起游戏的机会，将会使孩子从奔来跑去的户外游戏转向在家里一个人游戏的现象变得突出。

近年出现了一些喜欢看电视而不爱玩玩具，喜欢黏着妈妈而不会和其他孩子玩、在户外不知道怎么玩的孩子。

应该认识到，游戏对孩子来说相当重要，让孩子自由自在地、轻松愉快地玩吧！

★ 常说真累啊、累死啦的孩子多起来了

现在的孩子从很小的时候起就被时间赶着跑，游戏的时间也被削减，不能悠闲地玩的孩子里，有不少人动不动就觉得累，没有什么事也会觉得烦，不开心。

只有给予孩子充分自由的时间，孩子才会从心里感到游戏的乐趣，去创造、发展游戏，从而使孩子的个性及创造能力得到发展。父母应该鼓起勇气，给孩子充足的时间和充分的自由。

★ 人生需要的东西是从自然中学得的

看电视、玩游戏机等室内游戏在不断增加，而在大自然中进行的游戏正在不断减少。鼓励孩子去野外游戏，并带领孩子到大自然中去吧，让孩子感受到接触动植物、接触自然的乐趣。可以全家人一起参加社区举办的亲近大自然的活动，有时候也可以让孩子离开父母一个人参加此类活动。

在大自然中玩，通过体验惊异、感动，不仅能培养孩子丰富的情感，也能使孩子学会爱护自然、保护自然，理解忍耐的重要性。

★跟其他大孩子、小孩子一起玩，远比我们想象的重要

在不同年龄层次构成的集体中，孩子能学到不少有关人际关系的知识。对小的孩子来说，通过集体生活，能理解遵守纪律、自制的重要性；对大的孩子来说，通过集体生活，能培养他们关心别人、在集体中起带头作用等责任感。

在你周围有社区义务活动、体育活动、文化活动、青少年团体活动等。具有不同年龄层次孩子的集体，能给孩子们提供相互切磋的宝贵机会。父母要重新认识这些活动的重要性，鼓励孩子积极参加。

★在家庭里每年进行的例行活动，意义也很重大

春节、女孩节、端午节、七夕、生日、圣诞节、年末大扫除等这些家庭里的例行活动，孩子们不仅能与老年人等不同年龄层次的人交流、联络，加深亲情，也是他们关心社区、亲近传统文化的一个好机会。

★你的生活态度是对孩子的最好教育

据调查，日本的青年人在对社会产生了不满而采取积极行动的比例，从国际水准来看是极低的。

迄今为止，社会要求勤劳、顺从的国民。但是，从现在开始，社会要求自己思考、想方设法解决问题、自己行动、勇气十足的社会成员。为培养那种不仅考虑自己所在单位的利益,还放眼于社区以及整个社会,并积极参与各种活动的人，父母自身应该先理解独立思考、自我行动、刻意创新、充满勇气的重要性，并积极地去努力、去挑战。

案例训练七：

优秀的孩子是这样培养出来的

——教育专家给家长的 100 条建议

教育篇

1. 每天花半个小时和孩子交流。

2. 和孩子在家也要使用文明用语，如："早上好，请，谢谢，晚安" 等。

3. 让孩子养成爱卫生的好习惯。

4. 多听听孩子的声音——用耐心、用爱心、用开心，心是长着眼睛的！

5. 不要为了提醒孩子，而总是揭孩子的伤疤。

6. 严肃指出孩子的错误！

7. 不要总对孩子一本正经，要多和孩子一起欢笑：笑声能让孩子更加热爱生活；引导孩子积极、轻松愉快地看待事物。

8. 给孩子讲故事，要有耐心，故事有一定的教育意义。

9. 不要把当年未曾实现的理想强加在孩子身上，想让孩子去实现。

10. 关爱孩子但适当时候适当的惩罚也是需要的，不要护孩子的短。

11. 教育并不只是讲道理，有时适当可以采取一些强硬的措施。

12. 结合孩子的表现，每天思考至少一个关于孩子成长的问题。

13. 对幼儿进行艺术教育，培养幼儿高雅的审美情趣，注意引导、丰富幼儿的感性认识，在大自然中加深幼儿的情感体验，是非常有益的。

14. 对于幼儿时期的孩子，不要让他们长时间地和自己的父母住在一起，隔代更亲，不利于教育。也许没有科学道理，但绝对适用。

15. 注意培养孩子的善心。古人云：勿以恶小而为之，勿以善小而不为。

16. 教会孩子微笑，微笑面对生活的一切，微笑面对人生。

17. 对孩子不要乱许愿，承诺的事情想尽一切办法也要兑现。

18. 要常换位思考！对孩子的所做、所想等家长应常换位思考；假如我是孩子的话，我将会怎样？

19. 给孩子一定的空间和自由，同时给予一定的压力和责任！

20. 向孩子说明，他本身已经很可爱了，不用再表现自己。

21. 从来不说孩子比别的孩子差。

22. 绝不用辱骂来惩罚孩子。

23. 在孩子干的事情中，不断寻找值得赞许的东西。

24. 不要吓孩子，以免造成孩子过分胆小、怕事。

25. 不要当众批评和嘲笑孩子，以免造成心理畸形、失去自信心等。

26. 不要对孩子过分严厉。以免孩子惧怕、害羞，不敢发表自己的观点。

27. 不要过分夸奖孩子。以免孩子养成“沽名钓誉”的不良习气。

28. 不要暗示孩子做不良的事。比如，打架一定要打赢、自己的东西不给别人吃、乘车不购票等。

29. 让孩子正确树立心目中的偶像。

成长篇

1. 给孩子一些私人空间。

2. 给孩子选择的机会和权利。

3. 让孩子自由选择自己的伙伴、朋友。

4. 让孩子做想做的事。

5. 让孩子做一些力所能及的家务，如洗洗自己的衣服、烧水煮饭等，让他意识到自己是家庭成员中的一分子。

6. 为孩子准备一个陈列架，让他在上面展示自己制作的物品。

7. 认真地对待孩子提出的正经问题和看法。

8. 把孩子当作成人一样，和他平等相处，把他当成自己的朋友。

9. 及时发现孩子的点滴进步，懂得赏识孩子。

10. 记得对孩子说：我爱你，你是我的宝贝！

11. 记得经常亲吻你的孩子，抱抱他，摸摸他的头，让他知道你的爱！

12. 随时关注他的进步，并也让他自己知道自己的进步！

13. 多与孩子沟通，了解孩子，与孩子同行。

14. 不要给孩子贴上“笨”的标签。

15. 家长要耐心地倾听孩子的烦恼。

16. 要学会真诚地赞美孩子,而不是像对宠物一样说句“你真聪明”。

17. 让孩子经常有机会和他的同伴在一起。

18. 关心孩子的身体健康，更关注孩子的情感需要。

19. 先成人再成才，教育的根本目标是培养人，一个健全的人。

20. 在生活中创设一些困境，和孩子一起克服。

21. 鼓励孩子尽量不依赖成年人。

22. 了解孩子有哪些朋友，这很重要。

生活篇

1. 给孩子一些钱，让孩子学会理财。

2. 没有得到孩子的许可，不要看孩子的日记与信件。

3. 经常和孩子郊游。

4. 睡前给孩子讲讲故事，让孩子笑着入睡！

5. 给孩子一个主要供他玩耍的房间或者房间的一部分。

6. 如果有条件，每天晚饭过后和孩子到户外散散步。

7. 快乐与孩子一起分享！

8. 对小家伙开心地笑，并希望他（她）也常笑！

9. 帮助孩子与来自不同社会文化阶层的孩子正常交往。

10. 鼓励孩子与各种年龄的人自由交往。

11. 给孩子留出真正的“玩”的时间和空间。

12. 教会孩子骑自行车、游泳等。

13. 每天早上与孩子相互问候，让他感受到美好的一天的到来。

14. 夫妻实在要吵架，请一定要记住：避开孩子。

15. 每天下班回家看到孩子，首先微笑着问他一遍：孩子，你今天快乐吗?

16. 不要给孩子以太多的物质资产，给他一个健康的身体，一个健康的心理，一个快乐的人生。

17. 着重进行孩子的生活能力和行为习惯的培养。

18. 只要与创作有关，不要责备孩子房间里或者桌面上乱。

19. 父母对自己的双亲要孝敬有加，让孩子觉得家中充满了爱，同时父母也是他们值得学习的榜样。

20. 父母之间要互相谦让，相互谅解。

21. 不要太关心孩子。“自己的事情自己做”，以免孩子养成以我为中心的坏习惯。

22. 不要太亲近孩子。让他与年龄相仿的孩子多交往，以免孩子养成性格孤僻的恶习。

23. 不要孩子要啥买啥。让他知道“劳动与所得、权得与义务”的关系，以免孩子养成好逸恶劳的许多恶习。

24. 生活中的困难以及一些家庭大事有时可以和孩子商量商量。

25. 对孩子的爱要稳定，不要一会儿晴，一会儿阴。

学习篇

1. 和孩子一起读书，家长可以看看报，一个好的学习伙伴很重要。

2. 孩子在家学习，家长切莫搞一些娱乐活动，一个舒适的学习环境很重要。

3. 不要逼孩子学自己不喜欢的东西。

4. 不要因为孩子的成绩而责骂孩子。

5. 不要因为孩子试卷上的低分而认为孩子没有出息。

6. 教他（她）足以带来成就感的知识：古诗、数字、故事、家务、玩耍、交朋友。

7. 教育孩子读好书、好读书。

8. 不要对孩子的学习成绩表示太大的关注，那样会造成孩子学习紧张，压力增大。

9. 不要把孩子的成绩与其他孩子相比，要分析一下造成这种现象的原因，反思一下自己有没有尽到责任。

10. 孩子的房间要有自己的书桌，书桌上要有几本自己爱看的书籍，如《格林童话》《伊索寓言》等。

娱乐篇

1. 和孩子一起看他喜欢的动画片、一起听他爱听的故事等。

2. 和孩子一起玩游戏、锻炼身体。

3. 控制孩子看电视的时间，每天在半个小时到 1 个小时之间。

4. 多让孩子看一些少儿节目，如动画片、益智节目等，少看动作片、连续剧。

5. 孩子看电视时，家长们适时地加以陪伴，并且对里面的内容作一些讲解与讨论。

6. 春天可以和孩子骑自行车去郊游，夏天和孩子一起去河边游泳，秋天则背着铁锅和孩子去野炊，冬天一家三口在野地里打雪仗、堆雪人。

7. 允许孩子收集各种废弃物。

8. 孩子的朋友来做客时要表示欢迎。

9. 和孩子下棋，让孩子知道落子无悔，教育他对自己所做的负责任，同时下输了要承认；家长有时也要放手让孩子赢一两盘，这对孩子来说很重要。

告诉孩子的话

1. 对你不好的人，你不要太介意，在你一生中，没有人有义务要对你好，除了爸爸和妈妈。对你好的人，你一定要珍惜、感恩。

2. 没有人是不可代替的，没有东西是必须拥有的。看透了这一点，将来就算你失去了世间最爱的一切时，也能坦然面对。

3. 生命是短暂的，今天或许还在浪费着生命，明日会发觉生命已远离你了。因此，愈早珍惜生命，你享受生命的日子也愈多，与其盼望长寿，倒不如早点享受。

4. 爱情只是一种感觉，而这感觉会随时日、心境而改变。如果你的所谓最爱离开你，请你耐心地等候一下，让时日慢慢冲洗，让心灵慢慢沉淀，你的苦就会慢慢淡化。不要过分憧憬爱情的美，不要过分夸大失恋的悲。

5. 虽然，很多有成就的人士都没有受过很多教育，但并不等于不用功读书，就一定可以成功。你学到的知识，就是你拥有的武器。人，可以白手起家，但不可以手无寸铁。

6. 你可以要求自己守信，但不能要求别人守信；你可以要求自己对人好，但不能期待人家对你好。你怎样对人，并不代表人家就会怎样对你，如果看不透这一点，你只会徒添不必要的烦恼。

7. 人要发达，要努力工作才可以，世界上没有免费的午餐。

8. 亲人只有一次的缘分，无论这辈子我和你能相处多久，也请好好珍惜共聚的时光，下辈子，无论爱与不爱，都不会再见。

四、如何培养孩子的创造性：身体 · 教育 · 个性

人在 12 岁以前，主要就是做两件事：一是尽兴地自由玩耍，让身体得到和谐而健康的成长；二是充分的感受艺术，让心灵得到和谐而健康的成长。其他逻辑色彩较浓的知识，12 岁以后再学也不迟。

——柯领

当下的中国正在由封闭的传统社会向开放的现代型社会转型，我们要进行“思想创新、制度创新、教育文化创新、科学技术创新、产业内涵与外延创新、生活方式创新”这六个方面的系统建设。大国的崛起主要有政治、经济、文化、军事、民生、幸福度等这样几个方面，其核心是人的个性的解放与创造性的培养。人的创造性是一切创造性的前提和基础，从而成为国家是否可持续性崛起的决定性因素。正因为有如此的重要性，培养创造性的问题从 20 世纪 90 年代开始就成为了中国教育界与产业界的热点问题。这里，我从“身体—教育—个性”三位一体出发给出了一个解答。

（一）成长是从身体开始的

教育要从身体的感受与形象的感受开始，首先要把儿童培养成一个审美的人。培养成审美的人主要应围绕以下两个层面展开：审美的人首先是一个亲近大自然、获得大胸怀的人。大自然是铸就人格的作坊。在大自然中跋山涉水，需要意志与勇气，需要克服许多的困难。万物生长靠太阳，在大自然中玩耍与运动，日晒雨淋，经历风雨雷电，经历寒暑、

饥渴、烈日的煎熬，经历野外生存训练，能更好地促进身心成长与磨炼意志，培养一种吃苦耐劳的勇敢精神。

没有亲近过大自然的童年是不幸的童年。大自然是万物之始、生命之母，充满着生机勃勃的景象。自然是世界上最伟大的老师，唯有师法自然，引领儿童在体验自然中成长，个体的身、心、灵才能得到充分的营养与净化。这里，让我们用心来感受大自然的美，感受大自然的热烈与静穆。让儿童们在各种植物间穿行，耳濡目染于蓬勃的生命和无尽的形象中，感知领略生命的魅力，这对孩子们来说是极其珍贵的一种教育方式。大自然是位艺术大师，可以启迪儿童的领悟力。在大自然里，不仅可以培养孩子对线条、形体、色彩、音响、生态、大地、花草树木的敏锐观察力和感受力，而且还能孕育诗情画意，并能激发学生们神奇而珍贵的灵感和想象力。大自然中的事物千变万化，有朝霞、晚霞、潮起潮落、月圆月缺、春风秋雨等自然现象，正是有了大自然的五彩缤纷，这个世界才变得更加丰富多彩。大自然的四季更是让人回味无穷。春天，和煦的阳光洒在身上，暖洋洋的微风吹拂着脸庞，让儿童们领略生命复苏的伟大景象——树上长出了嫩绿的新芽，万物从沉睡中苏醒过来。早晨，打开窗户，闻到了雨后的清新，闻到了花儿的幽香，看到了鸟儿在树枝上欢快的歌唱，风儿吹过湖面，泛起层层微波。夏天的时候，让孩子在酷热中体会煎熬的滋味，在骄阳中倾听知了的歌唱，这是一种难以描述的愉快。夏天的夜晚是宁静的，到处漆黑一片，但虫声打破了这种宁静，虫子们演奏起了“交响乐”，天空中出现了一闪一闪的星星，看着这些美丽的星星，还有那皎洁的明月，看着这一切，不知不觉进入了甜美的梦乡。到了秋天，头顶蓝天，秋高气爽，脚下大地，一片金黄。果园里树上挂满累累硕果，田野里金色的稻谷、白云般的棉花，这是一个成熟的季节。老师带领着学生们去感受劳动的意义，体验人生的价值。在冬天，面对刺骨的寒风、漫天的雪花，告诉学生们人生的道路上困难重重，一定要有坚强的意志。当然，也可以带着学生们去滚雪球、堆雪人、打雪仗，让他们在茫茫雪野里尽情欢乐。有条件的学校，还可以带学生们去旅游，去经风雨见世面，让学生们更多地接触大自然，学会与天地人对话。

大自然是伟大的教育家，可以感染伟大的人格。孔子曾说过："智者乐水，仁者乐山。"以山水来比喻智者仁者的情操。中国文化中，人与自然在感悟中融为一体是非常独特的一面。所以，后人在观山水时便不再仅仅是为美所感动，而且还为美所象征的一种精神所鼓舞。人在自然界中吸取了充足的精神营养，这使人们看到松柏就会肃然起敬，看到长江便有一种气势磅礴的感觉。学者们提出了"读万卷书，行万里路"，人的精神家园不仅是在书斋里，而且还在自然的环境中。大自然更是一部伟大的教科书，这里饱含着生物学、地理学、遗传学、化学、天文学、物理学等各方面的丰富知识。总之，儿童阶段的课堂要尽一切可能让学生们亲近大自然，亲近花草树木、动物植物、山川湖泊等等，在亲近大自然中获得好身体与大胸怀。

其次，审美的人还是具有良好艺术修养、有审美趣味的人。儿童良好的艺术修养和审美趣味的生成主要是建立在感知与领会自然之美与艺术之美这两大基石之上的。这是审美教育的基础和关键，是审美素养的核心。要使儿童亲眼看到开阔的蓝天、闪烁的星辰、瑰丽的霞光、血红的晚霞、无际的原野、飞翔的雁群、娇嫩的幼苗……同时发出赞叹，在心灵里就会出现美的感受。还要教儿童亲自聆听树叶的飒飒低语、草虫的悦耳歌唱、小溪的潺潺流水、小鸟的碧空啼啭、雪花的沙沙飘落、暴风雪的狂呼怒卷、水波的柔和拍打、深夜的肃穆寂静……要学会倾听这些奇妙的音乐，学会欣赏它们的美妙。在儿童感知与领会自然之美的基础上，还应把学生们引向更有精神性的对音乐、文学、美术、舞蹈、戏剧等艺术形式的学习与欣赏。音乐是一种听觉的艺术，通过节奏、旋律、音色、和声、音调和力度，向我们展现了一个无限美好的音响世界。学习音乐可以使儿童逐渐从曲调中领会音乐所表达的情感，进而在情感上和审美上美化自己的全部精神生活。文学是一种语言的艺术，通常包括诗歌、散文、小说等不同体裁。它以富有节奏韵律性的语言，直接触及人的情感，创造了一个超现实而又只存在人的心灵之中的情感世界。通过对文学作品的朗诵，用它对大自然的描绘和对人物精神境界的刻画激励学生，并使之领略文学的语言美连同它的细腻的色彩，在儿童的心中激起了最光明的、最美的东西的愉快的情感。在他们的心中就会产生阅读和浏览这些作品的愿望，在这些作品中包含着作家的思想和情感，反映出作家对周围世界的细致的观察。书本世界中的生活就是从这里开始的。美术是一种视觉的艺术，是通过人的视觉感官及与之相适应的审美手段去传达和接受审美经验的艺术。在人的各种感觉器官中，视觉最为复杂、精细和灵敏，同时也是人获取信息的主要来源，外在世界的丰富性和多样性常常通过视觉活动而被人感知。因而，视觉艺术的种类和样式也最为丰富，甚至其他艺术也往往需要以视觉感受为基础来构造艺术形象。人类从远古时代就开始了视觉造型的探索，留下了最早的绘画和雕塑。随着人类文明的进步，以视觉为审美途径的艺术种类和手段也日渐增多，绘画、雕塑、书法、建筑、摄影等是最为典型的视觉艺术种类。通过对美术的学习，能唤起儿童用线条与色彩的配合来表达自己的思想感情和自己对周围世界的态度。学习美术能在儿童的心灵中确立对人的伟大和美的认识，从而提升自己的精神境界与培养儿童审美的眼光和动手操作的能力。舞蹈与戏剧是视听综合艺术，是指同时通过视觉、听觉感官以及与之相适应的审美手段的共同活动来传达和感受审美经验的艺术。学习舞蹈与戏剧能激发儿童作为个性的自我表现和自我肯定的创造，使他体验到由于自己正在创造着什么而带来的自豪感。总之，学习音乐、文学、美术、舞蹈、戏剧能唤醒儿童沉睡的情感，让生命充满想象、愿望与理想，从而与宇宙生命信息场建立一种情感联系。教儿童唱一首歌，他们就跟着歌的旋律生发出新的想象；给儿童讲一个故事，他们就随着故事的人物上天入地飞翔；让儿童画一幅画，他们就能用线条与色彩来表达自己非凡的想象力。儿童一直在以自己的感受创造着各种各样的形象，他们的思想是流动的、活跃的，他们的情感也时刻在燃烧和迸发着火花，只要给一点风，给一点推动力和助燃气，就立刻能唤醒和调动他们学习的内在热情和无限潜能。

（二）接受以“美育”为中心的教育

教育说到底，是对人的自我意识、对美感的唤醒。把孩子与学生们培养成有自由精神又有创造能力的人，首先要奠定孩子与学生们由内而外的精神基础——丰富的审美感受力与力的理性扩张力以及持续不断的创造性冲动。创造是什么？创造就是独特的发明或发现或者是一种新的综合。创造就是把自我意识灌注到世界中去的一种情感冲动，是自我实现的最高表现形式；创造就是直觉的顿悟、灵感的突发，就是人的审美观念及其身体的力量、情感的力量、智慧的力量与意志的力量的外化；创造就是生命的再生，不论是精神方面的或肉体方面的，总是脱离躯壳的樊笼，卷入生命的旋风，与日月争辉，与神明同寿；创造就是消灭死，就是永生，就是不朽。

我根据自己的创造经验总结出了一个透视创造性的公式：**创造＝心灵的自由＋学科的规范＋创造的灵感**。由此我们可以从下面三个方面来培养孩子与学生们的创造性：

（1）培养心灵的自由关于如何培养人的创造性，我提出了一个基本的命题——“心灵的自由是创造的根本。”从教育的角度来说，通向心灵的自由主要有两大途径：第一大途径是“身体动作”的自由，由身体动作的自由内化为心灵自由。所以，儿童要多自由玩耍、劳动、爬树、打泥巴战、游泳、野营，以及参加各种体育运动与生存训练等。万物生长靠太阳，让儿童在自然中承受更多的阳光照射，体格会更加健壮，让儿童的躯体和四肢尽可能处于自由的、奔放的、尽兴的、放松的状态中……；第二大途径是“艺术想象力”的自由，由艺术想象力的自由内化为心灵的自由。所以，儿童要多听多读富有幻想的童话与小说、学习音乐、掌握绘画和手工、参加诗歌朗诵与戏剧表演，为孩子们的成长提供一个富于无限想象力与无限发展可能性的世界。总之，在儿童自由玩耍、自由运动与艺术自由想象的过程中，创造的种子就不知不觉地播进了孩子与学生们的心田，内化为一种潜意识的自我心象，经过少年潜伏期的酝酿与发酵，到了青年时期，创造的种子就会以一种不可抑制的力量破土而出，“敢上九天揽月，敢下五洋捉鳖”的创造性的激情将转化为促进社会进步与发展的创造力。所以，幼儿与小学生主要应以“玩耍、体育、音乐、文学、美术、手工、公民、科学、劳动”活动等课程为主。

根据我的观察，历史上的天才们主要可分为两大类型：一类是神童，约占天才的20%；一类是顽童，约占天才的80%。神童是天成，是天地人最佳整合的结果。顽童则是精气神过分充盈的人，需要我们精心呵护，他们普遍都有调皮捣蛋的倾孤独不合群的倾向或行为怪异的倾向。他们在身体动作的自由与艺术想象力的自由方面，有着比常人更高的内在需求，比常人有更强大的生命活力与生命冲动，常常表现出一种非规范的性格。所以，我们的学校要尽可能地善待他们，父母与老师们也应真诚理解与欣赏他们，默默地为他们做一些铺路的工作，这是社会的财富，他们中可能会诞生出伟大的艺术家、哲学家、思想家、科学家、企业家……

（二）掌握学科的规范。**如果说幼儿、小学生与初中生的教育主要以“活动教学”为中心来展开，那么，到了高中，就进入了教育的精确化阶段，则应集中精力以“课堂教学”为中心来展开，要强化对学生们进行各门学科的准确的基本概念与各门学科的体系的知识的传授以及综合能力训练**。显然，对于培养创造性来说，仅仅有儿童时期的心灵自由还不够，还需要从初中开始到高中再到大学，接受基础学科的规范训练与专业技术的规范训练。接受基础学科的规范训练，也就是要学好“生态世界观、公民、体育、音乐、文学、美术、舞蹈、艺术史、科技发展史、中西人生哲学、道与生活、数学、物理、化学、生物、历史、地理、英语、计算机”等课程，要继承人类已经拥有的精神文化遗产；接受专业技术的规范训练，也就是要选择理、工、农、医，文、史、哲、教，法、财、经、管，音、美、体、舞等专业中的一门或几门来让自己有技术专长，掌握一门或几门求生存与求发展的专业本领。另外，掌握学科的规范还需要我们建立在塑造全面知识结构的基础上才能完整与深刻。人类的知识从功能上划分，大致可分为三大类型：第一类是塑造我们灵魂的知识（价值形态的知识），如艺术、哲学、美学、道德伦理、宗教、生态世界观与生态学等;第二类是放大我们手脚的知识(工具形态的知识)，如科学、技术、工艺技能、语言技巧、法律条款等；第三类是扩展我们视野的知识（事实形态的知识），如一般常识、历史、地理、社会知识、风土民俗等。这种三位一体的知识结构可以形象地比喻为一棵树,那么,价值形态的知识就是它的根、工具形态的知识就是它的干与枝，事实形态的知识就是它的叶，根深、干粗、叶茂才是健康成长的象征。这就是完整教育的知识结构模型，是我们进行教育设计、教育实施与教育测评的理论根据与判断标准。

教育的实施要建立在“美是教育的本质”这个坚实的基础上，要以培养“野性而又高贵”的人格为中心，围绕完整教育的知识结构模型来逐渐地展开：婴儿时期主要着重进行感美的教育，即侧重用自然美、艺术美与社会审美形式来培养小孩感受美的能力，并逐渐形成健康的审美趣味和美的观念；幼儿与小学时期要以培养审美的人为中心，着重进行立美的教育，即幼儿园和小学阶段使儿童已萌发的对自然美、艺术美与社会美的审美趣味和审美的观念得到确立，并积极引导孩子进行简单的创造美的活动（课程主要有：生态世界观、公民、玩耍、体育、音乐、文学、美术、舞蹈、数学、科学、朗诵、写作、手工、游戏、劳动、野外体验学习等）；进入中学后要以培养具有审美精神与和谐发展理念而又有创造能力的人为中心，着重用世界文化的精品来进一步提高感美与立美的水平，并重点进行创美的教育（课程主要有人文学科的课程：生态世界观、公民、音乐、文学、美术、舞蹈、摄影、戏剧表演、艺术史、中西人生哲学、道与生活、宗教、科技发展史等；自然科学与社会科学的课程：数学、物理、化学、生物、计算机、外语、历史、地理、社会学与生活、人类文化学、经济学、管理学、心理学、教育学、市场营销学、投资理财等；活动课程：体育、劳育、实验、社会调查、专题研究、兴趣活动小组、野外体验学习、各类型的专题讲座、参与寒暑假的各种训练营等），即逐步使学生们审美意识的冲动在对世界文化精品的欣赏、模仿与创造性的表现中，在对自然美、艺术美、社会美、科学美与哲学美的综合理解中，得到较复杂和较高级的实现。

（三）激发创造的灵感。心灵的自由与学科的规范相结合，要通过解决具体的问题才能显现出创造力。所以，**好的老师要善于把学生们的学习引到思考各种不同的问题之中，要通过问题来激发学生们的创造性灵感。所谓灵感，就是对问题持续不懈努力后的直觉把握。**

培养学生们的问题意识，就成了我们激发学生们创造性的重要突破口。

科学研究是从问题开始的。或者说，问题是科学研究的起点。问题产生于主体与被认知对象的相互接触的过程中，科学研究要善于从现有知识与成果的基础上发现研究领域中未解决的问题。了解这些问题主要有两大途径，一是通过自学来了解，二是通过老师来了解。老师是掌握知识的先行者，在教学中，应向学生们介绍本学科或相关性学科的疑难问题、有争论的问题、前沿问题或为解决相关学科的问题提供新思路和新方法。鼓励学生们思考问题与提出问题，提倡把老师问倒。在哈佛大学师生中流传着一句名言：“The one real object of education is to have a man in the condition of continually asking questions.”（教育的真正目的就是让人不断提出问题、思考问题。）现代科学哲学家波普尔十分强调问题意识的重要性，他说：“正是问题激发我们去学习，去发展新知识，去实验，去观察。”提出问题，才能激发人们的好奇心，吸引学生们进入研究状态，从而积极、主动地去学习，去创造。

所以，在我们研究新的课堂评价标准时，我们就应该要求老师：怎样在解决问题的基础上，最大限度地创设一些问题情景，以引发学生们思考。这是鉴定一堂课好坏的重要标准。记得徐迟在报告文学《哥德巴赫猜想》里写到这样一个情景：陈景润上初中时，他的数学老师是沈元教授。在一堂数学课上，当沈元饶有兴趣地讲到哥德巴赫猜想时是这样说的：自然科学的皇后是数学，数学的皇冠是数论，而哥德巴赫猜想则是皇冠上的明珠，可到现在还没有人能证明它。说到这里全班同学都惊讶地瞪大了眼睛。老师又说，昨天晚上他做了一个梦，梦见有一位同学证明了哥德巴赫猜想。这个班的学生轰的一声笑了，但是陈景润没有笑。他被老师的话震动了。试想，假如没有沈元教授的问题情境的创设，会不会可能就不会有之后的陈景润呢？所以，我们在改变课堂评价的尺子上，应把讲问题多寡作为衡量一堂课好坏的重要标准，要在解决问题的基础上，更多地产生一些新的问题情境。总之，要通过问题来激活学生们的创造性灵感，这是开发创造性的必由之路。

（三）追求自我实现

个性就是追求自我实现。清楚自己要到哪里去的人，世界也会让出一条路来，任由你去。每一个人都是一个独特的元素，都有其独特的功能与特长。重要的是，要保持梦想、保持激情、保持个性、保持愚蠢，永远听从内心的呼唤去生活。正像人是不同的元素一样，每一个人的“幸福点”也是不一样的，教育应以探索人的幸福作为出发点，通过教育的探索，使人理解人生的意义和目的，发现其自身的兴趣爱好与职业意向，发现自己的生存意义，从而确定自己的学习、工作与生活方式，走向自我实现与社会实现。因此，学校文化建设首先要在校园里建设一种向往绝对的“真理至上”与“学术至上”的精神场，其次就是要为学生们营

造一种“自我实现”的环境。在这个充满自主性、能动性与创造性的人人都能“自我实现”的环境里，使人有正确的价值意识，知道权衡轻重，知道自己有所为和有所不为。

西方发达国家的社会制度与教育体系给我留下最深刻的印象之一，就是鼓励人人追求自我实现，并从制度上保证人人都有追求自我实现的可能性，这也许就是发达国家与发展中国家最根本的区别。**德国教育家威廉·冯·洪堡说：“教育必须培养人的自我决定能力，而不是要培养人去适应传统的世界，不是首先要去传授知识和技能，而要去‘唤醒’学生的力量，培养他们自我学习的主动性，抽象的归纳力和理解力，以便能使他们在目前还无法预料的种种未来局势中自我做出有意义的选择。”**现在，我们要去努力追求洪堡所说的那种教育境界，要实现由传统教育向现代教育的转型。那么，我们的传统教育是什么呢？是以教育者为中心，以教材与课堂教学为中心，以应试为目标，以灌输和控制为手段，以培养求生存和服从的人为宗旨。**现代教育则是以人为本，以儿童或者学生为中心，以享受学习为目标，通过激发学生的自我意识，激发学生的自我学习的主动性，让每个学生自己的学习兴趣与发现自身的闪光点，然后充分把它发挥出来，以培养有意义的生活和创新为宗旨。**这是教育价值观与教育模式的一次大转型。为了能更好实现这一转变，我们需要了解人与社会互动的生存哲学——儿童期所要征服的是物质世界，青年期所要征服的是精神世界。人生的过程是一个“和谐—冲突—和谐”的过程。从人生过程看，中学阶段最重要的是要唤醒学生们的“自我意识与职业意向”。**人的成长过程同人类的成长过程一样，是一个不断尝试失败而选择成功的过程。一个人的一生有两次诞生：一次是肉体的诞生，一次是精神的诞生，而自我意识的产生与职业意向的形成则是精神诞生的标志。**自我意识的精神是一个人的灵魂，是在人心中灌注生气与活力的情感动力，它不是一种静态的实体，而是一个动态的结构，它产生于一系列的尝试失败与尝试成功的选择之中，它与人格的建构是一致的，遵循“自由—选择—责任”的建构辩证法。自我意识的根本意义就在于，它需要通过驾驭理想来把握现实，需要通过驾驭目标来把握未来，需要通过驾驭简单来把握复杂，需要通过驾驭有限来把握无限，需要通过驾驭信仰来把握永恒，这是稳定而积极生活的基础，也是人作为人能主动选择未来并发自内心积极承担责任的最完美的生存哲学。

唤醒学生们的“自我意识与职业意向”需要从建设“自由—选择—责任”的校园文化开始。人是自由的，人的选择是自由的，一旦你选择了,你就要承担责任。教育要从高中开始普遍实施必修课与选修课制度，以及为高中生开设《升学指导与人生职业规划》的课程。要鼓励学生们参加各种兴趣俱乐部，通过广泛的课外活动与人际交往，能更好地认识自己与发现的兴趣与特长，从而确定自己的职业意向。要教会学生们学会选择，学会选择就是学会生存。学校要为学生们尽可能创造更多的人生探索的时间与空间。**每个人在其一生中都有一个“觉醒的时刻”。在此之前，我们活着，却不知道自己活着，更不会支配自己。突然有一天，我们开始意识到自己的存在，认识了“我”，这就是“觉醒的时刻”。这个时刻的发生，每一个人的情况不同，一般在十二岁左右，也就是人们常说的逆反时期开始的阶段，这是教育的关键时期，这个“觉醒时刻”是以发现“我”为核心的，个体需要通过反抗压迫自己的权威，需要通过与环境的冲突并发表自己认为正确的意见,才能表明自己的独立存在，才能获得自我身份，以确定“我”在家庭、学校与社会中的位置。**正像整个人类只是成熟到了一定阶段才产生内心观察一样，作为每一个个体的人，注意力由外部世界转向自己的内心，是到了青年期才开始的。这种对自我的认识，心理学称之为自我意识。一个人不仅要意识到自己活着、存在着，而且要去思考活着、存在着的意义与人生发展的方向。当人在思考人生意义的时刻，也正是人规定自己获得独特性与发展可能性的时刻。人生的过程是一个不断认识自己、设计自己与实现自己的过程。自由、选择、责任是人生的最大难题，帮助学生们面对这一人生难题，形成学生们自由与责任意识，培养自我选择的勇气和能力，是学校不可推卸的责任和任务。首先，学校要为学生们自由、合乎道德的选择提供机会；其次，也是最重要的有充足的时间是学校要有保证学生们思考、选择，给学生们一定的自由度，与此同时，教师又不应该只是旁观者，不应当停止推动学生的努力，而应该适时地为学生们提供关于选择的各种事例、材料与知识，鼓励学生们勇敢地做出选择，并逐渐形成学生们“自由、选择、责任”的人生观与世界观以主导自己的人生实践。

唤醒学生们的“自我意识与职业意向”需要以“唤醒生命体验”为中心来展开。**“生命体验”是教育的本体论起点，也是个人成长的起点。生命体验在本质上不同于“知识”，知识更多显示的是知识规范的规定性，以及权威和传统的制约性，而“生命体验”则力求排除这些外在的干预，更强调个人内在的自我感受与精神感受。**人的精神活动以及个人内心的自我感受是生命的根本力量，因而也只有从“唤醒生命体验”出发的教育，才是为人最大程度谋幸福的教育。这里，生命体验需要教育的规约和引导，在这种引导中为生命体验重新安置价值体系。在生命意识已经普遍深入人心的今天，强调这一点显得特别重要。生命体验是完全自由的，顺从生命体验的指引就是尊重生命的教育。教师与学生们通过“自由表达”和“共同理解”进一步展开生命探索的意义，通过与学生们的精神交流，完成教育的引导和规约作用。但是，在这里，我们常常过分关心学生学习知识的体验，而忽视了学生的精神体验。精神体验不同于学习知识的体验，而是对美、真、善、爱的体验，是对生活意义的体验。精神体验必然包含着体验者的道德思考，以及与另一生命主体的对话和交流，即便是对学习知识的体验，也同样包含着对价值和意义的认识，以及道德和良知的选择。因此，在学校文化建设中，不仅需要对体验持更多的同情，而且需要对体验进行价值引导。学校不仅应当提供丰富的文化生活，也同样应当提高教育者的人文素质与引导能力，这样才能真正实现以“唤醒生命体验”为中心的教育意义。

唤醒学生们的“自我意识与职业意向”需要回归精神生活的世界。教育要回归生活的世界是当代世界教育的一个主要潮流。回归生活的世界最重要的含义是尊重学生作为教育生活中精神主体的地位。正因为传统教育是一种注重灌输知识的教育,严重损害了学生们的这种主体地位,所以,教育才失去生活世界的本质,学生们的学习生活只是一种被统治、被压迫的没有生命价值的生活。回到生活世界之中,就是要让学生们的精神活动和生命体验成为学校文化生活的中心。教育要回归生活的世界,实际上就是要回归精神生活与日常生活的世界。教育应从学生内在的生命需要出发,去促进学生内在精神力量的成长并发展出高级的美感。教育过程不仅要从外部激励成长者,而且更要唤醒成长者内部的力量。**教育的核心是“心”的唤醒、是人格心灵的唤醒,将人的生命感、价值感与创造力唤醒。**教育的本质应当是对人类生命和个人精神生活与日常生活的全面开发。因此,“心灵审美化”问题,应作为教育的核心价值取向。教育的本质就在于向心灵的靠近,越是能够接近学生心灵的教育越是完美的教育。只有心灵的教育,才能达到精神的高度。心灵具有内在性,只有靠生命体验和理解才能把握,没有真切的体验,没有同情和理解,心灵是不可接近的。教育只有把通向心灵之路引入学校的教育生活,才能最后达成生命教育的精神境界。所以,对中学生的教育要从关心学生的“内心世界”开始,要重视学生作为生活主体的生命感受,让学生的心灵生活得到教育的真诚关切。心灵是精神活动的场所,心灵的本质就是精神,没有心灵精神就失去了居所和意义。作为一种新的教育观,心灵的审美培育要比任何文化形式的设计都更重要。心灵的概念意味着精神生活的独立性,以及精神生活所具有的不可侵犯的自由本质。精神生活对生命具有特殊的意义,它是独立于物质生活的生活世界。精神生活不是生活世界的一个方面,它本身就是一个世界,而且是一个独立的现实世界。**心灵不可以被规范,也不可以被限定,心灵是一个自由生长的主体,它以自己无限的可能性而获得生存的意义。**

五、解答“钱学森之问？”——重建中华民族的教育文明

中国教育的大趋势是：由“国家本位的教育体系”转型为“个人本位的教育体系”。

——柯领

“为什么我们的学校总是培养不出杰出人才？”这就是著名的“钱学森之问”。“钱学森之问”是关于中国教育事业发展的一道艰深命题，需要整个教育界乃至社会各界共同破解。以下的论述，就是破解“钱学森之问”的一种解答。

在我看来，人类的历史是一部理念引领社会发展的历史。当代社会生存与发展的根本问题首先是一个理念的问题、一个哲学的问题，就是精神和物质的关系问题；当代社会的落后首先是一种哲学的落后、一种教育核心理念的落后、一种如何处理精神和物质的关系的落后。事实上，人类的文明主要有两种表现形式：一种是内在的精神文明，一种是外在的物质文明。历史的经验与创造的实践告诉我们：观念先于行动；人是按观念来生产的生命；精神可以转化为物质；一个人与一个民族可以通过改变自己内在的精神世界来改变自己外在的物质世界；没有内在的精神文明就没有外在的物质文明；没有伟大的梦想，就没有伟大的现实。这就是一切强大的国家、一切强大的民族与一切强大的个人走向成功的内在秘诀。因为精神本体是人最内在的核心力量，它充满想象力地最充分地开发了人的创造潜能，是人类进化所能达到的最大高度。**人类的知**

识从功能上划分，大致可分为三大类型：第一类是塑造我们灵魂的知识（价值形态的知识）。如艺术、哲学、美学、道德伦理、生态文化、宗教等；第二类是放大我们手脚的知识（工具形态的知识）。如科学、技术、工艺技能、语言技巧、法律条款等；第三类是扩展我们视野的知识（事实形态的知识）。如一般常识、社会知识、历史、地理、风土民俗等。这种三位一体的知识结构可以形象地比喻为一棵树，那么，价值形态的知识就是它的根，工具形态的知识就是它的干与枝，事实形态的知识就是它的叶，根深、干粗、叶茂才是健康成长的象征。这就是完整教育的知识结构模型，是我们进行教育设计、教育实施与教育测评的理论根据与判断标准。由此我们可以对20世纪的全世界的教育进行一番富有说服力的理智的批评并为21世纪人类教育实践指明一个正确前进的方向。

20世纪全世界的教育在“唯物主义”“实用主义”与“经济中心主义”的主导下都片面地重视了第二类与第三类知识的教育，而轻视了第一类知识的教育。轻视人文精神的教育使人变成了单向度的缺少人情味的人，手脚放大了，可充满批判意识的唯美主义与理想主义的价值判断丧失了，人投机取巧、追名逐利地无意义的工具般地活着，沦落成了在人生的道路上歪歪倒倒的没有精神家园来回不安游荡的、无本质的痛苦存在。试想一下，一个缺少审美价值判断、缺少灵魂与健康价值观、缺少人道主义思想、没有健全理智的人，能够创造性地掌握现代科学技术吗？能够驾驭现代科学技术为人类造福吗？回答当然是否定的。**人类探索精神世界与物质世界的经验表明：科学研究的最高使命就是从混沌与杂乱中整理出秩序和规律；科学研究必须要在艺术与哲学之间保持必要的张力，才能更好向前发展；头脑只有借助对艺术、哲学与科学的思考，才能趋于完善；只有完善头脑的人，才能更好综合多元知识的优势，对准问题，胸怀全局、放眼局部地探索规律的世界；只有完善头脑的人，才能建设一个完美的世界。**

受国际大环境的影响，近几十年，中国的教育倡导的是“唯物主义”

与“实用主义”的价值观，整个国家的课程体系注重“语文、数学、英语”这三科的系统训练与科学技术的学习而缺少人文课程与人文精神的训练，使得整个社会的精神文化生态严重失衡，无灵魂的“身体化生存”成了多数人的生活方式。由于缺少体育、音乐、文学、美术、舞蹈、哲学、科学史、美学、宗教、生态文化等人文学科的教养与心性修炼，中国人的身上普遍缺少对文化的求知的兴趣，缺少超越性、缺少野性、缺少个性、缺少冒险精神、缺少浪漫，缺少特立独行的人生态度，也缺少追求真理的品格。所以，在我的心中，中华民族还是一个人文教养有待提高的民族，作为一个群体还没有走向世界，还是文明社会的“边缘人”，需要经过基础教育的充满人文精神的高雅艺术和高雅文化的熏陶与教化，实现人文素质与科学思维的有机结合，并由内而外地呈现出一种“贵气”——精神贵族气（相信“精神高于物质”的一种气质），中华民族作为一个群体才能真正地走向世界。尽管目前中国人也有部分人先富起来了，也亲自到国外观光旅游或把孩子送到国外留学读书了，但据我观察，中国人绝大多数还只是肉体走向了世界，而精神并没有走向世界，因为精神是一种人文教养与世界文化胸怀。由此，我们可以看到，当代中国这种立足于“培养工具人”的教育模式培养出来的人不管走到哪里，都是一群可怜巴巴谋生的人，格局和视野都很小，当鸡毛蒜皮的技术型的科学家与研究人员，任何学术领域都没有世界一流的大师，所以，至今还没有贡献改变人类文明进程的重大思想与理论。人们普遍擅长从务实的角度打拼，主要就是干点技术活，当民工、工程师、会计师、经济师、投资分析师、房地产师、股票能手、新闻工作者、农民审美趣味的小说家、油腔滑调的节目主持人、钢琴技工、艺术技能专家、看风水与算命先生、开餐馆、小商小贩等这些不需要多少文化的工作，思考的问题一般都很小，把“钱”看得重，物质利益第一，精神需要第二。中国人的身上大多缺少一种高贵的自我意识，缺少一种理想主义的精神，也缺少“野性而又高贵”的人格，我们的教育是一种无灵魂、无精神的教育。这是长期的变了质的儒家世俗文化教育与唯物主义世俗文化教育的结果。之所以这样的人很难成为各行各业的领袖人物，**是因为领袖首先需要的是人文胸怀与务虚的高度，需要的是理想主义的激情与创造性和战略眼光，需要的是“美真善爱”的高尚的人格与责任感以及演说能力和人际沟通的能力，其次才需要务实的科学与技术，**而中国大陆与台湾的基础教育与高等教育，主要就是务实的知识教育与技能教育，培养出来的人很少仰望星空，一般胸无大志大多只能干技术活，以讨口而是像一群小鸟与小鸡主要为眼前的食物所驱动。

当前，中国的教育深陷泥潭，高考指挥棒主导下的以升学为目的的应试教育对学生“身、心、灵”的成长造成了本末倒置与拔苗助长的严重伤害。现在中国的中小学厌学率达 80% 以上，大学生想的就是如何学实用的，如何去发财致富，可毕业后又难以找到工作。就拿我所在的美国高科技的心脏“硅谷”来看，硅谷在旧金山以南 50 多英里的圣何塞地区，苹果、谷歌、雅虎、脸书、思科、惠普、甲骨文、英特尔等公司总部都在这里，这儿有十多万来自世界各地的华人，大多是中日内地名牌大学和中日台湾名牌大学毕业后又到美国留学获得硕士博士而留下来发展的，可他们又怎么样呢？基本上都是在公司里默默无语忍受工作压迫的打工仔，还有多少人有学习的爱好？有朝气蓬勃的理想？有生命的激情？有创造性的冲动？我的好几个朋友告诉我，在他们的大公司里，上层的管理者与中层的技术经理和最顶级的研发人员大多数是西方人或印度人，中国人知识面单一，不善社交与口才表达，缺少创造性和组织管理才能，主要就是基础的执行层，是工程师，事实上就是一群有较高技术知识的工人。没有个人爱好，压力很大地埋头闷头闷脑地干活，工作很忙且非常累，只有默默无语地忍受、忍受、再忍受，缺少激情、缺少创造的冲动、缺少想象力、缺少生命的色彩，这些便是中国十多亿人口中选拔出来的精英们，都成了这个样子，难道我们还不应该反思中国的教育吗？不应该反思我们中国人的生命状态吗？不应该反思我们有生活的质量吗？

在我看来，**对中国社会来说，要更好建设社会的“生态文明、精神文明与物质文明”，需要从重建教育文明开始：中国由民族国家走向现代文明国家，需要经历儒家文化阶段、经济学阶段与美学阶段这样前后相继的三个发展阶段。现在中国正处于由经济学阶段向美学阶段转型的过程之中。整个国家要动员与团结起来抱持“美为立国之本”的信念并实施“以美立国，以法治国”的发展战略**。孔子及其儒家文化创立的是“以德为本”的教育体系，主导了中国两千多年，尽管如今教育内容有了很大变化，但其核心价值观依然锁定在“以德为本”的教育怪圈里，这套教育体系是“以国家主义为本”的教育体系，具有淘汰精英的机制，个体的自主性、能动性与创造性将消失在群体的整体性之中，这套教育体系适合大一统的“集权的农业社会”，与压抑人性的低下的生产力相对应；而我发现了“美是教育的本质”，创立的是“以美为本”的教育体系，提出了要培养“美、德、智、体、劳”全面发展的人才，这套教育体系是“以人为本”的教育体系，能充分地激发个体的自主性、能动性与创造性，适合生态主义的“民主的工商业社会”，与人性的解放和高效的生产力相对应。中国会渐渐接受这套教育体系，全世界也会渐渐接受这套教育体系，因为这是规律，就像牛顿的三大定律，爱因斯坦的相对论，这是客观存在的规律，我只不过把它揭示出来和大家一道分享罢了。这对中华民族就是教育文化的第二次转型，只有我们的教育文化从深层价值观的角度整体转型，而不是只见树木不见森林的头痛医头脚痛医脚的局部改革，中国的教育才能真正走出困境，才能全面地获得新生，才能与全世界接轨并引领整个世界教育发展的潮流，实现全人类的可持续性发展与持久和平。**如果说新中国的建设前 30 年“以政治建设”为中心，中国人站起来了；后 30 年“以经济建设”为中心，中国人渐渐富起来了；那么，中国未来 30 年的发展就应该“以文化建设”为中心，全面改革教育，由“以德为本”转型到“以美为本”，建设“以美为本”的教育**

理论体系与教育实践体系，从社会根部发动一场文艺复兴与启蒙运动，通过基础教育强调“体育与美育”，全面激发整个社会的浪漫精神与创造性，使人民的生活方式实现由“身体化生存方式”向“审美化生存方式”的全面转变。并且让人们理解与明白“美是和谐，是崇高；美是一种感觉；美是一种精神；美是无限的潜能；美是一种无规范的规范；美是走向道德的基础；美是内在的道德；美是埋在社会地下的最根本的精神发酵力；美就是幸福；美就是生产力；美就是创造；美就是生活。”从而以审美教育为中心，把“以美为本的教育体系”贯彻在家庭教育、学校教育与社会教育的全过程中，让中国人渐渐美起来。因为，只有美起来的民族才是内涵丰富的在精神和物质方面都真正强大的民族，只有美起来的民族才能充分协调好人与美真善爱、人与自己、人与自然、人与社会、人与人之间的关系，才能充分协调好个人的学习、工作与生活的关系，才能充分协调好个人、民族、国家与世界的关系。只有这样，这个民族作为一个群体才能真正由内而外地自信并赢得全世界的尊重。

在当代，“市场经济、个人主义、民主政治”作为现代化国家的三大标志（帕森斯语），正在世界范围内普遍推广，但我认为，社会必须要发展出美学的“市场经济、个人主义、民主政治”，要让美来约束自由带来的内在的躁动与功利的心态，美是内治，法治是外治，二者合一这个社会才能更加和谐与宁静，否则，自由会走向其反面。所以，宗教家马丁·路德说：“音乐一半是纪律，一半是教育大师，”康德说：“美是道德的象征，”高尔基说：“美学是未来的伦理学。”

以上就是我对钱学森之问的初步回答，请读者批评指正！

六、道德教育主要是一种公民教育

大自然迫使人类去加以解决的最大问题，就是建立起一个普遍法治的公民社会。

——康德

道德、道德律、道德教育的内涵是什么？这是困扰世界学术界的理论难题。以博学与思辨著称的德国哲学大师康德穷尽一生探索道德、道德律、人类普遍道德的内涵，尽管提出了许多有价值的观点，但到最后依然感到茫然。在他的《实践理性批判》一书的最后，发出了震撼人心地著名感叹：

有两种伟大的事物，我们越是经常越是执着地思考它们，我们心中就越是充满永远新鲜、有增无减的赞叹和敬畏：

我们头上的灿烂星空，

我们心中的道德法则！

我无须苦苦搜寻它们，无须费心揣度它们，仿佛它们已蒙上幽玄的面纱，或者高耸在我无法企及的上界。我盯住它们，就在我的眼前；我的生存意识与它们亲密无间、直接相连。第一种事物，就从这个地点开始，就从我在身外的感性世界中所占领的这个位置开始，把我在其中的联系向外扩展，一直扩展到世界接世界、星系套星系的无限辽阔的天宇中，一直扩展到这些星系世界生成毁灭、再生成再毁灭、持续不断周期运行的无穷绵延的时间中。第二种事

物，则从我的无形自我开始，从我的人格开始，一直把我展现到一个真正无限的世界里。只不过，这个世界唯有知性才能探索，而且我发现，我和这个世界并不是处在一种纯粹偶然的联系中，而是处在一种普遍的、必然的联系中，正像我和那一切有形世界的联系一样。前一个重重无尽的世界景观，仿佛是把我作为一个动物所具有的重要性一举歼灭了，这个动物不知怎的在短期内富有了生命力，然后又不得不再度把造成它的那些物质归还给它居住的那个行星，无限的提升上去。在我的人格，把我作为一个精灵所具有的一种独立的生命，一种独立于动物性、甚至独立于全部感性世界之外的生命——这一点，至少可以从用这条法则为我的生存指定的终极归宿推导出来。这个终极归宿并不是严格限定在今生今世的条件和范围内，而是一往无前，直通无限的。①

在这里，我接着康德的问题继续追问下去，希望能给“什么是道德？什么是道德律？什么是道德教育的内涵？”作出自己的解答并贡献一份力量。我的探索将围绕以下三个方面展开。

（一）道德教育的核心价值

事实上，道德教育主要就是一种公民教育。这里的公民首先是一个有主体性的人。因此，道德教育的出发点就是要唤醒人的“主体性意识”，使人意识到自己存在，意识到自己有什么权利？要承担什么责任？从而发自内心去捍卫自己的权利并积极承担责任。由此可见，**道德教育的核心价值就在于培养有主体性的人，即培养有自主性、能动性与创造性的富有责任感的现代公民。**经过多年的思考后，我把对道德教育本质的探索纳入了一个焦点——人是目的，而不是手段。这一思想是通过对

① 康德：《康德文集》，改革出版社，1997年版，第313页。

人的主体性的充分肯定而得以实现的。彰显主体性是人的现代化的重要标志。随着现代化进程的推进，人们的思想观念、生活方式发生了深刻的变化，人们开始摆脱传统社会伦理规范的束缚，开始摆脱血缘、地缘、人缘以及种种人身依附的生活方式，人的个性得到张扬，人的主体人格、主体地位、主体权利得到尊重，人的独立意识、自主意识、创新意识、平等意识、竞争意识、民主意识不断增加，人要自由、全面、和谐发展的呼声越来越高涨。这必然要求教育应重视人的主体性，提高人的综合素质，为人发展自身创造更有利的制度体系与社会条件。人的道德主体性使人把对客观社会关系与社会道德的接受过程变为积极主动的选择的过程，而且还使人在实践中不断创造着新的道德。主体性使人不是被动地接受各种道德灌输，呆板地模仿指定的榜样，盲目地崇拜并遵从既定的规范，而是带着积极性、主动性对现有价值体系、行为规范和社会现象作独立思考，并在体验、分析与理解的基础上做出选择，把保存和积累人类道德经验、道德知识和道德要求变成内在的观念和情感，把社会的要求变成自己的欲求。虽然任何社会的道德都有先于个人而存在的一面，但是每个人在道德生活中却不仅可以做既有道德的选择者、理解者、接受者，而且还可以超越现存道德体系，做先进道德的探索者、创造者、倡导者，并且身体力行，勇敢地突破陈腐的传统和规范，为新道德的确立开辟道路，用新的价值观、新的道德理想引导人的精神解放。从这个意义上说，突出主体性既是社会现代化对人的现代化提出的要求，也是受教育者的内在需要。事实上，人类的历史是一部主体性逐渐解放的历史。在当代，主体性是开放社会对人的角色意识的普遍认同，体现对人的基本权利——即“自由选择权”的尊重。人的最本质的力量，即人的自主性、能动性与创造性是根源于自我而发展出来的。所谓“以人为本”，其实就是以人的自我为本。好的社会制度是一种“以人为本”的制度，也就是以“普世人权”为中心、以“自我”为中心而建设起来的制度。在天地人我的关系中，自我第一，人权第一。所谓人权，就是指人天生就具有自由选择的权利，这是人之所以为人、也是人生意义生成的第一原理。法治就是限制政府的权力，保护个人的利益，使社会管理有序化。文明国家的建立不是从集团利益开始而是从保护每个公民个人利益的最大化开始，从个人的“自由、平等、人权”开始。没有个人的“自由”“平等”“人权”，就没有文明的国家。国家的强盛是建立在每个个体的人格独立与自由选择之上，只有个体自我的站立，才有国家民族的真正站立。

关于个人与集体在国家中的位置，中国学者甘阳先生在《自由的理念》一文中有过深刻的论述：“价值一元论和价值多元论其实蕴含着两种截然相反的政治哲学，前者认定社会的基本单位是集体，因此个人自由对它无足轻重，至少不构成它组织一个良序社会的第一原则，而后者则坚信社会的基本单位是个人，因此个人自由对它绝不是关乎个人之小事，而是关乎整个社会之安危的头等大事，正如罗尔斯后来详细论证的，一个良序社会或说公正的社会必然是一个以自由的优先性为第一原则组织起来的社会，所谓自由优先性的原则就是强调，不能以任何名义（不管这名义多么崇高、多么美好或多么实际）而稍稍削减每个个人的自由，尤其“决不能以增进人们的经济福祉为由而减少自由”[①]。在罗尔斯看来，尽管“坚持自由的优先性并不能使所有物质需要得到满足”[②]，但是，一旦破坏了这一优先原则，改以其他东西（例如经济增长）为第一原则，则这个社会必然不是“良序”社会而只能是“恶序社会”，亦即一个预示着混乱和灾难的社会。遗憾的是，当这一“罗尔斯定理”已为世界各国知识分子普遍接受的时候，中国知识分子却仍然极少有人肯体认这一真理，我们满耳所闻仍然只是“经济、创收”（今日中国教育、学术和出版的全面危机，绝不在于今后中国科技又要落后多少，而在于预示着一个社会的全面“恶序”）。从今天来看，五四时代提出“民主”和“科学”两个口号，并没有真正抓住问题的根本。不首先确立“个人自由”这第

① 《正义论》哈佛 1971 年版第 542 页

② 同上 543 页

一原则，谈什么科学，谈什么民主？我们应该认识到，没有个人自由为基础的“民主”只不过是所谓的官僚组织制，没有个人自由的“科学”也只能造就所谓的技术官僚。不先奠定“个人自由”的绝对优先性，这种所谓的“民主”和“科学”都有可能变成一种新的压迫形式、新的专制方式。站在21世纪的门槛上，今日中国知识分子如果还不能高举“自由优先”的大旗，那么，21世纪必与中华无缘！我完全同意这一观点。

显然，在全球化时代，道德教育的本质就是培养人们如何做一个有主体性的人，即做一个有自主性、能动性与创造性的富有责任感的现代公民。正像德国古典哲学大师康德在《论优美感和崇高感》一书中所说："真正的德行只能是植根于原则之上。这些原则不是思辨的规律而是一种感觉的意识，它就活在每个人的心中。它就是对人性之美和价值的感觉。这样说就概括了它的全部。唯有当一个人使自己的品性从属于如此博大的品性的时候，我们善良的动机才能成比例地加以运用，并且会完成成其为德行美的那种高贵的形态。”[①]这里，在康德的眼中，最高的美乃是与善相结合，相统一的美，而最高的善亦然。道德高尚必须伴有美好的感情，美好的感情也不能缺少道德的高尚。美，说到最后，更是一种道德美而不是什么别的。

（二）道德教育的四大模式：美育模式、理性模式、活动模式、宗教模式

人的内在的道德力量是靠完美人性的培养来完成的。在我看来，美育是德育的基础，美确定方向，美是人们内心深处的向导。一个人与一个社会道德素质的整体提高需要从美育开始：事实上，美育、德育与宗教的最高价值就在于建立人类超越个人功利的崇高信仰。信仰就是在人们心灵深处产生的恒定不变的内心信念。信仰是人的精神支柱、是一种

① 康德：《论优美感与崇高感》，商务印书馆，2001年版，第14页。

审美的价值判断，是人生摆脱精神空虚、走向幸福生活的出发点和归宿，是具有无限自我意识的有限自我对人生与宇宙的一种把握方式。共同的信仰则是民族、阶级与社会群体相互联系的纽带和凝聚力。信仰是人类自我意识的产物，是伴随意识觉醒和认识发展而出现的观念形态，体现了人类对自我和环境的理解与直觉体验并影响和制约着人类的感情、意志和生活方式。

信仰是一种价值判断，是一种相信“精神高于物质”的内心的力量，与美、真、善、爱的价值内涵相联系。美是什么？美是和谐、是崇高，是主观与客观的统一；真是什么？真是人们对客观事物的本质及其规律的认识与把握，是主观与客观的相符。真是科学的美；善是什么？善是一种利己与利他合一的行为意识与行为实践。善是道德的美；爱是什么？爱是一种付出、一种给予、一种分享、一种责任、一种默默无语的操心与关怀。爱是利他的美。

信仰是人对终极价值的肯定、持有和关怀，它是一个人、一个民族与一个国家生存与发展的核心价值观。显然，美、真、善、爱是人类终极关怀的最高价值，理应构成人类的共同信仰。没有信仰的人，一定缺少审美价值判断，心理是一种不稳定的、消极的被动状态，很容易被环境所左右，从而走向功利、走向投机取巧、走向享乐主义的人生道路；有信仰的人，信仰确定方向，有明确的审美价值判断，会产生一种以不变应万变的内心信念，心理是一种稳定的、积极的主动状态。

信仰是人类的一种精神需要，人生需要信仰、社会需要信仰、世界需要信仰。对美、真、善、爱的共同信仰，把个人同社会、国家与全球结合成了一个有机的整体。

人类走向健康的信仰主要有四条道路：

(1) 由美育模式走向信仰：受自然美、艺术美、社会美的崇高形象的启示而走向对美、真、善、爱的信仰。

(2) 由理性模式走向信仰：受人生哲学、科学、道德伦理、政治信条的启示而走向对美、真、善、爱的信仰。如对“人生即选择”的信仰、科学信仰、伦理道德信仰、绿色和平信仰等。

（3）由活动模式走向信仰:通过参与“美”的活动、“真”的活动、“善”的活动、“爱”的活动，去感受、去体验、去内化而走向对美、真、善、爱的信仰。

（4）由宗教模式走向信仰：受“上帝”“佛”“真主”“天道”的启示而走向对美、真、善、爱的信仰。

爱美是人的天性，唯有美的人性、神性、物性才具有永恒的生命。信仰不是强制的、给予的，而是发现的，是由心灵的审美共鸣经长久的审美内化而形成的审美价值判断。一个人一旦在内心深处形成了关于美、真、善、爱的审美价值判断，并把这种审美价值判断用于主导自己的认识与行动，使认识与行动受美、真、善、爱价值的约束与支配，这就标志着这个人有了信仰的生活。经验告诉我们：**没有对美、真、善、爱的崇高信仰，就没有真正的道德。所谓道德就是内在美真善爱价值的自律。**

（三）道德教育的主要内容：《道德行为规范》教育与《公民》教育及其《人生哲学》教育

使人遵守普遍的道德规则便是道德教育的目的。好的道德教育要追求生态伦理与生命伦理的统一。显然，道德是一种价值判断，是一种规定共同行为与共同生活的标准系统。道德的内容主要有三个方面：即遵守集体规则，尊重人类“自由、平等、博爱”的普世价值观并实行人道行为，不以武力威胁其他群体及其成员。由上论述我们可知，道德是内在美真善爱价值与外在行为规范的统一。道德教育从本质上来说就是对个体内在美真善爱价值的唤醒。个体的道德素质，主要是通过内在价值观的培育与外在交往行为规范的训练来形成的。如果说传统道德教育是以强调国家主义的社会本位和纪律约束为特色的话，那么，在当代的全球化时代，道德教育则应重视个体价值本位与人类普世价值的统一，强调的是个人主义、国家主义与人类主义的统一。也就是说，道德教育的核心价值观要由单一的国家主义中心转向个人主义、国家主义与人类主义的统一，要倡导“我好、你好、国家好、地球好、世界好”的普世价值观，实现“小我”与“大我”的融合，把个人的道德价值观建立在既为我负责，也为他人负责，为国家负责，为地球负责，同时也为人类负责这一基石之上。关于道德教育中的价值观教育有上百个主题需要我们去探讨，学校教育处理的主题主要有：

（1）价值的核心理念：生态世界观与生态学；

（2）价值的中心机构，诸如家庭、社区、学校、工作场所、国家、联合国；

（3）价值与文化，诸如价值和传统、价值和宗教、价值和法律、怎样解决价值问题、价值差异、人类普世价值与民族多元文化的统一、民俗文化、高雅文化、大众文化、我们怎样获得价值、我们怎样改变价值；

（4）基本的人类价值，诸如美、真、善、爱、生态、生存、自我实现与社会责任、健康、自由、平等、博爱、幸福、友谊、自尊、满足、生活的意义；

（5）精神价值取向，诸如整体感、远见、希望、通情达理、寻求精神生活与物质生活的平衡、惊奇、感激、超然、谦恭、和善、仁爱、忠诚、创新、卓越；

（6）道德价值取向，诸如诚实、公正、责任、勇敢、自制、可靠、真诚、无私；

（7）社会和政治价值取向，诸如公民权利与义务、和平、正义、程序正当、宽容、参与、合作、分享、忠诚、坚定；

（8）谋生方法（或生活技能），诸如身心健康、做决定、应付变化、选择和改变职业、财政预算、人际关系、家庭生活；

（9）学校学科的价值广度，诸如文学、哲学、科学、社会研究、历史、

地理、艺术、音乐、人类文化学；

（10）当代价值问题，诸如生态恶化、网络对身心的影响、追星族现象、贫穷、失业、种族主义、性别歧视、虐待儿童、虐待妻子、对老年人的歧视、消费主义。

以上道德教育中的价值观教育所处理的主题，需要在教育实践中逐渐展开。作为学校文化建设，学校应突出重点地传播人类普世的核心价值观，比如美、真、善、爱、生态世界观与生态学、自由、平等、博爱、普世价值与多元文化、文化起源、文艺复兴、人文精神与科学精神、浪漫主义与现实主义、古典主义与现代主义、东方文明与西方文明、自我实现、美与人生逍遥、感性与理性、自由与纪律、选择与责任、生存与超越、可持续性发展、天人合一、法治、公平、正义的思想等。

道德教育的目的主要有三个方面，即使人适应普世价值与生活环境、培养各种道德能力、通过形成内在美真善爱的价值观进行自我约束与自我控制。个体道德的形成，一般要经历0～3岁的“无律”阶段，幼儿与小学生的“他律”阶段，青少年的“自律”阶段与成人的“自由”阶段，道德品质的形成只有经历了“无律—他律—自律—自由”这样四个阶段的发展才能完整与深刻。道德教育的实施主要有十种策略：(1) 首先培养学生的“主体性意识”——捍卫自己的权利与责任，实施《公民教育》；(2) 通过“道德行为规范训练—奖励与惩罚—反省”进行教育；(3) 活动德育——参加劳动、做义工、参与“美”“真”“善”“爱”的活动等，以行动为主通过参与去感受、去体验、去内化；(4) 教师与父母的言传身教；(5) 阅读名人传记与树立道德榜样；(6) 对道德问题进行知识教育、影视教育与情境创设训练，通过提问、概念、判断、推理、观察、体验、感悟、讨论、演讲、反省、角色扮演、表演、写感悟、写日记等实现道德教育；(7) 道德案例分析与讨论；(8) 提高个体的艺术审美能力与人生哲学的能力；(9) 培养学生的历史眼光与宗教情怀；(10) 进行“静坐训练”等。

任何人在精神发育的早期（即儿童期），总是首先作为一个被教育者而存在的，这个时期的道德教育主要是通过父母与老师的行为规范的宣示、通过参与社区的活动来进行的。行为规范是特定社会对人的行为表现应遵守的法则的基本要求。这个时期，儿童对事物进行审视、评价的认知能力和体验他人情感的移情能力尚在朦胧待启状态，他们首先需要的是直接掌握一些行为规范，以这些规范构成他们日后价值观生成、发展的基础和框架。通过各种渠道，尤其是通过父母、教师这些与儿童关系最密切的成人对儿童进行规范的宣示，这是儿童初次接触并掌握规范的必经之途。在美国加州旧金山的一个学前班，小朋友们入学第二天的课堂上，老师在地上用粉笔为全班的 23 个幼儿画了 23 个方框，让每个幼儿都站进一个方框里，然后告诉幼儿，我们每个人在社会上都有一个自我的空间，在自我的空间里有自己选择的自由，但是，如果我们用脚踏过了边线或身体超过了边线，就侵犯了别人的空间，这就是不道德的行为，因为我们不喜欢别人侵犯我们的空间，所以，我们就不要侵犯别人的空间，心中有自己同时也有他人、社会，这就是生存的道德。从这一行为规范教育的案例里，我们应该体会到，道德教育从本质上来说就是一种情感教育与价值观的教育。这里，情感是一种具有条件反射的心理联系；知识，可以传授，情感则无法传授，情感的培养要靠养成、靠养成教育，通过参与一系列的“活动”靠内心的体验才能逐渐形成。爱父母、爱自然、爱花草树木、爱学校、爱国家、爱同学、爱周围的人、爱弱势群体等。“爱”这是一种情感，靠的是养成，通过“爱的交往活动”，在“爱的体验”中，“爱”这种美好的情感与“爱的能力”才能逐渐培养起来。婴儿出生后，社区应该定期组织活动，让孩子们和家长们一起，或游玩，或运动，让孩子们从小就懂得，这个世界，除了自己，还有他人，只有和他人在一起，才能快乐，这就开始了社会化的过程。对孩子的行为礼貌教育，从小应贯穿四个单词：第一，“嗨！”（Hi），见人一定要打招呼；第二，“谢谢！”（Thank you），人家帮助了我，一定要表示感谢。第三，“对不起”(Sorry)，做错了事，一定要道歉；第四，“分享”(Share)，有东西一定要给他人分享。这些都是人文的养成教育，是在日常生活“做”的过程中养成的。一个人一旦形成了文明礼貌的良好习惯,这辈子将会受用不尽。1992年诺贝尔奖获得者在巴黎聚会，有一个记者问一位白发苍苍的获奖者，你认为哪一个阶段的教育对你最重要？他说:“幼儿园。”再问:“幼儿园的教育对你影响最大的是什么？”教授回答说:“吃饭前要洗手、做错了事要道歉、用完了东西要放还原处、有东西吃，一定要分给小伙伴一半。”为什么放还原处呢？因为你不放还原处别人要用就找不着了，影响了他人。心中有整体观念，有生态观念，心中有他人，为他人着想。这些，就是素质。

当个体的成长经历了幼儿阶段进入小学以后，道德教育的核心内容也应随着年龄的增长与社会化程度的加深有更高的要求，这时，道德教育应主要围绕《公民》这门课程的系统训练来展开。**在我看来，学习《公民》这门课最重要的是要培养与形成学生们的公民意识。一般说来，公民意识包括了三个层次：一是公民法律意识；二是公民纪律意识；三是公民道德意识。所谓公民素养，就是以平等为核心的文化素养、政治素养、法律素养、道德素养，包括文化的、政治的、法律的、道德的多方面的知识、规范、行为习惯等。**目前，美国中小学教育将公民教育的目标规定为17个方面：(1)自律；(2)守信；(3)诚实；(4)实现最佳自我；(5)利己但不损人；(6)敢于说“请原谅，我错了”，即勇于认错；(7)具有良好的运动员的风格，懂得取胜是重要的，但这并非至高无上的；(8)在人际交往中，要谦恭礼貌；(9)像希望他人如何对己那样待人；(10)懂得没有一个人是孤立存在的，其行为似乎仅具有纯个人的性质，但其实是常常会影响他人乃至社会的；(11)具有在逆境中正确调控自我的理智；(12)努力做好本职工作；(13)尊重他人的财产；(14)遵守法律；(15)尊重民主社会的各种自由；(16)养成各种有益于身心健康的习惯；(17)没有过早的性体验，培养与家庭生活准则相一致的性态度。由此可见，这些素养都属于政治、法律和道德的范畴。

这里，让我们从教育学者杨跃的《法国小学教育考察》一书所讲述的事实去借鉴法国小学《公民》教育的经验：

“学校教育的使命不仅是培养具有能力素质的劳动者，还在于培养有责任感的社会公民。”一语道破法国小学公民教育的核心主旨：培养学生的社会责任感。概括地说，法国公民教育有四项具体培养目标：培养作为一个法国公民应该具有的正确的思想态度、端正的行为品格、正确的价值观念和爱国情操与国际和平思想。而这四项目标分别通过小学、初中、高中三个阶段的公民教育来实施。小学一直开设单独的公民教育课，主要实施公民道德训练，旨在培养儿童以下几方面的品德：

1）对待集体：养成遵守团体规则的习惯和个人对社会团体的责任感，主动参与集体活动，促进个人与集体其他成员的良好关系，行为积极但不盲目服从。

2）对待他人：承认并尊重社会成员间存在的差异，接受他人的存在价值，听取他人的意见，了解他人的意愿，尊重他人的行为，以礼貌、诚恳、忠实、友好、喜悦、积极的态度与社会成员和睦相处。

3）对待自我：养成整洁活泼、朴实无华、乐观合群、敢负责任、遵守纪律、肯定自我又不骄不虚的品行，自觉配合集体行动，与集体融洽相处。

1995年新教学大纲指出：“儿童正是从班级的集体生活中，发现并掌握社会生活的规则，建立社会生活的价值观念，并从中演习自己的责任。”根据新大纲，法国小学的公民教育主要内容为：

1. 基础阶段。通过丰富多彩的班级、学校生活，进行以社会的基本准则为中心的道德教育，使学生在自立和责任的基础上达到：

Ⅰ）对人的尊重，包括尊重自我并养成良好健康的卫生、安全习惯，尊重他人的义务与权利、尊重他人人格与身体的同一性、尊重他人的财

产和言论自由，养成协作与互助的精神。

2）对公共财产和生活环境的尊重（进行消费教育和环境管理、人类生活环境、公共财产教育）。

3）对集体生活规则的尊重（班级、学校集体生活的原则，如友爱、合作、互助等教育，责任感教育，努力做事、尽善尽美教育）。

4）了解公民基本常识，如共和国的象征（法兰西女神玛莉亚娜、三色旗、马赛曲、7 月 14 日等）、共和国总统、议会等。

2. 深入阶段。在学校教育环境中让学生深入接触社会，在从学校到社会的跨越中具备一个负责的合格公民应该具备的基本素质：

1）尊重自我（诚实、勇敢、正直、努力、思考、有序、真实等）。

2）尊重他人（尊重他人人格和身体的同一性，尊重他人言论自由，尊重残疾人等）。

3）尊重集体生活中的责任与义务（民主讨论中倾听与尊重他人发言，集体合作意识与能力等）。

4）了解人类的权利与尊严（1789 年《人权宣言》），了解法兰西共和国（象征、标志、社会制度、地区选举、司法、警察、公共服务机构等），了解民主生活（人身安全保护：警察、宪兵队、消防队员，社会安定、家庭安全，国家自然与文化遗产保护等），了解世界中的法兰西等社会实际。

可见，小学的公民教育旨在帮助学生认识自己的生活环境，发现共同生活的价值，唤醒学生的责任意识。初中是侧重于系统的政治知识教育（了解地方、省、中央的政治组织、政治基本概念，了解社会服务事业并感受社会成员间的相互依存关系，了解国家经济建设的基本要则等），高中则涉及政治、经济、国际事务的知识（一般政治理论、法国宪法、法国在国际组织中的角色及其国际关系，世界重大经济问题等），旨在使学生获得基本知识的同时，引导学生关心国家及国际的重大问题，激发学生社会责任感和使命感。①

①杨跃：《法国小学教育考察》，南京师范大学出版社，1999 年版，第 225 页。

当从小学升入初中后，此时，个体的成长走向了充满逆反心理的少年时期，这是一个身心都发生急剧变化的时期。此时，道德教育的核心内容，除了《公民》教育之外，还应围绕《中西人生哲学名篇选读》来展开。让学生们成长的心灵通过对中西人生哲学名篇的阅读、欣赏与互动式的讨论中，体验散埋在时空深处，风云人物的疆场驰骋，伟大灵魂的精神拓荒；体验他们在死亡和痛苦的折磨里，在血与火的战场上，在探索智慧之路的冒险中，用热血书写历史；体验他们在肉体与精神的苦难里，在贫穷与疾病的铁钻上，在高傲的孤寂中，用痛苦铸就生命，用痛苦铸就辉煌的人生历程。通过这种与伟大人物心灵对话的体验，从内心深处激发出一种做人与做事的气概，从而形成学生们的积极向上的人生观与世界观，这是初中阶段道德教育的核心任务。

当进入高中以后，个体的成长有着向更理性化方面发展的内在要求。此时，道德教育的核心内容应顺应学生们理性成长的需要，主要围绕《中西人生哲学名著选读》来展开。**学生独立思考能力的最优化培养要从接触原典开始，向世界上最伟大的头脑学习并进行心灵的对话，是发展批判思维与创新思维的最佳途径**，通过对《易经》《黄帝内经》《大学》《论语》《孟子》《中庸》《道德经》《南华真经》《六祖坛经》《传习录》等中国人生哲学经典的阅读、欣赏与互动式的讨论与通过对《圣经》《奥义书》《古兰经》《苏格拉底的最后日子》柏拉图的《理想国》亚里士多德的《尼各马可伦理学》培根的《人生论》叔本华的《作为意志与表象的世界》尼采的《悲剧的诞生》《查拉图斯特拉如是说》狄尔泰的《体验与诗》《诗的伟大想象》海德格尔的《存在与时间》《人诗意地栖居》萨特的《存在与虚无》《存在主义是一种人道主义》马尔库塞的《单向度的人》《审美之维》马斯洛的《动机与人格》等**外国人生哲学经典著作的阅读、欣赏与互动式的讨论，在学生们的内心深处，唤起一种典雅而高尚的生存心象，以形成学生们独立而又高贵的人生观与世界观，从而“内圣外王”地走向自我实现与社会实现。**

七、对中国基础教育改革的建议：课程·教材·教法

如果说，赫尔巴特（1776—1841）的课程观是以“知识为中心”来建构的课程与教学体系，杜威（1859—1952）的课程观是以“能力为中心”来建构的课程与教学体系，那么，我的课程观则是以“人格为中心”来建构的课程与教学体系。

——柯领

引言：教育跟着社会跑，教育即生活，学校即社会，这是当代世界教育犯的一个严重错误。在我看来，教育应该用唯美主义与理想主义的普世价值来引领社会发展，而不是跟着社会跑。课程的本质不是知识，也不是能力，而是人格，是一种“野性而又高贵”的人格，实际上就是一种贵族精神，一种“自由、平等、博爱”的普世价值，一种审美的生命状态与精神境界，这是一种有精神深度的价值观。教育首先是一种充满人文教养的人格训练与精神训练，其次才是知识训练与能力训练。事实上，古今中外一切优秀者的身上大多都有“野性而又高贵”的人格。古代中国夏、商、周时期“射、御、乐、礼、书、数”的六艺教育，儒家强调要“内圣外王”，道家倡导“虚静与逍遥”，佛教抱持“修行与慈悲”，西方主张“博雅教育”，只不过西方教育特别重视这一点。西方的教育从古希腊开始就是在“博雅教育”理念的主导下以培养“野性而又高贵”的人格为中心来展开的，到了中世纪中断了，文艺复兴后又恢复了。这种“野性而又高贵”的贵族精神创造了西方近代与现代发展的奇迹，这已经内化成了当代西方精英阶层的习惯，可以从与西方精英人士

的日常接触中感受到这一点。中国有科举教育的传统，学而优则仕，书中自有颜如玉与黄金屋。中国教育的问题是，有儒家等级文化的传统与应试教育这种功利主义的教育体系，缺少人文精神与生命关怀，缺少审美就是目的、求知就是目的的教育观，体制僵化，人口众多，资源有限，分数竞争，班级排名，认知为本，以考试为中心，重视知识传授，分数提高了，野性而又高贵的生命状态与精神境界没有了。结果，人格萎缩，智能单一，能力单向度，技能不落实，缺少个性，缺少生命的激情与创造性，缺少解决问题的动手能力，功利人格主导一切，很少从审美、从“道”、从普遍原理与精神的角度去发现问题、认识问题、分析问题与解决问题，主要不是价值理性主导行为而是工具理性主导行为，行动主要不是靠理想驱动而主要是靠利益驱动，学习主要是为了谋生、为了找工作、为了实用，缺少审美的超越性与创造性，缺少特立独行的人生态度，缺少“仰望星空与脚踏实地”的高贵感。是价值观出了问题、人格出了问题，这是病根。因此，**要立足教育的本质，回到原点重新开始，要以“美”为本，努力培养“美、德、智、体、劳”全面发展的人才**[①]**，通过以审美教育为中心，再造人格——培养“野性而又高贵”的人格，这就是中国生存与发展的必由之路**。这里，我根据多年的办学经验与教育研究，从生态人文科学主义的课程观和生态人文科学主义的教材与教法这两个维度，对中国基础教育课程改革提出一些建议。

（一）生态人文科学主义的课程观

任何一种课程设计，都是在一定的课程观指导下编订出来的；任何一门课程的实施与评价，都受一定课程观的制约。可以说，课程观是课程的灵魂。有什么样的课程观，就会产生什么样的课程。**如果说，赫尔巴特（1776—1841）的课程观是以“知识为中心”来建构的课程与教学体系，**

①柯领：《追问教育的本质？》，人民日报出版社，2011 年版，第 9 页。

杜威(1859—1952)的课程观是以“能力为中心”来建构的课程与教学体系，那么，我的课程观则是以“人格为中心”来建构的课程与教学体系。从教育的总体规律来看，教育的根本应该是“心”的教育，教育应围绕培养内在精神世界强大的完美人格——也就是培养“自我实现的人”为中心来展开。只有“心”的教育，也只有从“心”开始，也就是只有人格才能把人的各种素质、知识与能力统一起来形成一个有机的整体并由内而外地释放出一种可持续性发展的力量。**课程是什么？在我的心中，课程就是“经验”与“建构”，是环境（自然环境与文化环境）、教育理念与教学计划、教师、学生、教材、教法、教具这七大因素动态交互作用的“生态系统”。**国家的文明传统和当今的文化、政治、经济环境和管理体系与社会对人的人格设计和角色期待即课程，父母的言谈举止与家庭教育的风格即课程，社会风气即课程，自我的角色理想与激励状态即课程，好的教育理念与教学计划即课程，学校的硬件设施即课程，校园文化即课程，校训和班级管理与文化建设即课程，校长素质与教师素质即课程，学生与天、地、人之间的感应与互动即课程，学生与教师的交往和学生之间的交往经验即课程，教材即课程，教法即课程，学法即课程，教具即课程，活动即课程，教学做合一的训练即课程，做家务、做义工、学工、学农即课程，举办各种校园文化节即课程，听世界名曲、读世界名著、看世界名画即课程，天道与吃、穿、住、行、用、玩的日常生活训练即课程，日月星辰、四季变化、自然山水、动物植物即课程，行走即课程，野外生存训练即课程……显然，分门别类的教材只是课程的一个因素，这个因素只有在和其他因素整合起来成为课程生态的有机构成的时候，它才发挥应有的作用。

人生需要有根本，教育必须要从人生的根本上下功夫，循序渐进，个体才能健康茁壮地成长。教育就像种树一样，最关键的就是根部的培育，根部茂盛与扎根深入，生命的种子才能长大成材。从根本上看，教育就是训练身体和陶冶心灵。用玩耍、体育、劳动来训练身体，用音乐、文学、美术来陶冶心灵。生命要“野性而又高贵”，这一教育思想应作

为画龙点睛的灵魂，贯穿在幼儿教育与小学教育的全过程中。玩耍、体育、劳动使人“野性”，音乐、文学、美术使人“高贵”；这一奠基性的品格，为一个人的一生打下了强大的精神基础，这是一切杰出人才的共同素质。好的幼儿教育与小学教育主要就是围绕这两个维度展开的。这就是教育的普遍法则。

这样的课程观，体现了一种深刻的教育思想——教育应根据“效法自然”的原理，从感觉开始，也就是从身体的感觉与形象的感觉开始，按人的成长进程的顺序依次是“躯体—情感意志—理性灵魂”的内在节奏来安排课程。教育的规律是人在12岁以前主要是“躯体—情感意志”优势地成长，也就是人格优势地成长；12岁以后主要是“理性灵魂”优势地成长，也就是智能优势地成长[①]。教育的全过程要以审美教育为中心，贯彻“人格成长第一，智能成长第二，专业学习第三”这样一种教育思想。以人为本的教育，就应当遵循人的这种自然进程，通过体育、美育、德育、智育、劳育使人得到多方面的和谐的发展。教育要以人为本，要遵循由外而内的“动作把握、形象把握、逻辑把握”的认知成长的建构规律[②]，在教育孩子与学生时，应从动作把握与形象把握开始，说得少一点，要尽量引导孩子与学生们去活动、去发现、去探索、去看、去听、去感觉，通过动作、形象与逻辑的内化来建构智能，而非一味地将枯燥的知识硬塞给孩子与学生们。

课程是变化的，随个体年龄的成长节奏而变化。课程的目标由教育的目标所决定。中学阶段的教育目标是“培养具有审美精神与和谐发展而又有创造能力的人”[③]。根据这一目标和知识结构三分法的模型，我们可以设计出中学阶段三层次的课程结构：

人文学科课程：生态世界观、公民、音乐、文学、美术、艺术史、身心道训练、中西人生哲学、宗教、科技发展史、舞蹈、摄影、戏剧表

① 柯领：《追问教育的本质？》，人民日报出版社，2011年出版，第42页。

② 柯领：《追问教育的本质？》，人民日报出版社，2011年出版，第63页。

③ 柯领：《追问教育的本质？》，人民日报出版社，2011年出版，第70页。

演、电影艺术等。

自然科学与社会科学课程：外语、数学、物理、化学、生物、计算机、历史、地理、成才设计与职业指导、社会学与生活、心理学、教育学、经济学、管理学、市场营销学、投资理财等。

活动课程：体育、劳育、实验、社会研究、兴趣小组社团活动、义工活动、课后自由玩耍、野外体验式学习、各种类型的专题讲座、寒暑假的各种训练营等。

上的课程设计在“美是教育的本质”这一核心理念的主导下，充分地展现了“教育是心、脑、手合一的结构”这一普遍教育原理的精神①，体现了我的“生态人文科学主义”的课程观。这一课程观在“躯体一情感意志本位”，也就是“心本位”理念的主导下，把培养“野性而又高贵的人格”作为教育奋斗的目标与课程展开的灵魂，追求“生态世界观、公民、体育、艺术、数学、科学”六位一体的综合训练。“野性”就意味着“身强力壮、吃苦耐劳、追求自由”，“高贵”就意味着“情趣高雅、追求卓越、严于律己”，于是，基础教育就应该为孩子与学生们创造许多“自由探索的时间”与“自由探索的空间”，就应该有经常性的野外生存训练，玩耍多，体育课多，艺术活动多，科学活动多，探究性学习活动多，课后社团活动多，父母带孩子参与文化活动多……这种以人格为中心的教育就将全面奠定人生的根基。

这里，中学生最需要的是培养审美精神，为一生的发展打下精神的底子。因此，对中学生内在精神世界的建构与尽可能精确地掌握所教学科的内容并顺利地通过升学考试，就应该成为中学教育的三大主要任务。真正的中学教育要以培养学生的“艺术的感觉、哲学的思辨、科学的实证”这三大核心素质为中心，教学要尽可能采用艺术的方式，把感性的审美精神灌注到“美、德、智、体、劳”的各门学科之中，让教学在美的“形象性、情感性与活动性”的过程中展开，形成一个生机勃勃的审

① 柯领：《追问教育的本质？》，人民日报出版社，2011年版，第51页。

美教育场，使学生们的心灵在这个审美教育场里受到浪漫主义与理性主义的全面熏陶，以形成独立而又高贵的人格与全面发展的智能。

有了这一核心的关于中学阶段的教育思想，还需要我们通过具体课程的展开来加以实现。在“培养具有审美精神与和谐发展而又有创造能力的人”的教育理念的主导下，我根据自己的生命体验与古今中外的中学教育经验，概括出了中学阶段的教育内容主要应围绕“艺术素养教育、道德修养教育、科学思维教育、体能意志教育、劳动技术教育”这五大内容立体地展开。它们之间的课程分配比例当以艺术素养教育：道德修养教育：科学思维教育：体能意志教育：劳动技术教育=2：1：4：2：1为最优。也就是中学生心智全面而健康地成长，需用大约20%的时间接受艺术素养教育，大约10%的时间接受道德修养教育，大约40%的时间接受科学思维教育，大约20%的时间接受体能意志教育，大约10%的时间接受劳动技术教育。也就是在审美精神的主导下，通过寻求感性与理性相平衡的方式，充分实现“美、德、智、体、劳”的全面素质的培养。只有这样才符合中学生内在的身心成长规律。这就是中学阶段的教育任务。[①]

这一课程观是前现代、现代与后现代课程观的整合。在这一课程结构中，人文学科课程是核心、是灵魂，自然科学与社会科学课程是基础、是方法，活动课程是实践、是多向度的拓展。显然，中学阶段的教育任务就是通过对人文学科课程、自然科学与社会科学课程，以及活动课程的学习来完成中学生的人格结构与智能结构的全面建构，从而实现培养具有审美精神与和谐发展而又有创造能力的人的教育理想。

在这里，**我要特别强调的是，应把人文学科的课程与人文精神的建设放到核心、灵魂与本体的地位。因为人文是埋在地下的精神基础，是国家走向强大的必需的精神土壤；人文、民主与科学是一个整体，人文能充分唤醒人的自我意识，为个人灌注浪漫、深度、有品位的精神生活，**

---

⑥　柯领：《追问教育的本质？》，人民日报出版社，2011年版，第153页。

为民主灌注自由、平等、博爱的精神，为科学灌注充满创新精神的审美价值，为社会灌注生态主义与人道主义的终极关怀。因此，人文是立人之本，科学技术是立人之术，二者合一，才能造就出抱持健康价值观与充满创造活力的个体。

现在，让我对“生态人文科学主义”的课程观作进一步的阐释：我在吸收中国新课程改革的一些教育理念的基础上，对中国现行基础教育的课程观与我的“生态人文科学主义”的课程观进行简要的比较，希望对中国的新课程改革有所启发。为此，我们需要明确两个问题：第一，中国基础教育现行课程体系的根本问题是什么；第二，生态人文科学主义的课程的目标与功能是什么。

中国基础教育现行课程体系从整体来看，还处于二百年前由德国教育家赫尔巴特（1776—1841）创建的以“知识为中心”——“教师中心、教材中心、课堂中心”的价值体系中，其根本问题首先表现在课程价值观的扭曲。教育有两种基本价值：一是促进人的全面发展，这是教育的内在价值、根本价值；二是承担社会所赋予的人才选拔功能，这是教育的外在价值、工具价值。现行课程体系的根本问题是把教育的两种价值割裂开来、对立起来。选拔功能被强化为教育的根本价值：为选拔而教，为选拔而学，也就是，为考试而教，为考试而学；人的发展沦为选拔与考试的工具。课程概念限制在非常窄小的范围内，课程是什么？课程就是使学生在中考、高考中获得成功的工具、手段。至于课程更广义的美学内涵与外延、课程本身的引人入胜之处、课程对人的发展的价值则被漠视或未得到应有的体现。扭曲了的课程价值观在现行课程体系中充分暴露出来：以“语文、数学、外语”这三大学科为中心的基础教育的课程体系，知识技能取向的课程目标，繁、难、偏、旧且过于注重书本知识的课程内容，课程实施过于强调接受学习、死记硬背、机械训练，选拔取向的课程评价，中央集权的课程管理，过早分为“文科与理科”的具有严重“分科主义”倾向的课程结构，**缺少人文学科和人文精**

神的教养与教化，使得整个社会的精神文化生态严重失衡，功利性十足的大众文化与意识形态文化成了学校与社会的主导文化，其社会弊端正在逐渐地显露出来——“考考考，学校教育的法宝；分分分，学生制胜的命根”这一价值观在中小学普遍的流行。“分数挂帅”决定一切。高分就意味着有出息，有前途，有黄金屋，有颜如玉。所以，人们急功近利，唯分数是图，就是不考虑怎么把学生培养成“人”，不考虑人格的完善，不考虑人的成长规律。“分数面前人人平等”了，结果却是人成了分数的奴隶。于是，孩子们从小就面临巨大的精神压力，为分数而起早贪黑，因分数而喜怒哀乐，由分数而受到父母的奖惩，很多时候“人”的成长就不能不放在一边了。这种以“语文、数学、外语”为中心的课程结构以及以“考试”为中心的教育模式是一种“本末倒置”与“拔苗助长”的教育体系，带来的结果是，人格萎缩，学生们普遍缺少人文教养与强健的体魄以及解决实际问题的动手能力，知识单一，能力单向度，内心世界苍白无力，失去了独立思考的能力与创造性想象的能力。在无休止的题海中，在为升学而准备的复习资料的训练中，学生们的学习乐趣被剥夺了，生活乐趣被剥夺了，体质下降了，情感世界干枯了，不会思想了，只会人云亦云机械而呆板地活着，失去了人生的丰富与生命的尽性，学习只是为了考试、为了生存、为了找工作，失去了“仰望星空与俯察大地”的高贵感，失去了求知的激情与可持续性学习的兴趣和能力。在这样的环境压力和氛围熏陶下，不仅会失去独立观察、独立思考与独立创新的能力，而且也往往会淡化人最宝贵的美感、善心和良知，牺牲健全的人格、健康的心态，以及对社会的责任和对他人的爱。这就是诸多教育悲剧产生的根源。

确立体现时代精神的“生态人文科学主义”的课程价值观的基本价值取向是：**“为了每位学生的成长，为了社会的和谐与文明，为了世界的可持续性发展，使人有健康的身体、健全的人格与全面发展的智能，让每个学生活得快乐、活得幸福、活得有生活的质量。”**这就意味着我们现在的基础教育课程体系必须走出目标单一、过程僵化、方式机械的“生产模式”，让每一个学生的个性获得充分发展，培养出丰富多彩的人格。这是“生态人文科学主义”的素质教育课程体系的根本要求。这一课程体系当然承担社会所赋予的人才选拔功能，但它把课程本身的美学内涵与外延，课程本身的引人入胜之处、课程的个性发展价值视为根本，让每一个个性充分发展的人去健康地接受社会的选拔和其他挑战。这种既适应素质教育的内在要求，又体现时代精神的课程价值观在“生态人文科学主义”的课程目标与功能中集中展现了出来：

1. 生态人文科学主义的课程体系确立起了新的评课标准，从而走出了课程目标单一的以知识技能为中心的价值取向。我们现行课程体系过分强调了知识技能的确定性，把知识技能视为普遍的真理供人系统地掌握，由此导致课程目标的知识技能取向和课程实施的“灌输主义”倾向。生态人文科学主义的课程不再把知识技能视为唯一的内容，它只是教学过程中的一个环节。**基于这种新的价值观，生态人文科学主义的课程的目标就超越了知识技能为中心的一维价值取向，而使教学过程成为三维，即追求“情感、态度与价值观（通过学科精神的充分展示来培养学生们的审美心胸并建构出个性和意义）——过程与方法（要重视教学过程的整体布局，重视教法、学法以及思维方式的训练）——知识与技能（明确目标、掌握结构、培养能力、复习巩固）”三位一体的统一。**这个三位一体的评课标准是中国新课程改革的专家们对课程论与教学论做出的重大贡献，它为我们提供了系统思考“课程与教学”的整体思路。只不过，我认为“情感、态度与价值观”既是课程与教学展开的起点又是终点，是起点与终点的统一。

2. 生态人文科学主义的课程体系确立起了新的素质观、知识观与学生观，从而使学生在全面发展的基础上追求个性化的发展。该课程观在确认“美是教育的本质”的基础上，明确提出要培养“美、德、智、体、劳”这五个方面全面发展的人才。与此价值观相联系，对人类的知识进行了划分，**人类的知识从功能上划分，大致可分为三大类型：第一类是塑造我们灵魂的知识（价值形态的知识）。如艺术、哲学、美学、道德伦理、生态文化、宗教等。第二类是放大我们手脚的知识（工具形态的知识）。如科学、技术、工艺技能、语言技巧、法律条款等。第三类是扩展我们视野的知识（事实形态的知识）。如一般常识、社会知识、历史、地理、风土民俗等。这种三位一体的知识结构可以形象地比喻为一棵树，那么，价值形态的知识就是它的根，工具形态的知识就是它的干与枝，事实形态的知识就是它的叶，根深、干粗、叶茂才是健康成长的象征。这就是完整教育的知识结构模型，是我们进行教育设计、教育实施与教育测评的理论根据与判断标准。**教育就是把以上的知识结构通过幼儿、小学、中学与大学的教学活动内化为学生们的人格结构与智能结构及其专业技能。同时，该课程观还认为，学生不是被人塑造和控制、供人驱使和利用的工具，而是有其内在价值的独特存在，学生即目的。因此，个性发展是课程的根本目标。如何理解学生的个性发展？该课程认为，每一个学生的个性既是具有独特性、自主性的存在，又是关系中的存在。所以，该课程从五大关系上理解学生的个性发展、规划课程目标，即学生与自然的关系（接受“生态世界观”的教育，感受人类的环境危机，培养可持续性发展的人生观与世界观，形成环境生态意识，走向生态的生活方式，追求一种精神化与简单化的生活，等等）；学生与美真善爱的关系（接受“经典”教育，从听世界名曲、读世界名著、看世界名画中去培养高级的美感与世界文化胸怀，建立人类“自由、平等、博爱”的普世价值，形成全球化意识，崇尚精神生活，抱持“精神高于物质，精神成功高于物质成功，精神享受高于物质享受”的人生信念，等等）；学生与自我的关系（接受“中西人生哲学教育”与“成才设计与职业指导”教育，养成典雅而又高贵的审美情趣和生活方式，培养身体、人文、科学、技能四位一体的综合素质，能更好认识自己与设计自己，具有主体意识与初步的创新精神和实践能力，等等）；学生与他人和社会的关系（接受“公民教育”,成为遵纪守法的好公民,具有社会责任感,充满“美感与爱心”,努力为社会服务与为人民服务,形成“我好、你好、国家好、地球好、世界好”的普世价值观,等等);学生与身体、学习、工作和生活的关系(接受“身心道训练——道与身体、道与学习、道与工作、道与生活”的教育训练,学会用审美的态度与求道的态度来对待身体、学习、工作和生活,努力培养“锻炼身体的体育精神、兴趣广泛的求知精神、敬业精神与服务意识”,学会从“道”的角度享受锻炼、享受学习、享受工作、享受生活,等等);也就是用一种“生态的整体观”来全面把握学生的个性发展并将其视为课程的根本目标,这使我们的基础教育课程体系具有了新的起点。

3. 生态人文科学主义的课程体系确立起了课程与学生精神生活的连续性,从而使课程成为学生的精神生活与社会生活以及日常生活的基础。该课程观认为,课程不是孤立于生活世界的抽象存在,而是生活世界的有机构成;课程不是把学生与其生活割裂开来的屏障,而是使学生与其生活有机融合起来的基本途径。所以,回归精神生活世界与日常生活世界以抗衡现代过度科学化的世界是课程的核心理念之一。培养学生们高级的美感,帮助学生反思、体验、享受精神生活并提升、完善日常生活是该课程的基本追求。增进学生与伟大名著的密切联系与学会过回归自然的朴素的生活,增进学校与社会生活的联系,增强学校生活的精神性、社会性与吃、穿、住、行、用、玩生活化的系统训练,培养学生身、心、灵的美感、社会责任感和关心自己与关心社会生活的态度,以及培养学生的家庭实践能力与社会实践能力是该课程的目标、内容和实施过程的重要特色。**回到生活世界之中,就是要让学生们的精神活动和生命体验成为学校文化生活的中心。教育要回归生活的世界,实际上就是要回归精神生活的世界与日常生活的世界。教育应从学生内在的生命需要出发,去促进学生内在精神力量的成长并发展出高级的美感。教育过程不仅要从外部激励成长者,而且更要唤醒成长者内部的力量。教育**

的核心是“心”的唤醒，是人格精神的唤醒，是将人的生命感、价值感与创造力唤醒。教育的本质应当是对人类生命和个人精神生活与日常生活的全面开发。因此,对学生的教育要从关心学生的“内心世界”开始，要重视学生作为生活主体的生命感受，让学生的精神生活与日常生活得到教育的真诚关切。心灵是精神活动的场所，心灵的本质就是精神，没有心灵精神就失去了居所和意义。

4. 生态人文科学主义的课程体系确立起了课程的灵魂要围绕培养学生“美与爱”这两种细腻情感来展开,从而使教与学的过程充满了“美与爱”的体验。

在我看来，教育中最重要的是“美与爱”这两种细腻情感的培养，也就是“美感与爱心”这两种素质与两种能力的培养。家庭教育重点是培养孩子的“美感与爱心”；学校教育主要是唤醒学生们学习的美感、创造的美感与自我实现的美感，再配合爱心的教育；而社会教育侧重于通过宗教场所、自然景观、人文场馆、大众媒体等进一步引导与培养人们的“美感与爱心”，以建设一个和谐的社会。

如果作进一步的解释，这就是：就构成人的精神世界来说，美与爱是两个不可缺少的基本维度，是人健康成长的精神胚胎，是自由、平等、博爱的种子。美是什么？美是和谐、是崇高。爱是什么？爱是一种付出、一种给予、一种分享、一种责任、一种默默无语的操心与关怀。如果说美让人刚毅，那么爱则使人柔软；如果说美让人仰望星空，那么爱则使人俯下身子去亲吻大地；如果说美让人诗意地栖居，那么爱则使人善良地栖居；如果说美让人开拓，那么爱则使人收敛；如果说美让人张扬，那么爱则使人平静；如果说美让人勇敢，那么爱则使人慈悲；如果说美可能导致人冷漠，那么爱则一定使人走向温情；如果说美让人走向优美与崇高；那么爱则使人走向操心与关怀；如果说美让人走向怀疑与批判，那么爱则使人走向宽容与豁达；如果说美让人展望理想，那么爱则使人关注现实；如果说美让人走向自我，那么爱则使人走向奉献；如果说美激励人向往成功，那么爱则驱使人关怀弱小……因此，我们可以说，爱是一种付出的美、一种给予的美、一种利他的美、一种分享的美、一种负责任的美、一种奉献的美、一种关怀他人的美、一种关心动植物的美、一种为地球生态操心的美……

理解了“美与爱”的内涵，我们还需要理解美对人格塑造的基本规律。为此，我们需要把这一问题放到大文化背景中来整体思考才能全面与深刻。文化积淀成人格，人格的核心是美感模式。据我观察，尽管“人上一百，形形色色”，但根据美感模式（审美情感的模式），可大致把人划分为三大类型：淳朴美的人、高雅美的人、通俗美的人，他们分别由民俗文化、高雅文化与大众文化所塑造。

民俗文化含有一种淳朴美的精神气质，主要塑造的是淳朴美的人，该类人的人格行为特征可大致描述为：自然、朴实、吃苦耐劳。民俗文化是一种区域性的乡土文化，民俗文化的精神气质主要由自然环境因素与人文传统因素所决定：自然环境因素主要有气候、食物、土壤、地形、山水、花草、树木；人文传统因素主要有：语言、传说、节日、信仰、禁忌、艺术、建筑、婚配等。中国的自然环境与人文传统的相互作用和沉淀极大地影响了中国南北文化的差异：北方辽阔的黄土地和黑土地，景色壮丽，气候干燥寒冷，天空高旷凄凉，植被贫乏，在这种环境下，人物的性情多厚重、强悍、豪爽、严谨；而南方水流纵横，山色清华，植物华丽，气候温暖湿润，云霞低垂清灵，在这种环境下，人物的性情多柔婉、细腻、灵捷、浪漫、精明。不管是北方的民俗文化，还是南方的民俗文化都渗透了厚厚的乡土味、浓浓的人间情、敦敦的朴素美，其文化精神的美感模式属于淳朴美型，抱持淳朴美价值取向的人群，主要有农民、少数民族，以及部分城市居民。

高雅文化含有一种高雅美的精神气质，主要塑造的是高雅美的人，该类人的人格行为特征可大致描述为：唯美、求知、理想主义，抱持的是自由主义、平等、多元的价值取向。高雅文化是一种充满人文精神与人道主义关怀的世界文化，它以优雅美与崇高美为审美价值取向，并在此基础上建立起理性品格与行为追求。一个民族文化水平的高下，正是取决于高雅文化的高下。自由、平等、博爱的启蒙精神；唯美主义与理想主义的终极关怀；独立的批判意识与创新精神；为国为民的忧患意识与天下为公的人间情怀……所有这一切构成了高雅文化的特殊魅力。当下的高雅文化体现在对大众文化的批判与人文精神阵地的守护上。高雅文化要在民俗文化与大众文化之间保持必要的张力，这种张力表现了高雅文化具有一种理想主义的独立的精神气质。高雅文化的美感模式属于高雅美型，抱持高雅美价值取向的人群，主要有充满人文精神的知识分子与从事音乐、艺术、美学等文、史、哲专业的人员。

大众文化含有一种通俗美的精神气质，主要塑造的是通俗美的人，该类人的人格行为特征可大致描述为：表浅、享乐、崇尚实用。大众文化是市场经济的产物，是一种以文化工业生产为标志，以市民大众为消费对象，以现代传播媒介为手段的商业文化。当代的大众文化主要有三大特征：一、商品化特征。随着市场经济作为一种潮流席卷全世界，商品成为一种普照的光投射到各个角落，文化产品自然地变为一种商品出现在人们面前，大众文化的制造者们一切从市场消费出发，以生产标准化、齐一化的文化快餐来引导消费者消费，把物质享乐型的娱乐消遣作为主要价值加以实现。二、技术化特征。现代科学技术为大众文化的传播提供了现代化的载体，一系列新的科技成果，使大众文化对时空获得更强的占用性，借助现代科技手段进行大规模的复制、传播，以实现文化的产业化。三、通俗化特征。由于一切从市场消费出发，处处以取悦对方的心态去选题、去创造、去制造，习惯于煽情的表演、煽情的游戏、煽情的消费、煽情的电影、煽情的书籍、煽情的杂志等为娱乐方式，刺激的是一种感官欲望，而不是高级的审美需要。大众文化的美感模式属于通俗美型，抱持通俗美价值取向的人群，主要有追星族、草莓族、啃老族、游戏族、新新人类、花少女、花美男等，以及部分城乡居民。

现在把以上三种文化价值取向的关键词作一比较：

民俗文化：自然主义、山水景色、风土人情、神话传说、民间艺术、节日禁忌、敦厚老实、原汁原味、朴实无华、吃苦耐劳。

高雅文化：理想主义、生态主义、自由主义、终极关怀、普世价值、人文精神、形而上、价值理性、人文艺术、审美体验、宗教情怀、真理崇拜。

大众文化：享乐主义、商业主义、功利主义、物质主义、形而下、实用理性、实用技术、流行经验、消费主义、金钱崇拜。

“美与爱”的理念引领我们的教育在学校文化的建设方面要在高雅文化与大众文化之间保持一种平衡：一方面，学校要倡导高雅文化至上的价值观，把学生们的审美感觉、审美趣味尽可能引到对世界文化精品的欣赏中——欣赏世界名曲、欣赏世界名著、欣赏世界名画等；另一方面，学校也不反对同学们对大众文化的选择。学校在文化上的选择要抱持“一”与“多”的态度。“一”是指学校倡导的高雅文化至上的价值观，“多”是指文化选择上的多元的宽容的态度。学生们可以选择高雅文化，也可以选择大众文化、民俗文化作为自己审美修养的组成部分。

从文化的现实性来看，每种文化都满足了不同层次与不同人群的需要，因此，都有其存在的价值与存在的合理性；但**从文化的理想性来看，我们的文化发展应抱持“一”与“多”的发展战略。“一”是指全社会对高雅文化的理想追求，“多”是指高雅文化、大众文化与民俗文化多元并存的社会现实。**高雅文化是一种具有世界精神的文化。全世界的高雅文化都是相通的，也就是说，只有民族高雅的文化才是世界的文化。**高雅文化是一个国家文明程度的标志，它要肩负起匡正大众文化的方向与提升民俗文化层次的使命。这里，所谓重建国家的民族精神，其实就是用高雅文化来重建国家的贵族精神（这里的贵族精神是指精神贵族，这类人是心中装着“大我”与天下正义的公共知识分子，拥有“精神高于物质，精神成功高于物质成功，精神享受高于物质享受”的个人素质**

与内心信念）。贵族精神是一个国家的灵魂，是一种“追求真理、坚持原则、淡泊名利”的独立而又高贵的人格境界，构成国家核心的精神力量并追求“自由、平等、博爱”的人类理想。贵族精神是一种具有普世价值的世界精神。唯有贵族精神才具有永恒的生命。因此，我们现在的教育必须要把注意力集中在传播高雅文化的审美价值观上。高雅文化的审美价值具有解放个性的功能、为人灌注人生理想的功能与为社会创造新文明的功能，它以不可征服的高贵的精神力量把物质主义中心的“唯物主义与实用主义”的旧文明的基础打个粉碎，又奠定了新文明的全部基石。

由此看来，要实现以“人类的共同幸福”为理想，就需要人类结束“脑”的竞争时代而开启一个“心”的共赢共生的时代，这就要求每一个国家都要实施“以美立国、以法治国”的社会发展战略。重建人类“天人合一”的整体性，重建世界“以生态为本”“以可持续性发展为本”“以人的幸福度为本”“以人为本”“以身体为本”“以美为本”“以爱为本”“以心为本”“以情为本”“以文化立国为本”“以教育立国为本”的价值观，重建人类文化精神与形而上学本体论，重建人的哲学与人的终极价值、终极关怀和终极信仰，在追求“天地人我整体和谐”的教育理念的主导下，中国的基础教育与全世界的基础教育都要以人的“幸福”为中心，以审美教育为中心，努力培养“美、德、智、体、劳”这五个方面全面发展的人才。要用以“幸福”为中心代替以“效率”为中心，把教育从以“效率”为中心的培养适应工业社会与商业社会的人的价值体系中解放出来，改变目前从近代以来形成的“笛卡尔—牛顿机械时空观”[①]主导下制定的以“语文、数学、科学”这三门主课为核心（即以“读、写、算”为中心）的课程体系，而走向二十一世纪的东西方智慧结合的“系

① ［美］弗里乔夫·卡普拉著，卫凤英、李四南译：《转折点——科学、社会和正在兴起的文化》，四川科学技术出版社，1988年版，第85页。

统生态时空观”[①]主导下制定的以“生态世界观（自然生态、文化生态、道德生态）、公民、体育、艺术（音乐、文学、美术）、数学、科学”这六门主课为核心的课程体系，也就是要走向天人合一的“生态人文科学主义”的课程体系，努力培养学生“艺术的感觉、哲学的思辨、科学的实证”这三大核心素质，从而实现全世界基础教育课程概念的重建。

（二）生态人文科学主义的教材与教法：以审美教育为中心的高中数学、物理、化学课的教学设计示范

如何把学科的内容通过教学实践转化为学生们的人格结构与智能结构及其专业技能。美国哈佛大学的著名教育家布鲁纳站在结构主义的立场作了精彩的论述。他在《教育过程》一书中向我们提出了四条好的建议。

布鲁纳首先指出，学习的意义在于为将来服务。服务的方式有二：一是特殊迁移，二是普遍迁移，也就是原理和态度的迁移。二者相比，后者更为重要。在此基础上布鲁纳提出了自己的教学论的中心思想：“不论我们选教什么学科，务必使学生理解各门学科的基本结构。这是在运用知识方面的最低要求，它有助于解决学生在课外所遇到的问题和事件，或者在日后训练中所遇到的问题。”教学“与其说是使学生理解掌握学科的基本事实和技巧，不如说是教授和学习结构”[②]。

那么，什么是学科的基本结构呢？就是学科的基本概念、基本原理及其内部规律。如生物学中的向性，代数学中的三项基本法则：变换律、分配律、结合律，英语中的句型、结构规则等。布鲁纳特别强调内部联系和内部规律，他说：“掌握事物的结构，就是允许许多别的东西与它有意义地联系起来的方式去理解它。简单地说，学习结构就是学习事物

---

① ［美］弗里乔夫·卡普拉著，卫风英、李四南译：《转折点——科学、社会和正在兴起的文化》，四川科学技术版社，1988 年出版，第 255 页。

② ［美］杰罗姆·布鲁纳著，宋文里、黄小鹏译：《布鲁纳教育文化观》，首都师范大学出版社，2011 年版，第 28 页。

是怎样互相关联的。”[①]他认为，这些就是学科的课程中心，也就是教学中心。布鲁纳认为，掌握事物的结构，就是以使许多别的东西与它有意义地联系起来的方式去理解它。简单说，学习知识结构就 是学习事物是怎样相互关联的。“经典的迁移问题的中心，与其说是单纯地掌握事实和技巧，不如说是教授和学习结构。”他指出，要帮助学生了解那些看来似乎是无关的新的事实是相互有关的，而且与他已有的知识也是有关的。

他的知识结构也就是某一学科领域的基本观念，它不仅包括掌握一般原理，而且还包括学习的态度和方法。

布鲁纳还从以下四方面论述了学习学科的基本结构的必要性：

1. 懂得基本原理可以使得学科更容易理解。他举了物理学、数学学习中的例子，然后指出不仅在物理、数学中是这样，而且社会学科和文学中也完全是这样。学科的基本原理弄懂了，其他特殊课题就能解决好。[②]

2. 从人类的记忆看，他说："关于人类记忆，经过一个世纪的充分研究，我们能够说的最基本的东西，也许就是，除非把一件件事情放进构造得很好的模型里面，否则就会忘记。详细的资料是靠简化的表达方式保存在记忆里的。""学习普遍的或基本的原理的目的，就在于保持记忆的丧失不是全部丧失，而遗留下来的东西将使我们在需要的时候把一件件事情重新构思起来。高明的理论不仅是现在用以理解现象的工具，而且也是明天用以回忆那个现象的工具。"[③]"获得的知识，如果没有一个完满的结构把它们联系在一起，那是一种多半会遗忘的知识。一串不连贯的论据在记忆中仅有短促得可怜的寿命。根据可借以推断出论据的那些原理和观念来组织论据，是降低人类记忆丧失率的唯一的已知方

① 同上，第25页。

② 同上，第36页。

③ 同上，第37页。

法。”[①]

3. 领会基本的原理和观念，是通向适当的“训练迁移”的大道。他认为，“理解更基本的原理或结构的意义就在于，把事物作为更普遍的事情的特例去理解，就是不但必须学习特定的事物，还必须学习一个模式。”这个模式就是迁移的基础，它能进一步激发智慧。[②]

4. 对教材结构和基本原理的理解，能够缩小“高级”知识和“初级”知识之间的差距。他主张一门课程在它的教学进展中，应反复地回到这些基本观念，直到学生掌握了与这些观念相伴随的完全形式的体系为止。[③]

布鲁纳还从相反方面指出，如果不去学习学科的基本结构，那么，“这样的教学，使学生要从已学得知识推广到他后来将碰到的问题，就非常困难”；“从激发智慧说，不大有收获”，因此，他说，从长远的意义上说，是非常不经济的。正反两方面都充分说明，必须教授和学习学科的基本结构。

这里应指出的是布鲁纳把“迁移”这个概念引入了课程论。什么是迁移呢？简单地说，就是学习知识技能之间的积极影响。凡是二者之间有相同或相似的因素，就能产生“迁移”。例如，会骑自行车的人就很容易学会骑摩托车、骑三轮车。他把这种技能方面的迁移称之为特殊适用性。就是适用于具体的个别的技巧。另一种普通的适用性就是“原理和态度的迁移”。是什么意思呢？让我们从学习过程角度加以诠释：一开始，你学习了一些基本概念和原理，然后把它们作为学习后继知识或问题的基础，去掌握新知识，解决新问题。由于你掌握了前面的基本概念和原理就容易理解后面的新知识，对遇到的新问题就容易解答，也就是能“用基本的和普遍的观念来不断扩大和加深知识”。所以他认为“原理和态度的迁移”应该是教学过程的核心。而要实现学习上的迁移，只

① 同上，第41页。

② 同上，第37页。

③ 同上，第38页。

有精通学科的基本结构才能做到，而且“他学到的观念越是基本，几乎归结为定义，则它对问题的适应性就越宽广”。他还强调指出，通晓某一学科基本结构，“不但要掌握其‘一般原理’，而且还包括研究对这门学科的态度和方法，也就是要使学生学会怎样去学习”。这就是他提出结构主义课程论的心理学依据，也是为什么要学习学科基本结构的理论说明。总之，他的核心思想是：“如果你理解了知识结构，那么这种理解会使你可以独立前进；你无须为了知道各事物的属性而与每事每物打交道，只要通过对某些深奥原理的掌握，便有可能推断出所要知道的个别事物。认识是个巧妙的‘策略’，你借此，能够获悉许多事物的大量情况，纵然你头脑记住的事物的数量并不多。”

应该肯定，上述布鲁纳提出学习的首要目的是“务必使学生理解学科的基本结构”的观点是正确的。因为学生掌握了结构，就获得了运用一个学科的基本概念的能力；然后，学生就可以利用这些基本概念，把它们当作认识和攻克其他问题的基础，其积极意义在于为解决“知识爆炸”时期的知识需求问题找到了一条途径。另外，布鲁纳提出的“原理和态度的迁移”是教学过程的核心，也是一个创见，是他在教学论和学习论结合上的一个贡献。为心理学上的学习理论应用在教学论、课程论和教务论上做出了范例。学习上的迁移，本来是个老问题，一向不大被人注意。过去人们所理解的迁移，往往是指技能上的迁移，如学会了开汽车,就有助于学习驾驶飞机等。当然其中也包含着原理和态度的迁移，但过去人们对此重视很不够。布鲁纳强调指出，教学过程应以原理和态度的迁移为核心，这无疑是一个创造性的重要见解。这个见解启发我们认识到，教学论应以学习论为基础，教学不仅应考虑如何教，而且还应重视研究如何指导学生学，做到教学做合一。用“认识论者”的一句话说，那就是教会学生“学会如何学习”。这就是说要交给学生开启知识宝库的一把灵巧的钥匙。只有把三者紧密结合起来，才符合教学过程是师生双边活动这个特点。

有了对布鲁纳掌握学科结构重要性的理性认识，为理解我下面提出的为教育立心的信念与普遍的学科教学方法和学科教学模式作了心理学与教育学的理论准备。

现在让我对教育的核心理念与主要教学方法作一承上启下的总结：**由于“美是教育的本质”，我们对“教育世界”的看法和态度就发生了根本性的改变。美产生于整体观照下的局部行动之中；教育是“心、脑、手合一的结构；有效的教育实践需要在教育信念的主导下全面而系统地展开；我所倡导并构筑的为教育立心的信念，主要由以下的十大信条组成：信条一，唤醒学生的美感是教学的起点；信条二，教育要以培养学生“艺术的感觉、哲学的思辨、科学的实证”这三大核心素质为目标；信条三，教育为立国之本，美育为立教之本，审美为立人之本；信条四，教学是围绕“情、知、行”合一这一结构而展开的[①]；信条五，教育的目标就是要形成学生们“情感的、认知的与行为的”良好习惯；信条六，教育的根本规律是价值引导与自主建构[②]；信条七，培养审美世界观的人应作为人类教育的终极目标，因而，教育说到底就是对人的自我意识、对美感的唤醒人的“自我意识”大致可用一个公式表达：自我意识＝自主性＋审美感觉与爱的情怀＋科学思维。生命教育的实践主要就是围绕这一理念与结构展开的[③]；信条八，完美的教育与教学要以“唤醒生命体验”为中心，经历“浪漫化、精确化与综合运用化”这三个阶段的系统训练才能完整与深刻[④]；信条九，在我们讲授一门学科的时候，要采用以学科精神带动学科理论与学科技能的教学模式，通过形象性、情感性与活动性的教学实践，才能更好地激发学生们的学习兴趣和探索精神，从而使学生们走上好学上进的成长道路；信条十，认识与掌握一门**

① 柯领：《追问教育的本质？》，人民日报出版社，2011年版，第49页。

② 肖川：刘铁芳主编：《回到原点——时代冲突中的教育理念》，华东师范大学出版社，2006年版，第196页。

③ 柯领著，《追问教育的本质？》，人民日报出版社，2011年出版，第62页。

④ 同上，第74页。

学科，只有把它放入“整体—部分—整体”的过程联系中去认识与掌握，才能较好记忆并走向深入。

这里，我们不仅要深刻领会并牢记以上大教育信条作为教育实践展开的内在支持，若要搞好教育，我们还需要把握一个贯彻教育实践全过程的合乎目的性与规律性的内在的教育节奏，作为教育实践展开的精神结构。也就是说，教师从一开始，对什么是好的教育要抱有一种坚定的信念，对整个教育的过程与自己所教学科的内容必须要有一副清晰的心象，在美的“形象性、情感性与活动性”的教学原则的主导下，以培养审美世界观的人为最终目标，以唤醒学生们的生命体验、唤醒美感和兴趣为中心，深刻体验与掌握“讲课教学式、自学教学式、讨论教学式、活动教学式、实践教学式、综合教学式”这六种教学模式的组合，使教学过程在无限广阔的时空中展开，充满丰富的形象、温暖的感觉和生动的气氛。只有这样才能使我们的教育实践充满内在底蕴并趋于完美。

以上，我所能说出来的，只是一些大略的东西，是我多年办学与教学实践中总结出来的心得，这其中蕴含着很深的玄机，需要教师们有很强的直觉并下很深的功夫钻研，只靠阅读而不去实践是不行的，重要的是理解并在实践中融会贯通，获得经验，不断地加深体会，这样才能把握其中的要领。如果说幼儿、小学生与初中生的教育主要以“活动教学”为中心来展开，因为这是教育的浪漫化阶段，那么，到了高中，就进入了教育的精确化阶段，则应集中精力以“课堂教学”为中心来展开，要强化对学生们进行各门学科的准确的基本概念与各门学科的体系的知识传授以及综合能力训练。看一看，我们今天中学的教师们在课堂教学上普遍采用的是“只见树木，不见森林”的分解式的教学法，教师们把学科的知识按事先设计好的教学计划一部分与一部分地传授给学生，学生们就一部分一部分地被动接受知识，显然，这是一种教学效果与学习效果都不太理想的教学法，因为，它忽视了知识的整体观与知识内在结构的整体性，是一种机械的很容易被遗忘的学习。这里，我向大家推荐一种我称为“整体式的教学法”,也就是把教学过程纳入三段式的“整体一部分一整体”的系统思维过程中,对学科知识的传授要按“森林一树木一森林”,也就是按“先见森林,后见树木,再见森林”这样三段式的节奏来教学,在整体的观照下去学习细节的知识,然后再回到整体,完成这一循环后,对知识的根系与脉络的把握就会特别清晰,还要多次重复巩固,这样对知识的掌握与能力的培养才能达到良好的状态。**在教学内容与教学方法展开的过程中,我使用并倡导的是“唤醒生命体验”的思维方式。事实上,教学的过程是一个“情、知、行”合一的过程。优秀的教学要从引动学生的情感入手,要善于引起学生的“生命体验”。生命体验就是引导学生进行积极主动的学习、思考与实践。在教学活动中要实施唤醒教育,在个体体验性学习与多元开放性的讨论性学习过程中唤醒学生的学习兴趣与内心世界的学习冲动和自我实现的成就感,能更好促进学生的成长与发展。在这里,我们把教学作为唤醒教育的一种方式,意在打破传统教学在时空和方式方法上的局限,把学习活动当作学生生命体验活动来看待,强调学生学习的主动性、过程性与生成性,以期进一步拓宽、开创教学过程中教师与学生互动的新天地、新境界。学习是学生的个性化行为,不应以教师的分析与讲解来代替学生的独立思考,我们要改变传统的“灌输式教学模式”而采用“唤醒式教学模式”,通过提问、自学、讨论、学科结构分析与讲解、案例分析、练习、实验、活动、实践、演讲、写研究报告等来引起学生的生命体验与唤醒学生的主体思维,让学生学会主动思考与主动实践,作为一个思考着与实践着的灵魂来参与学习活动,努力培养学生独立地发现问题、认识问题、分析问题与解决问题的全面能力,这是把自己与别人区别开来的首要条件,也是具备独立思想、独立人格的开始。当然,以学科为中心的课堂教学要高质量地进行,需要教师们根据具体学科的教学内容,在“明确目标、掌握结构、培养能力、复习巩固”这四大学科教学原则的主导下,把“讲课教学式、自学教学式、讨论教学式、活动教学式、实践教学式、综合**

教学式”这六种教学模式有机地结合起来使用，对知识的传授与学生能力的培养才能更加完整与深刻，并且，教师们也能从这丰富多彩的充满生命体验的“教师主导教学与学生主动学习”的教学过程中，深深体会到教书育人的乐趣。

优秀的教学要站在建构主义的情景认知论的角度，应把学生们的学习引向一种彻底的生命体验。在我看来，生命体验是学习的起点，学习只有靠体验和理解才能把握。因此，学习任何学科要经历“体验—理解—实践”这样三个阶段的训练才能完整与深刻。学习科学如果注入了形象性、情感性与活动性的审美体验的要素，学习科学的过程也就成了艺术审美的过程，参与科学的活动本质上也就成了审美活动。**这里，我还要向教师们推荐一种“以学科精神为中心的教学模式”。我们的学科教学要采用一个普遍有效的“从体验走向理解与实践”的教学模式作为我们进行教学设计与教学实践的理论模型。这个以学科精神为中心的教学模式，是一种智能结构的建构模式，可以表述为：智能结构的建构应遵循“学科＝学科精神（哲学精神、美学精神、科学精神）＋学科理论＋学科技能”的三维立体建构模式，才能形成具有哲学精神、美学气质与科学实证的富有创造个性的智能结构**[①]。认识与掌握一门学问，只有把它放入过程的联系中去认识与掌握，才能完整与深刻。**学科精神、学科理论与学科技能是一个完整而和谐的整体，在我们掌握或传授一门学科的时候，永远要从整体观念出发去理解学科的内在结构与普遍的哲学原理。掌握的理论与技能，如果没有一种隐藏在更深处的综观全局而又生机勃勃的哲学精神、美学精神与科学精神作为内在支持，那么，无精神的理论与技能只不过是一种苍白无力而又缺少创造性的笨拙的工具。**因此，从“体验—理解—实践”的系统思维过程出发，建构有哲学精神、美学精神与科学精神的智能结构就应该成为我们的教育方针制定、教材编写、课程结构设计与学科内容展开的最高指导原则并坚定不移地转化为我们的富

① 柯领著，《追问教育的本质？》，人民日报出版社，2011 年出版，第 50 页。

有创造性的教学实践，从而实现教学过程与教学效果的最优化。

经过以上的论述，我们可以把学习或讲授一门学科的思路概括为以下三大要点：

第一，领悟学科精神：学科的历史—学科的思维方式—学科的应用；

第二，掌握学科内在的理论体系：基本概念与基本理论；

第三，应用学科理论解决问题：做练习题、做实验、做课题。

根据这种思路，我们可以设计出关于高中数学、物理与化学的教学提要。

数学：

一、数学的精神

（一）数学的历史与主要数学家的成就

（二）数学的思维方式

1. 数学的实验化思维

2. 数学的逻辑化思维

3. 数学的模型化思维

4. 数学的定量化思维

（三）数学的应用

二、数学的基本概念与基本理论

（一）代数：1. 数、式、方程、不等式、集合

2. 指数、对数

3. 函数、数列、排列与组合

（二）三角：三角函数、三角方程

（三）几何：平面几何、立体几何、解析几何

三、数学的练习题训练、实验训练、课题训练

物理学：

一、物理学的精神

（一）物理学的历史与主要物理学家的成就

（二）物理学的思维方式

1. 物理学的实验化思维

2. 物理学的逻辑化思维

3. 物理学的模型化思维

4. 物理学的定量化思维

（三）物理学的应用

二、物理学的基本概念和基本理论

（一）力学

（二）热学

（三）电磁学

（四）光学

（五）原子物理学

三、物理学的练习题训练、实验训练、课题训练

化学：

一、化学的精神

（一）化学的历史与主要化学家的成就

（二）化学的思维方式

1. 化学的实验化思维

2. 化学的逻辑化思维

3. 化学的模型化思维

4. 化学的定量化思维

（三）化学的应用

二、化学的基本概念和基本理论

（一）基本概念和基本理论

（二）常见元素及其重要化合物

（三）有机化学基础知识

（四）化学基本计算

三、化学的练习题训练、实验训练、课题训练

教学从一开始就要努力帮助学生们领悟学科精神，找到关于学科的定义、简单的结构与整体的感觉，通过提问、自学、讨论、讲解、案例分析，直到学生们形成关于学科的整体直觉与能动的认知图像。这是学好一门学科的第一基础，也是教学论的最大心法，是区别一般教师与卓越教师的最大分水岭。

比较一下我们现在的教学，我们就会发现，我们当今的课堂教学最缺少的就是学科精神的教育。当今课堂教学的“闷课”存在的“死”“硬”“涩”等问题，要靠“美”为中介来克服。优秀的教学总是与“美”连在一起的。**马克思说，人按照美的规律来建造。那么，教学中的“美的规律”是什么呢？我以为，以学科精神来带动学科理论与学科技能的教学模式就是一条最根本的“美的规律”。在我看来，任何一门学科的教科书至少应该花五分之一的篇幅来编写学科精神的内容，通过学科精神的学习来培养学生们学科的历史观、学科的思维方式与学科的实际应用，拓展学生们的形象性、情感性与创造性的学科视野，以激发学生们的学习兴趣和培养学科的审美心胸，这是学好基本概念与基本理论的动力基础。**学习的根本规律是：学习的内容需要经过审美体验才能进入内心。如果我们的教学过程缺少或没有引起学生们的生命体验与审美共鸣，那么，这种学习只是浅表的必然缺少内化的多半会遗忘的学习。事实上，“学科的精神——学科的基本概念与基本理论——学科的练习题训练”是一个三位一体的结构。长久以来，我们从小学到大学的教材与教师们的讲课，基本上没有学科精神这一部分内容。由于缺少对学科精神的领悟、彻照和穿透而升华出的审美境界与自我实现的满足，我们对学科的学习大多只是一堆基本概念与基本理论的机械记忆而缺少

学科演变与内在联系的有机整体感。其结果是只见树木,不见森林的“上课记笔记、下课对笔记、考试背笔记、考后全忘记”的悲惨结局。这是我在中学学习与大学学习的令人痛心的个人学习体会。**在这里，我真诚希望我们国家能编出有学科精神的教材，我们的教师也应该按“情感、态度与价值观—过程与方法—知识与技能”三位一体的评课标准，采用以学科精神带动学科理论与学科技能的教学模式，通过形象性、情感性与活动性的教学实践，以激发学生们的学习兴趣和探索精神，从而使学生们走上好学上进的成长道路。**

八、世界正在发生一场“朝向艺术、美学与生活一体化的教育运动”

新一轮教育革命的突破点，应该发生在艺术教育领域。世界各国教育界开始重新认识艺术教育的价值，并使艺术课程正在成为中小学的核心课程。这样，“朝向艺术、美学与生活一体化的教育运动”就得以在全世界范围内从根部全面展开。

——柯领

在现在这个特定的时代，我们非常有必要使感性的审美精神找到一条通向心灵的道路，并唤起一种渴望、一种内在的冲动，让美成为现实的种种形式。应该看到，自人类进入文明社会以后，人与自然之间就产生了裂缝，不过，在工业文明之前，这一裂缝并不算大。在古代中国和西方中世纪的田园牧歌中，人与自然还有着一种诗意的关系。但是，自17世纪起，人类开始了一个新的时期，这一时期科学作为一种绝对客观的存在，为人类的生活与未来提供了一种终极依据。特别是从19世纪到现在，自然科学被推到了上帝的位置上，成为一种新的宗教，成为了信仰本身。艺术、美学、哲学、文学、意识形态等一切均追求科学化，自然科学的准则成为一切学科门类的核心原则，科学精神与技术理性贯穿到人类生活的方方面面，渗透到了生活世界之中，使社会逐渐成为了一个科学社会，整个社会以“效率”为中心，正在沦落成为一台高效运转的机器。随着工业文明的迅猛发展，大自然遭到了人类的打击和破坏，隆隆的大机器开进了充满牧歌的田园……工业化伴随城市化，使人脱离了自然的怀抱，产生了人与自然关系的紧张、对立、异化，也产生了人自身的异化。经济和技术的现代化使社会生产力获得了巨大的进步，在改善人们物质生活的同时，精神上的负面影响也逐步显露出来。由于过于注重外在的经济生活，导致了人内在心灵旨趣的丧失。对于金钱的追求，使人们在拜物的同时，忘记了人为什么而活着，忘记了即使金钱如山也要死亡的现实。而知识愈来愈专门化，生产分工愈来愈精细化，将富有生气的完整的人撕成了碎片。人的平面化、标准化、工具化，使人与自然、人与人、人与社会的关系日渐疏离，使整个社会的心理失去平衡，人们陷入孤独、痛苦、烦恼的现代病症中……

哪里有危机，哪里就有拯救。我们应该看到，20 世纪 60 年代以来，世界范围内正在发生一场“朝向艺术、美学与生活一体化的社会运动”。首先，科学技术至上的价值观所造成的文化生态的失衡，以及由文化生态的失衡造成的对人与自然的压迫和异化产生的种种危机，在世界范围内遭到了广泛的批评。英国学者 C.P. 斯诺于 20 世纪 50 年代末在剑桥大学所作的《两种文化与科学革命》的著名演讲中所指出的：“技术具有两面性，行善和威慑。”科学技术可以提供日益强大、有效的工具理性，却不能满足人们对于艺术爱好和伦理等层面的需求，无法提供人类区别于禽兽的“价值理性”。现代社会的种种“现代病”，表现了工具理性愈强大，艺术感、正义感、使命感、公德心、自尊心却愈低落。事实上，人类创造的文化，包括科技文化和人文文化，它们分别发展着工具理性和价值理性。但是到了现代社会，由于“科学技术成为第一生产力”已成了人们的普遍价值观，科学技术创造了巨大的物质财富，于是，使得人们对它的作用过分“高估”，以为人类社会的所有问题都可以由它来完满解决，有人甚至把它视之为“救世主”，而人文文化与人文精神则往往被虚置。其实，它绝非万能，因为人类的审美、情感、意志等内心世界的问题，是需要通过感受、体验乃至直觉、顿悟等发挥作用而加以解决的。科学技术本身存在盲点，例如，对人类的生命意义，科学技术是“价值中立”的，有赖于人文精神的指引。显然，医治科学技术片面发展的处方只能靠弘扬人文精神，加强人文素质教育。我们应以新的观念去看待科学技术的进步，追求人文精神和科学技术的整合发展，重构科学精神和人文精神的有机联系，加强两种文化的沟通和交流，终结科学精神与人文精神的二元分裂，让科学文化接纳人文因素，也让人文文化接纳科学精神，创建一种新人文主义或生态人文科学主义，使科学技术生态化与人文化。在西方，提倡人文素质教育已经成为各高等学校的共同主题，正如哈佛大学校长陆登庭所指出的 :“不论美国还是其他国家的大学都要以直接可见的经济效益证明其教育和研究的价值。大学开发研究以推动经济的发展是无可厚非的，同样，大学帮助学生寻求实用和令人满意的职业也是必要的。然而，更重要的是，大学要提供无法用金钱衡量的最佳教育，即人文教育。”现在，在世界范围内人们又重新发现当代西方哲学家尼采、海德格尔、马尔库塞等人的“艺术本体论与审美解放论”思想的价值，强调要立足于审美精神走向人文精神与科学主义的融合，重建人类文化生态的平衡。

由于反对人类中心主义，反对科学技术决定论，反对科学技术是第一生产力的价值观，反对以经济建设为中心，反对理性主义主导一切，西方发达国家从 20 世纪 60 年代以来，在世界范围内掀起了一场“反现代性”的后现代文化运动，出现了后现代主义思潮，这种思潮是后现代社会（后工业社会、信息社会、晚期资本主义等）的产物，它孕育于现代主义的母体（30 年代）中，并在“二战”以后与母体撕裂，而成为一个毁誉交加的文化“幽灵”，徘徊在整个西方文化领域。后现代主义的正式出现是 50 年代末至 60 年代前期。其声势夺人并震慑思想界是在 70 年代和 80 年代。这一阶段，在欧美学术界引起一场世界性大师级之间的“后现代主义论争”。到了 90 年代初，后现代主义开始由欧美向亚洲地区“播撒”，使后现代主义成为一个当代社会的热门话题。

后现代主义作为一种风靡欧美的文化思潮，使当代西方各种问题和困境在大暴露的同时,又在整个思想文化领域进行了一场“后现代转折”。这种颠覆性的逆转和标新立异，已远远超出艺术领域和文学领域，而深达哲学、科学哲学、心理学、宗教、法学、教育学领域。我们不妨对后现代主义主要范围及领域的代表人物加以扫描式的鸟瞰，以期对后现代主义文化的理论与实践获得一个大致的印象。

哲学和社会学领域的重要思想家及其学者有:伽达默尔、丹尼尔·贝尔、哈贝马斯、利奥塔德、弗·杰姆逊、雅克·拉康、德里达、福科、德勒兹、马尔库塞、理查德·罗蒂、斯潘诺斯、海登·怀特、库恩、费耶阿本德、查尔斯、纽曼、布朗、科布、格里芬等。

文学理论和美学领域的著名思想家和学者有：罗兰·巴尔特、伊哈布·哈桑、伊格尔顿、洛奇、洛德威、佛克马、克莉丝蒂娃、伊瑟尔、德·曼、米勒、布鲁姆、哈特曼、G. 格拉夫、阿兰·威尔德、J.V. 哈拉里、霍尔·福斯特、林达·哈奇、诺米·谢奥、苏珊·桑塔格、莱斯利·费德勒、理查德·沃森等。

文学（小说、诗歌、戏剧等）领域的后现代作家有:约翰·巴思、W. 布洛格、T. 品钦、D. 巴特姆、W. 埃比希、J. 艾什伯里、大卫 . 安亭、S. 什帕特、R. 威尔森、K. 冯内库特、J. 霍克斯、尤奈斯库、J. 波格斯、M. 本森、塞缪尔·贝克特、欧马尼·奥尼斯科、乔杰·路易斯、鲍杰斯、F. 纳波科夫、哈罗特·品特、B.S. 约翰逊、雷纳·海彭斯托尔、加西亚·马尔克斯、罗伯－格里耶等。

艺术（音乐、美术、舞蹈、建筑、电影、摄影等）领域的后现代主义艺术家有:约翰·凯奇、斯托克豪森、P. 布列兹、劳申伯格、J. 丁格里、J. 布衣斯、J. 施那伯、皮戎、L. 查尔兹、T. 布良、M. 蒙科、R. 文途里、C. 詹克斯、B. 波林、C. 摩尔、M. 郭瑞夫斯、E. 波菲子、K. 杰可布什、A. 瓦里尔、A. 库克斯、D. 里昂、H. 卡拉汗、E. 温斯顿、J. 扎柯斯基、喜多郎、谭盾等。

当然，这份名单是不全面的，但起码通过这份名单，可以看到后现代主义文化和美学方面的理论与实践，可以看到当今世界沸沸扬扬的后现代主义思潮的基本轮廓。

只要“笛卡儿—牛顿”的机械主义对教育的压迫、对人性的压迫与对自然的压迫没有停止，后现代主义运动就会继续下去，而且，也必须继续下去，因为这是关于个体生命是否幸福，关于人类是否继续生存下去的根本问题。中国的后现代学者裴勇在他的《Why China》这篇文章里，把以怀特海的过程哲学为基础的“建设性后现代思想”的标志性的特征，概括为以下几个方面：一是反对二元论，主张整体有机论，认为宇宙是一个有生命的整体，处于一种流变的过程中。并且相互联系。世界的发展是一个开放的体系，是一个不断演化的过程。二是在人与人的关系上，摈弃激进的僵硬的个人主义，主张通过倡导“主体间性”(intersubjectivity）和“关系中的自我”(self in relation）来消除人我之间的对立。三是在人与自然的关系上，主张人与自然之间是一种动态的平衡关系，自然不是人的征服对象，人与自然应该和谐共处，因此主张生态主义。在方法上这种学说主张：一、运用综合性的思维方式；二、采取多元主义，主张对话和互补；三、不应简单地否定（现代性），而要着眼于扬弃和“去执”。尽管不一定十分准确，但以上大致可以概括建设性后现代思想的最基本的特征。可以将之称为“后现代品格”。而中国传统文化和宗教中众多的思想元素都具有浓厚的后现代品格，可以说是当代后现代思想取之不尽的精神养料和思想宝库。科布博士也曾表示：“过程哲学、建设性后现代主义、中国传统文化有很多的相通之处。”

由此可见，当代的后现代文化运动逐渐形成了后现代文化的价值观，主要表现在：

后现代文化的基本精神：(1）反对形而上学的理性主义，摆脱传统二元论的束缚；(2）解构现代性与打通文理学科隔阂，动摇与颠覆现代人的生存根基，从中心到边缘实现联合；(3）追求不确定性与内在体

验性。

后现代主义主要讨论的九大主题:(1)世界的秩序;(2)信息和权力;(3)理性的黄昏;(4)语言的力量;(5)文本的愉悦;(6)文明的重建;(7)对话与交融;(8)自由与反讽;(9)德行的放逐。

后现代主义从解构到建构并重塑了当今世界的新价值观:(1)反人类中心主义;(2)反科学技术决定论;(3)反理性主义——否定人是理性的动物;(4)反权威主义;(5)走向新自我主义;(6)走向文化宽容与文明对话;(7)走向世界性的生态主义;(8)走向生存美学。

显然，号召人们走向彻底的生命体验、走向生存美学、让艺术成为现实的种种形式是建构的后现代主义的核心理念，这促进了“艺术、美学与生活一体化”社会运动的形成，或者说“艺术、美学与生活一体化”的社会运动本身就是后现代文化的组成部分。20世纪60年代在西方兴起的以“猫王”“披头士”“滚石”“平克·弗洛伊德”为代表的摇滚乐运动，以美国金斯伯格的《嚎叫》、杰克·凯鲁亚克的《在路上》、塞林格的《麦田里的守望者》为代表的现代派文学运动，以及波及欧美日的新浪潮电影运动与60年代出现的后现代绘画运动的十三大流派，即大地艺术、新现实主义、波普艺术、超级写实主义、观念艺术、行为艺术、激浪派、装置艺术、新表现主义、自由具象艺术、女性主义、涂鸦艺术、新媒介艺术，等等，就是走向“艺术、美学与生活一体化”运动的种种例证。

20世纪80年代以来，以美国哈佛大学“八大智能教育理论”为中心，正在世界范围内引领一场“朝向艺术、美学与生活一体化的教育运动”。美国哈佛大学加德纳在20世纪80年代推出了“多元智能理论”，这一理论在世界教育界的广泛传播，强化并进一步促进了“艺术、美学与生活一体化”的社会运动的形成。**加德纳的多元智能理论提出人有八大智能:肢体动觉智能、音乐智能、视觉空间智能、人际智能、语言智能、逻辑数学智能、自然观察者智能、内省智能。**加德纳的重大发现使当今教育把注意的焦点指向艺术教育，因为越来越多的人开始发现，传统教育注重的是语言智能与逻辑数学智能的培养，忽视了其他六种智能的开发与培养，而被忽视的六种智能均可从艺术教育中得到较好开发和锻炼。这意味着，新一轮教育革命的突破点，应该发生在艺术教育领域。于是，世界各国教育界开始重新认识艺术教育的价值，并使艺术课程正在成为中小学的核心课程。这样，“艺术、美学与生活一体化”的教育运动作为整个社会运动的核心组成部分，就得以在全世界范围内从根部全面展开。

显然，这是一场通过“艺术与美”来人与解放社会的运动。“艺术与美”将引领人类执着地追求着自己情感生活的和谐发展、追求天地人我的整体和谐，为我们时代日益增强的潮流带来了新的世界观、新的思维方式与新的生活理想。事实上，作为“艺术本体论与审美解放论”的古典与现代的审美精神，正在渗透到我们当今的生活方式之中，使我们的建筑、电影、音乐、诗歌、小说、散文、绘画、雕塑等艺术形式，正在朝向唯美性与实用性方面发展。我们的言语、精神气质、行为、服装、风度由于渗透了古典与现代的审美精神而别具一格，更加美好。让我们把个体纳入整体投身到这场伟大的时代变革的潮流中去吧！

最后，让我把文化学者高宣扬的一段论美独白作为这里的结尾：

人生的最高价值，人类生存的真正本质，就在于它的审美性。人世间，唯有审美活动，才使日复一日的平庸生存过程和有限的语词符号，变成富有诗性魅力和充满创造性的奇幻艺术力量，带领我们永不满足地追求、超越、鉴赏和回味人生及其历史的审美蕴含，将历史从过去的牢笼中解脱出来，使它顷刻间展现成五彩缤纷的长虹，架起沟通现实与未来的桥梁，穿梭于生活世界，引导我们飞腾于人类文化与自然所交错构成的自由天地，在生命与死亡相交接的混沌地带，实现来回穿梭和洗心革面，一再获得重生，使短暂的人生重叠成富有伸缩性的多维时空，开拓了同各种可能性相对话和相遭遇的新视阈。

第二篇　对教育理论的探索

教育的“沉沦”是全世界教育的普遍问题。**当今的世界教育遗忘了“高贵的单纯与静穆的优雅”这一伟大的品格，重视科学技术而轻视情感世界与人文艺术所造成的灾难正在渐渐地呈现出来。当代学生们沉湎于互联网与电子游戏，就像是一群浮游动物，在一种寻求刺激的虚幻的世界中生活，越来越远离自然、运动、艺术、人文、亲情友情的亲密接触，越来越不喜欢阅读与接受有精神深度的教育。**家庭教育、学校教育、社会教育与自我教育共同配合造就了成堆成堆的追星族、嘻哈族、卡通族、草莓族、啃老族，花少女、花美男、新新人类等，使他们成了身体虚弱、心无定力、精神空虚、躲避崇高、打扮怪异、物质享乐、东飘西飘、精神恍惚的宅男宅女，六神无主而又歪歪倒倒地行走在大地上，被喻为“游戏的一代”。这是全世界每个国家面临的共同问题。

在我看来，成长是从人的自然属性开始的，首先要让孩子成为自由的自然人。凡是没有亲近大地、亲近自然成长起来的孩子，由于缺少阳光与大地“精、气、神”的哺育，身、心、灵的发育都不会健全，有气无力永远都难以成熟与长大。事实上，当今的信息化时代是一个风险社会，电子网络与游戏给全世界的基础教育带来了严重挑战，据美国临床心理治疗专家介绍，美国因上网与电玩成瘾的中学生占 8.7%，给家庭、学校、社会带来了很大的麻烦。在我看来，互联网的价值一半在建设一半在破坏，一半是进步一半是堕落，一半是天使一半是魔鬼，一半是光明一半是黑暗，对未成年人来说，互联网与电子游戏就是新时代的“鸦片”，学生们正在沦落成为“电子儿童”，家庭与学校稍不注意，搞得不好就会前功尽弃，毁掉孩子一生的前程与幸福。作家三毛曾在《塑料儿童》一文中，说她邀约几个台湾孩子去看海，以领略大海的自然之美，一路上他们都专注于玩自己手中的电子游戏，到了海边不为所动，“这就是海呀，回去吧，晚上 6 点半动画片要开始了”。以管窥豹，这就是这个时代城市孩子生活的普遍缩影。**显然，在一个风险社会里，规避风险的一个主要办法就是要重建人与自然的联系，人类社会正在实现由“工**

业社会”向“生态社会”的转型，教育要从“养心”开始，要回归天道、回归自然、回归传统、回归原始、回归农业社会，要倡导“生态世界观、公民、体育、音乐、文学、美术、哲学学习第一，数学、物理、化学、生物、历史、地理、英语、电脑学习第二”这种以美育为中心的教育价值观。最好小学生的学习不用电脑与上互联网，上初中以后才开始使用电脑与开设这些课程，“电脑要从娃娃抓起”这句话是错误的和不可靠的，要延缓儿童接触电子产品的时间与接触电子产品的亲密度。在这个方面，起源于德国而后遍布全世界的华德福学校做得较好，在他们的学校里，幼儿与小学生，不看电视，不学电脑，倡导在大自然里学习，重视手工、劳动、体育、艺术、身体韵律、自然观察、科学、多元文化等的学习。**由此可见，人类的教育体系要在“美是教育的本质”这个基础上，需要重新开始与重新出发。**

一、教师的三大角色

一个优秀的教师应该扮演“学科教学专家、人文学者、心理咨询师”这三大角色。要扮演好这三大角色是很不容易的，这是科学也是艺术，这是一个优秀教师应努力奋斗的境界，永远在路上。这就是教师职业的魅力。

——柯领

在我看来，**一个优秀的教师应该扮演“学科教学专家、人文学者、心理咨询师”这三大角色。教师首先要把自己塑造成一个学科教学专家，要热爱与尽可能精通所教学科的内容，并深入体验与掌握“讲课教学式、自学教学式、讨论教学式、活动教学式、实践教学式、综合教学式”这六种教学模式的优缺点，结合教学内容能灵活应用这六种教学模式的组合，以及能指导学生通过灵活掌握“听课学习式、自学学习式、讨论学习式、活动学习式、实践学习式、综合学习式”这六种学习方法的组合进行有效学习，使教学过程与学习效果达到最优化。**做到了这一点，只能算得上是一个合格的教师，若要成为一个有魅力的教师还需要更上一层楼成为一个人文学者，时常充满正义感地传播人类普世的核心价值观，比如自由、平等、博爱、普世价值与多元文化、文化起源、文艺复兴、人文精神与科学精神、浪漫主义与现实主义、古典主义与现代主义、东方文明与西方文明、自我实现、美与人生逍遥、感性与理性、自由与纪律、选择与责任、生存与超越、可持续性发展、天人合一、生态、法治、公平、正义、美、真、善、爱的思想等，要努力培养自己的世界文化的胸怀，努力培养自己的“艺术的感觉、哲学的思辨、科学的实证”这三大核心素质，至少要经常性地读三本人文方面的书：《中外艺术史》《中西哲学史》《科技发展史》。从时空大跨度的角度，为自己内在的精神世界建立一个东西方比较文化的大视野，这样才能更好地感知与体验这个丰富多彩的世界，并经常性与学生们分享这种感知与体验。最后，一个优秀的教师还应该成为一个心理咨询师。要知道健康是“身体上、心理上和社会适应三方面的完好状态”。每一个学生在成长的过程中都会时不时冒出这样那样的心理或行为问题，它们主要表现为学习问题、情感问题、道德问题、职业选择与自我实现的问题、性问题、智力问题、行为习惯问题、性格问题、合群问题、情绪问题等，要尽可能了解与掌握学生的“健康心理与变态心理”的种种可能性，要充满爱心并努力培养一种懂学生的细腻的情感，能同情与共情性地理解，并能给予学生积极的恰如其分的指导。当然，要扮演好这三大角色是很不容易的，这是科学也是艺术，这是一个优秀教师应努力奋斗的境界，永远在路上。这就是教师职业的魅力。

认识了教师的三大角色，还需要我们从宏观上系统地把握教育过程的规律：19世纪，法国“实证主义哲学”创始人孔德（1778—1857）在经过自己深思熟虑的理性概括后，提出了“个体经历三段论”的思想。他认为人的一生要经历三个阶段：爱好神话的儿童阶段—好高骛远的青年阶段—注重实证的成年阶段。这是个体心智成长的内在规律。这三个阶段是前后相继的一个整体，不能提前，也不能滞后，只能顺应。可是，我们现在的教育过早地让儿童实证化，缺少爱好神话的浪漫与好高骛远的理想主义的激情，使个体内在心智模式由于拔苗助长而处于萎缩发展的状态，从而失去了生命的内在活力与创造性。

20世纪，英国剑桥大学与美国哈佛大学“过程哲学”创始人怀特海（1861—1947）在《教育的目的》一书中，在批判过早实证化的无活力的教育的基础上，提出了“个体发展三段论”的节律性教育原理。华东师范大学的王承绪教授在《现代西方教育思想》一书里，对怀特海的节律性教育原理作了如下的介绍与评论：

怀特海认为黑格尔把发展分为正题、反题与合题的三个阶段是正确的。自然界中的一切事物的发展都有阶段性，都是由低级向高级节律式或周期式前进的过程。个体在成长过程中的发展也具有节律性这种特点。这种发展可以大致分成三个阶段，即浪漫化阶段、精确化阶段和综合应用化阶段。

所谓浪漫化阶段，怀特海认为，也就是自由探索，以激发学习热情的阶段。在这一阶段里，学生尚未建立完整的知识系统，对教材充满了新鲜感，觉得教材内部似乎包含了许多未经探索的联系性、可能性。于是他好奇、兴奋和激动，极力想理解教材中的内容，但又不知从何下手，只能漫无目的地在大量的材料中广泛涉猎。对他们来说，“这是一个发现的过程，一个适应好奇心，构成疑问，寻求答案，设想新的体验，注视新冒险带来的后果的过程。”经历这一阶段，学生积累了一定的感性体验，对教材内部的基本原理以及它们的相互关系有了初步的认识，这时就进入发展的第二阶段。

精确化阶段，也就是增长知识、技能技巧的阶段。“在传统的教育方案中，无论是小学、中学还是大学，这一阶段是唯一的学习阶段。”在这一阶段里，学生开始接受系统的、准确的知识训练，掌握指定的学业。由于浪漫化阶段的经历揭示了许多“具有广泛可能性”的观念，因此这一阶段可以更深刻地理解教材的基本原理，并用新知识对旧教材做出细致的分析。

综合应用化阶段，是运用知识发展知识的阶段。由于学生在上一阶段已掌握了确切的知识，获得了多种的能力，因此到了这一阶段，他就带着这些有利条件，“重新步入浪漫阶段的那些漫无边际的历险之中”，去发现新的事实和观念。与前一阶段相比，“这一阶段的本质，就是从比较被动地接受训练的状态中解脱出来,进入到积极运用的自由状态”。怀特海还认为,这第三个阶段之所以重要,是因为它既是准确训练的结果,又是准确训练的目的,学习的最后成就也在这时得到体现。从发展的周期过程来看,这一阶段既是前一个循环过程的终点,又是后一个循环过程的起点,标志着发展进入更高一级的周期。

整个心理发展周期也是如此。从时间上划分,怀特海认为学生大约在十三四岁前属于浪漫化阶段,14—18岁属于精确化阶段,18—22岁属于综合应用化阶段。

值得注意的是,在发展的三个阶段中,怀特海特别重视第一阶段。他指出,一定要让浪漫化阶段在儿童心理发展中自然地度过,因为没有浪漫化阶段的自由探索,后一阶段的系统学习就是空洞无力的,“儿童的天性就将拒绝消化外来的材料”,他理解概念就会遇到阻碍。“我深信,过去有那么多的失败,原因就在于没有仔细研究浪漫化阶段的应有地位。没有浪漫的历险,你充其量不过被动地吸收无活力的知识,但是最糟的是,你会轻视概念而一无所获。”反之,有了第一阶段的经历,第二阶段的学习就会比较顺利地进行。

虽然发展大致上有这么一种节律性的趋势,但是怀特海反对机械地看待他的理论。他一再告诫人们,第一,这条节律只代表中等能力的儿童,但由于各人的具体条件不同,所以心理的发展也有快有慢。第二,教育远不止这么一个周期,而是这种周期的连续不断的反复。每学期,每天,甚至每堂课,都应该构成一个个小小的周期,并且有它自己的从属过程。第三,不要过分夸大各阶段之间的界限。

既然学生的心理发展有阶段性,因此教学的安排也应符合发展的这一特性。遗憾的是,我们死守着关于发展的错误的心理学理论,即“把学生的进步看作一贯稳定前进的过程,式样一致，速度不变”，结果导致教育上呆板无力的现象产生。对此，怀特海从两个方面提出了改进的意见。

第一，学科排列的顺序要符合发展的节律性特点。过去我们总是认为学科排列应该由易到难，易必先行（如学会阅读必须先于学习原著），其实不然。在实际生活中，往往有些最难的学科必须最先学习。例如代数就比微积分先学。所以正确的学科安排的原则是：“学生应该在适合的时间，在他们达到恰当的心理发展阶段时，学习不同的学科，采用不同的方式。”以语言和科学这两门学科为例，前者早在婴儿牙牙学语的时候就进入浪漫化阶段，从十一二岁起逐步向准确化阶段过渡；在13—15岁这几年时间，学生应该集中学习语言知识。这以后，语言学习即可进入概括阶段。学生可以运用学过的语言知识，大量阅读文学作品。科学的学习则不同，它应该比语言的学习起步晚。当语言的学习进入第二个阶段时，科学的学习刚刚进入第一阶段。这时学生通过观察实验，体验科学的重要性，为进一步学习科学做好心理的准备。将近十五岁时，科学的学习才进入到精确化阶段，这时要集中一段时间学习数学以及其他自然科学知识。文科的学生这一阶段持续的时间可短些，理科的学生这一阶段可一直延续到学校教育的结束。这以后，科学的学习才进入综合应用化阶段。不仅语言和科学的学习是如此，其他的学科也应该根据节律性原理依次学习。怀特海认为这样安排学科顺序，才符合学生的心理发展规律。

第二，不同的发展阶段要采用不同的教学方法。例如，在浪漫化阶段，教师应该给儿童充分的自由，鼓励儿童去发现，去探索，去体验发现的愉快，使儿童的兴趣和好奇心充分展开，使个性得到自然发展。对于扼杀兴趣，摧残个性的旧教育，怀特海曾多次给予猛烈的抨击，指出，“该诅咒的是那些扼杀好奇心的蠢人”，“想想在这个黄金时代，常常留有填鸭式的教师的阴影，真是令人悲痛”。他甚至把那些只会剥夺学生自由和欢乐的旧学校称为“灵魂的谋杀者”。

到了第二阶段即精确化阶段，教师的职责就该是训练学生系统而准确地掌握知识。与此相适应，教学方法的特点主要是训练，而不是自由。正是在这一点上，怀特海对蒙台梭利的教学方法提出了批评。他认为蒙台梭利的方法有局限性，它虽然生动新颖，能激发兴趣，“但是它缺乏重大的准确阶段所必需的约束”。怀特海承认，训练学生掌握知识，并不是一件容易的事。一方面，在通往学问的道路上无捷径可走，需要教师一步步耐心传授知识；另一方面，这种训练又不能太严格，太严格会压抑学生的学习兴趣。解决这个矛盾，要靠教师具备高超的教学才能。怀特海不止一次地把教育称为艺术，认为应该对这门艺术进行科学研究。他指出，教师必须具备两个条件，一是要有鲜明的个性，如思维敏捷，善于创新等。有了鲜明的个性，他就能显得生气勃勃，充满热情和活力；二是他要善于创造出一种既有广博知识又有坚定目标的学习环境。怀特海还承认，在一节课中要传授很多知识，同时又不觉兴味索然，这是不可能的，训练往往要扼杀兴趣，我们的目标是尽量使这种由训练带来的不利因素减少到最低限度。他提议，最好能将准确知识的范围加以明确规定，然后以最快的速度学习并运用这些知识。他认为教师这样做就掌握了教学这门艺术，就能在最短的时间内获得最大的收益。

到了综合应用化阶段，教学方法的特点又从训练转到自由上来。不过与第一阶段相比，这一阶段的教学内容更丰富，形式更自由，对知识的理解更深刻，知识的运用也更为自如。总之，在怀特海看来，从教学方法的角度看发展的节律性，实际上就是“找到自由和训练之间的确切平衡”。自由和训练，不是对立的，而是统一的，教育从自由开始，经过训练，又走向更高层次的自由。

历史上很多教育家探讨过儿童心理发展的问题。与前人相比，怀特海的这一理论特色在于：第一，他强调心理发展具有周期性、节律性的特点，认为发展就是各种大小不一的周期不断循环往复、内容更新的过程，这在教育史上还无先例，显然他对这个问题的分析较前人辩证，更能体现出一种运动和变化的思想。第二，怀特海不仅提出了发展的节律性原理，而且将这一理论与其他一些教育问题如学科排列的顺序、教学方法的选择等联系了起来，这样就较为妥善地处理了教师与学生、自由和训练、教材的逻辑结构与学生的心理结构等对立关系，避免了一些教育家常常要犯的各执一端的错误。

21世纪初，我经过自己的生命体验与理性研究后，提出了“个体成长三段论”的思想。我把个体成长划分为本能化成长阶段、审美化成长阶段、理智化成长阶段这样三个前后相继的发展阶段。它们可展开为如下的成长结构：

（一）个体成长的第一阶段（0—3岁）：本能化成长阶段——本能情感与动作把握的优势成长阶段。

（二）个体成长的第二阶段（4—11岁）：审美化成长阶段——审美情感与形象把握的优势成长阶段。

（三）个体成长的第三阶段（12—18岁）：理智化成长阶段——理智情感与逻辑把握的优势成长阶段。

关于以上成长结构的展开，我在2011年出版的《追问教育的本质》一书里已作了详细的论述。这里，我只是希望大家把孔德提出的“个体经历三段论”的思想、怀特海提出的“个体发展三段论”的思想与我提出的“个体成长三段论”的思想结合起来形成自己关于人的内在成长规律的认识，以使我们由内而外地从宏观到微观建立起最优化教育过程的信念，从而走向更有效的教育实践。

事实上，孔德提出的“个体经历三段论”的思想，怀特海提出的“个体发展三段论”的思想是个体心智成长与教育发展的普遍规律，与我提出的“个体成长三段论”的思想是完全一致的，符合人的身心成长的内在节奏，应作为普遍教育规律的模式来加以推广，并作为评判个体心智成长与教育的发展是否科学的理论模型。为了把这一理论模型建立在符合生理科学与心理科学的基础上，我们还需要进一步了解大脑的功能及其开发大脑功能的普遍教育规律。

人的所有行动和思想的最高统治者是自身的大脑。自从16世纪笛卡尔提出“心是一个，大脑为何是两个”这一问题以来，世界各国专家对大脑的研究始终没有停止过，提出了许多的理论和假说。其中，20世纪50年代，美国加利福尼亚技术研究院R.W.斯佩里博士和他的学生龙·迈尔斯通过对大量裂脑人的研究，揭示了大脑两半球功能的不对称性和左右半球的许多高级功能。斯佩里为此获得了1981年诺贝尔医学和生理学奖。实验研究发现了人脑左右半球具有两个相对独立的意识活动。他们发现，大脑每一半球都有其自己独立的意识思想链和自己的记忆。更重要的是，他们发现大脑两半球基本上是以不同的方式进行思维的，左脑倾向于用语词进行思维，右脑则倾向于以感觉形象直接思维。“大脑两半球具有一种合作关系，即左脑负责语言和逻辑思维，而右脑则做一些难以换成词语的工作，通过表象代替语言来思维。”具体来说，左脑主管抽象思维，同抽象思维、象征性关系和对细节的逻辑分析有关，具有时间、记忆、言语、数学、计算、排列、分类、逻辑、分析、阅读、书写的能力，具有有序性、连续性与分析性三大特点；右脑主管形象思维，与知觉和空间判断有关，具有空间、直觉、情感、态度、身体协调、视知觉、艺术、节奏、音乐、图形、想象的能力，具有无序性、跳跃性和直觉性三大特点。但实验也表明，左右脑的机能也不是绝对的。如左右脑都有语言功能和指挥人类语言表达（听、说、读、写）的言语中枢，但左脑主要负责言语的语法、语义和言语的逻辑性，而右脑有着语言的情感、情调和语言的节奏感功能。就人类的情感而言，左脑主要是负责情感的控制，右脑主要是负责情感的表达。而左右侧大脑的功能关系是：各司其职、优势互补、相辅相成的统一整体。正常人的心理活动、心理行为是左右大脑皮层的相关中枢经过协调、整合，最后集中产生的一个高级思维指令下的一个心理活动和一种心理行为。**根据我的观察与研究，人类的历史是一部由感性到理性再到生态性（感性与理性的平衡）的发展史。个体的成长要重演人类的由感性到理性再到生态性的成长过程。就人的成长而言，大脑两半球功能的生长发育是不对称的，重感性的右脑功能成长在先，重理性的左脑功能成长在后。也就是说，主情商的右脑功能成长在先，主智商的左脑功能成长在后；主形象思维的右脑成长在先，主逻辑思维的左脑成长在后。大脑功能的生长发育过程是一个从右脑成长中心到左脑成长中心与全脑整合的阶梯式的发展过程。成长是从右脑开始的，人在 12 岁以前，侧重的是右脑功能的生长发育，从 12 岁到 18 岁侧重的是左脑功能的生长发育与全脑功能的全面整合。这就是个体身心成长的内在节奏，我们不能颠倒这个秩序，只能顺应这个秩序，就像春、夏、秋、冬展开的秩序一样。**但令人痛心的是，我们当今的教育，侧重是重理性、重科学、重智商开发的左脑型教育，在社会生存竞争的压力下，以教育人们“学会工作”为目的，过早地让孩子在 12 岁以前接受太多的知识灌输与逻辑思维训练，抑制了形象思维与情商的生长发育，使右脑神经细胞由于缺少外在的形象化物象的刺激而全面萎缩，从而失去了想象力、失去了生命激情与创造性、失去了生活的丰富与生命的尽性。现在该是彻底改变这种困难局面的时候了。我们应该立足于全脑型教育的世界观，以教育人们“首先学会生活，然后学会工作”为目的，把作用于情商开发的右脑型教育与作用于智商开发的左脑型教育充分协调起来，按大脑成长是由“感性到理性再到生态性”的内在规律去制定教育方针、设计教育内容与运用教育方法，从而实现教育过程与教育效果的最优化。

现在，中国的基础教育与全世界的基础教育，都要改变目前从近代以来形成的“笛卡尔—牛顿机械时空观”主导下制定的以“语文、数学、科学”这三门主课为核心（即以“读、写、算”为中心）的课程体系，而走向二十一世纪的东西方智慧结合的“系统生态时空观”主导下制定的以“生态世界观（自然生态、文化生态、道德生态）、公民、体育、艺术（音乐、文学、美术）、数学、科学”这六门主课为核心的课程体系，也就是要走向“生态人文科学主义”的课程体系，努力培养学生“艺术的感觉、哲学的思辨、科学的实证”这三大核心素质，从而实现全世界基础教育课概念的重建。

二、教育本质的新视角：对当代教育本质学说的批判与超越

只有真正把握了教育的本质，才能建立起符合教育客观规律的教育学体系。只有顺应了客观规律的教育学体系，才能高质量地造就国家的建设人才，更好地促进生态文明、精神文明与物质文明的建设。

——柯领

提要：本文在批判当代教育本质的五大学说的基础上，鲜明地提出了“美是教育的本质”——也就是培养美的、高尚的心灵才是教育的本质。作为教育本质与教育最高价值的美的教育具有世界性的战略意义：对人类摆脱地球的生态危机、国家的国民素质危机与个人的无意义生活之痛苦的精神危机，具有最佳的促进效果；作为教育本质与教育最高价值的美的教育具有教育的思想性、整体性与创造性：美的教育是塑造人的灵魂的教育，美对人格结构的建构与智能结构的建构起定向、调节与整合作用，一个人的审美层次决定他的人格结构与智能结构及其创造性才能的发展水平，美的教育是通过审美价值来形成道德价值、认识价值与信仰价值的教育，美的教育是培养人的创造精神与创造性人格及其创造能力的教育；作为教育本质与教育最高价值的美的教育具有教育的可操作性：美的教育是一种情感教育、价值观的教育及其创造性的教育，教育内容的五育结构应该是“美、德、智、体、劳”的有序结构才符合教育发展的客观规律。

（一）当代教育理论界对教育本质的认识

“教育本质”的概念，是在苏联与中国的教育学著作里明确提出来并作为重点讨论的概念。教育本质是教育研究中最根本的经典命题。教育的本质实质上是对“教育是什么”的终极关怀。对教育本质的探索是全世界教育界的一道难题，也是最重要的一道难题。欧美因为是重视个人主义的国家，对教育的探索往往重视个性而忽视共性，苏联与中国是重视集体主义的国家，往往是重视共性而忽视个性。

教育的本质是对教育共性问题的探索，对教育本质的探索有极其重大的理论意义与实践意义。从教育的理论意义上说：只有真正把握了教育的本质，才能建立起符合教育客观规律的教育学体系；只有顺应了客观规律的教育学体系，才能高质量地造就国家的建设人才，更好地促进生态文明、精神文明与物质文明的建设。从教育的实践意义上说：只有真正把握了教育的本质，才能树立正确的教育观念，综观全局、胸有成竹地以不变的教育信念去指导万变的教育实践，从而取得最佳的教育效果。

教育的科学化，首先应该确定教育的逻辑起点是什么？正是因为当代中国的教育缺少对教育本质的深刻认识，教育的逻辑起点是片面的、盲目的，理论上的片面性与盲目性，导致了实践中的片面性与盲目性，使教育实践多次失误，从一个极端走向另一个极端，内耗了巨大的人力、物力、财力，其教育效果仍然很差。

对教育方针与教育政策的制定者来说，不明白教育的本质，导致了用“德、智、体”全面发展的教育方针代替了“德、智、体、美、劳”的全面发展的教育方针，连基本的素质要素都不健全；对教师来说，不明白教育的本质，导致了注重填鸭式的灌输知识的教学风格与题海战术，把学生们培养成了接受知识的容器与解书面练习题的能手，失去了个性与创造性；对家长来说，不明白教育的本质，导致了家长除了关心孩子的学习成绩外，就不知道还应关心孩子的其他什么了，以应试教育为中心的片面重视智育的超负荷的解题训练与家庭作业占去了大量的时间，使渴望美的心灵得不到艺术的滋润，渴望动的肉体得不到运动与玩耍的哺育，渴望独立、探索与冒险的精神受到了家长无情的压制，久而久之精神就萎缩了，再加上社会上世俗文化的影响，就会走向厌学、走向功利、走上享乐主义的人生道路。

可见，教育的本质对教育的理论与教育的实践起着决定性的导向作用。正是因为教育的本质，有如此巨大的理论意义与实践意义，才使教育的本质问题成了教育研究的核心问题，激励了许多教育专家长期坚持不懈地探索，以期望揭开教育本质的秘密。

我们可以把当代教育理论界对教育本质的认识大致概括为五大学说：①教育的本质是上层建筑说；②教育的本质是生产力说；③教育的本质是多质说；④教育的本质是关系说；⑤教育的本质是培养人的社会活动说。

1. 教育的本质是上层建筑说

这种观点被称为传统派的本质观。持这种观点的理论根据是：历史唯物主义的社会存在决定社会意识论。在社会存在中，生产关系是社会生活中最基本和最原始的关系，它对整个社会生活，特别是社会意识具有制约作用。教育属于精神生活，它是受经济基础决定的，这个决定表现在：经济关系和性质决定了教育的性质，经济关系发展变化，决定了教育的发展变化。人类社会经历了五种不同的经济形态，与此相适应的就有五种不同性质的上层建筑以及由上层建筑决定的教育模式，因而，教育是社会上层建筑。教育的目的是教育工作的出发点与归宿，它在整个教育体系中具有核心的作用，它对教育内容、方法与组织形式具有制约作用，而教育目的无不受一定的经济制度和政治制度的制约，教育目的能集中体现出一定社会占据统治地位的阶级利益和意志，由此看，教育是属于上层建筑。

2. 教育的本质是生产力说

这种观点被称为现代派的本质观。持这种观念的理论根据是“教育会生产劳动能力”（马克思语），教育是劳动力再生产的必由途径，尤其是建立在科学技术基础上的现代生产，更必须通过教育，才能把科学技术这种潜在生产力“智化”为劳动者所有，转化成现实的生产力。从教育实践来看，不仅教育事业发展的规模、速度、教学内容、手段、方法和组织形式的发展与更新，要受生产力的制约，就是教育的目的、教育思想也要受生产力的发展所决定，所以，教育的本质是生产力。

3. 教育的本质是多质说

这种观点被称为折中派的本质观。所谓多质论，就是认为教育是一种复杂的社会现象，教育本质也应是多质的，多层次的。教育的本质是社会性、阶级性、科学性、艺术性等各种属性的统一，不好将一种属性看作本质，因此，不应把教育的本质简单归纳为上层建筑或生产力。

4. 教育的本质是关系说

长时间作为全国高等师范学院统编教材的南京师范大学教育系主编的《教育学》中指出：“我们把狭义的教育定义为：‘教育者按照一定的社会要求向受教育者的身心施加有目的、有计划、有组织的影响，以使受教育者发生预期变化的活动’。上述定义反映了包含在教育过程之中的几种要素：教育者、受教育者、教育影响；也反映了这几种要素之间的联系，以及由它们所构成的特殊矛盾运动。因此，它也就是教育（狭义）的本质。”

5. 教育的本质是培养人的社会活动说

这种观点是从教育自身的规定性立论的，认为教育的本质应当是有目的、有计划、有方法地培养人的社会活动，而不是硬要把教育归属于上层建筑或生产力的范畴之中去。

我认为这五大学说在解释教育本质的问题上是片面的、空洞的，它基本上不能为我们正确认识教育问题与解决教育存在的问题提供任何有益的帮助，却相反，只能把教育导向混乱与贫困。片面的地方就在于这五大学说中一、二是从教育外在的政治功能与经济功能来阐述教育的本质；三是从教育的外在属性上来阐述教育的本质；四是从教育的构成要素上来阐述教育的本质；五是从教育的普通定义上来阐述教育的本质。

这五大学说并没有真正揭示出教育的本质，所以只能把教育导向混乱，引向功利主义：当社会重视政治建设的时候，教育就成了传播政治信条的阵地，政治运动无情地冲击教育系统，我们曾有过痛苦的教训，动荡年代中政治冲击教育，导致了“读书无用论”，使许多青少年失去了学习与健康成长的机会，人才资源的枯竭造成了国家、社会及个人的巨大损失；当社会重视经济建设的时候，教育又成了传授实用知识与实用技术的土壤，无灵魂的实用知识与实用技术的教育同急功近利的经济浪潮相结合，又产生了一切向钱看的新的“读书无用论”，流行音乐、经商热、社交热抑制了读书热成了校园文化，躲避崇高的染色头、追星族、玩家成了时代弄潮儿的象征，许多学生放弃了认真读书与刻苦钻研科学知识的精神，其结果又只能是新的“读书无用论”的受害者，又将会使国家、社会与个人蒙受巨大的损失。

我认为教育应该有自己的个性，有自己的独立的发展规律，我们只能顺应教育的客观规律，才能取得教育最大的育人效益、社会效益与经济效益。就教育来说，国家、社会、个人确实可以从中获得很大的利益，但这终归是作为教育的结果而自然形成的。利益不是教育的目的，而只是教育的结果。

教育应该是在一个永恒价值观念主导下的培养人的伟大实践：教育的最高目的绝不是对任何功利主义的灌输，而是顺应人性的对美、真、善的唤醒；人类文明与进步阶梯的教育阵地应该永远是人类文化的传播中心，唯美主义与理想主义的训练中心、勇敢探索真理的批判与创造的学术中心；教育不仅要满足个人与社会的需要，而且更重要的是教育要高高举起弘扬美、真、善的理想主义的旗帜，用全人类优秀文化的价值来提高个人与社会的需要，以促进个人、社会、国家向更高层次、更文明、更完善的方向发展。

教育应以探索人的幸福作为出发点，通过教育的探索，使人理解人生的意义和目的，找到自己的位置，从而确定自己的生活、工作、学习方式，走向自我实现与社会实现。

为了能够认识教育的个性与教育的永恒价值，使教育成为一种探索，而不是一个固定功利模式的灌输，我们就需要再一次认识教育的本质。

（二）对教育本质的新认识

我之所以要批判当代教育本质的五大学说，是因为这五大学说都是“盲人摸象”，犯了认识论与方法论的错误。教育的本质不是一种外在功能，不是教育的外在属性与定义，而是一种内在的结构，对教育本质的探索应该回到教育本身、回到对教育内在结构的剖析上，只有这样才能认识清楚教育的本质。

本质是什么？本质就是事物存在与发展的根本属性，是事物存在与发展的出发点。

教育的本质就是教育存在与发展的根本属性，是教育存在与发展的出发点。

遵循教育本质是教育内在结构的方向，让我们从分析一个大家所公认的教育命题入手来揭示教育的本质。

●命题：教育是培养人的社会活动。

●推理：教育是培养人的心理与行为的社会活动。

心理决定行为，所以心理比行为更根本。

心理活动由两大部分组成：意向活动（情意活动）和认识活动

意向活动包括：需求、情感、意志、理想、信念、价值观

认识活动包括：注意、感知觉、记忆、思维

意向即人的意愿所向，它是人活动的动机部分，也是人活动的动力所在。在心理活动中，意向活动是第一性的、居核心支配地位、起主导作用的心理活动。

认识活动是在意向活动主导下的认识活动，意向活动是在认识活动指引下的意向活动。所以，意向活动比认识活动更根本。

在意向活动中，需求是心理活动的本体，是有机体向外扩张的一种生理要求与心理要求，是一种生存的本能与发展的潜能，需求以及需求是否得到满足而产生情感，情感内化就形成价值观，情感活动是起主导作用的活动，是控制人的心理活动与行为实践的动力结构，情感决定意志、理想、信念与价值观的方向，决定认识活动的深浅程度，决定行动的方向与大小。

在情感活动中最基本的社会情感就是审美情感：因为爱美是人类的共同本性，只有美的价值才是社会永恒的共同价值，只有建立在共同人性基础上的审美价值，才能使人们产生普遍的审美共鸣，形成一致的认同感；美是价值的本质，美的价值构成价值体系的根部，是各种价值相互渗透的中心，所有价值从某方面说都是审美价值；美的价值是评价社会一切价值的标准，是社会最基础的价值体系，所以，建立在审美价值基础上的审美情感就是最基本的社会情感。

审美情感是由人的审美需要通过心灵对客体的审美共鸣而产生的情感。审美情感是人所特有的本性，是人区别于动物的根本特征，也就是说，审美情感是人摆脱动物性的根本出发点，是人走向理性、走向精神

生活、走向创造性实践的逻辑起点。

●结论：因此，教育是以培养人的审美情感为核心的社会活动。

由此可见,审美情感的教育在教育中具有核心的地位与本质的特征。所以，健康审美情感的教育就应该是教育存在与发展的出发点，这就是教育的本质，换句话说，美是教育的本质——也就是培养美的、高尚的心灵才是教育的本质。正如美学家李泽厚说："美的本质是人的本质最完满的展现，美的哲学是人的哲学的最高级的峰巅。"①

美是人的自然属性与社会属性、人的感性与理性、人的现实性与超越性相统一的中介。

因此，我们有理由相信：美是人的本质与教育本质及其人类文化本质的最完美的展现。

美是世界的最高价值，文明的目的就是为了创造美。

美既是走向真与善的基础又是真与善的和谐统一，只有通过美才能进入真与善的结构。

美是什么？美是和谐、是崇高、是主观与客观的统一。美是一种形式，也是一种价值，更是一种生命的体验；美是创造的源泉，也是人生的最高境界。

真是什么？真是人们对客观事物的本质及其规律的认识与把握，是主观与客观的相符。真是科学的美。

善是什么？善是一种利他的行为意识与行为实践。善是道德的美。

人有美真善与丑假恶的两面，美是引导人抑制丑假恶走向真与善的伟大道路。美真善构成了人类健康的精神世界，是健全理智与完整人性的象征，所以，作为生命最高价值的人的最高使命就是永远追求合目的性的美与合规律性的真以及合完美性的善的和谐统一。

因此，**教育的出发点应该是把美、真、善的价值与美、真、善的方法，通过训练与实践逐渐内化为人们稳固的心态习惯，这种稳定的使人**

---

①李泽厚著：《批判哲学的批判》，安徽文艺出版社 1994 年版，第 473 页。

高贵的情感体验模式是使人作为人能最大程度发挥其功能的核心品质。

作为教育本质与教育最高价值的美的教育具有教育的价值定向功能与教育的价值创造功能。作为教育本质与教育最高价值的美的教育具有教育的思想性、整体性与可操作性的特点。

1. 作为教育本质与教育最高价值的美的教育具有世界性的战略意义

美的教育作为教育的灵魂统率全局，作为教育设计与教育实践的出发点，对人类摆脱地球的生态危机，国家的国民素质危机与个人无意义生活之痛苦的精神危机，具有最佳的促进效果。

(1) 地球的生态危机是人类对科学技术非人道化应用的结果。现在世界上随着人口的增加，工农业的发展，人类活动的加剧，大气质量越来越变坏。目前，世界环境存在着许多严重的问题。如臭氧层破坏、温室效应和酸雨。臭氧层破坏将使人类失去头上的保护层，直接暴晒于烈日之下，使地球上的生物受到严重创伤，皮肤癌猛增，甚至有人预言，臭氧层减少到五分之一时，将是地球生物死亡的临界点；温室效应使地球气候变暖，南北两极的冰雪融化，台风、热浪与洪水将使全球百分之七十的城市沉入海底；酸雨使森林岌岌可危，使道路桥梁腐败，土地干枯，粮食颗粒无收。

20 世纪是环境破坏的世纪，是我们人类自己在破坏我们生存的环境，21 世纪面临的上述三大环境问题，将严重损害人类的生存状态，人类从来没有像今天这样生活在一个危机四伏的环境当中。

解决地球生态危机的出路在哪里？我认为出路就在于使全世界的人民明白：自然是有生命的整体存在，人与自然的关系是相生相克的关系，处理好相行克关系的唯一原则就是“双赢原则”，从而团结并积极行动起来，在“双赢原则”的主导下把美的教育同法制相结合，由以人为中心的，征服自然的机械时空观转向为以自然价值观为中心的、与“天地人”和谐相处的、东西方智慧结合的系统生态时空观，建立人类生态的生活方式，执着地奔向自然生态与文化生态的艺术化生存的太阳能时代。

2. 国家的危机有文化、政治、经济、军事、交通、人口、资源、污染等多种表现形式，但是，如果我们透过现象看本质，其核心的危机主要就是无灵魂的教育造成的人的素质的危机，人是危机的总根源。当代的厌学、唯利是图、享乐主义、封建迷信、不道德、犯罪、吸毒、艾滋病等美感错位的不健康的现象呈上升的趋势，向我们的教育提出了严峻的挑战并敲响了走向毁灭的警钟，人类需要再一次反思自己的教育思想与教育实践，重新回到教育的本质，找到正确的突破口，从认识问题、分析问题与解决问题入手，以审美教育为中心，通过改革教育，用以自然为本的美育型的教育模式来培养具有生态世界观与和谐发展而又有创造能力的人，以摆脱当代无灵魂的教育所造成的人的素质的危机，我们要永远记住：美感错位的不健康的现象，只有通过美感正位的健康的教育，才能根本纠正，而这需要从儿童教育开始。

人类的知识从功能上划分，大致可分为三大类型：第一类是塑造我们灵魂的知识（价值形态的知识）。如艺术、哲学、美学、道德伦理、宗教等；第二类是放大我们手脚的知识（工具形态的知识）。如科学、技术、工艺技能等；第三类是扩展我们视野的知识（事实形态的知识）。如：一般常识、历史、地理、风土民俗等。这种三位一体的知识结构可以形象地比喻为一棵树，那么，价值形态的知识就是它的根、工具形态的知识就是它的干与枝、事实形态的知识就是它的叶，根深、干粗、叶茂才是健康成长的象征。这就是完整教育的知识结构模型，是我们进行教育设计、教育实施与教育测评的理论根据与判断标准，由此我们可以对 20 世纪的世界教育进行一番富有说服力的理智的批评并为 21 世纪的世界教育实践指明一个正确前进的方向。

20 世纪全世界的教育在“实用主义”与“经济中心主义”的主导

下都片面地重视了第二类与第三类知识的教育，而轻视了第一类知识的教育，轻视人文精神的教育使人变成了单向度的缺少人情味的人，手脚放大了，可充满批判意识的唯美主义与理想主义的价值判断丧失了，人投机取巧、追名逐利地无根本的工具般地活着，沦落成了在人生的道路上歪歪倒倒的没有精神家园来回不安游荡的、无本质的痛苦的存在。试想一下，一个缺少审美价值判断、缺少灵魂与健康价值观、缺少人道主义思想、没有健全理智的人，能够创造性地掌握现代科学技术吗？能够驾驭现代科学技术为人类造福吗？回答当然是否定的。人类探索精神世界与物质世界的经验表明：科学研究的最高使命就是从混沌与杂成中整理出秩序和规律；科学研究必须要在哲学与艺术之间保持必要的张力，才能更好向前发展；头脑只有借助对科学、艺术、哲学的思考，才能趋于完善；只有完善头脑的人，才能更好综合多元知识的优势、对准问题、胸怀全局、放眼局部地探索规律的世界；只有完善头脑的人，才能建设一个完美的世界。

当前中国教育改革的大趋势是，由重视分数的应试教育真正转向为重视美、德、智、体、劳全面发展的素质教育，有诸多的迹象表明，有识之士已充分认识到：素质教育应该以审美教育为中心，从审美情感教育入手，以点、面、体的建构方式，通过审美素质的提高来带动其他素质的全面提高，这是提高中华民族整体素质的唯一正确的道路，也是提高全世界各民族整体素质的唯一正确的道路。

3. 个人的危机其实质就是精神的危机，集中表现为无意义生活之痛苦的生存危机。我们时代的根本疾患是价值的沦丧，这种危险状况比历史上任何时候都严重，关于这种状况存在着各种各样的描述，如颓废、道德沉沦、抑郁、失落、空虚、绝望、缺乏值得信仰和值得为之奉献的东西等，物极必反，危机的尽头就预示着改变危机的新时代的来临——世界正面临文化价值观与文化形态及其文化实践的转型，我们人类完全可以通过自己的努力来改变这种价值沦丧的局面，重新确立永恒的能够值得依赖的美、真、善的价值体系，并努力把它扩展成各方面的价值实践。为此，我们需要了解人与社会互动的生存哲学。

人的成长过程同人类的成长过程一样，是一个不断尝试失败而选择成功的过程。一个人的一生有两次诞生：一次是肉体的诞生，一次是精神的诞生，而自我意识的产生则是精神诞生的标志。精神是一个人的灵魂，是在人心中灌注生气与活力的情感动力，精神不是一种静态的实体，而是一个动态的结构，它产生于一系列的尝试失败与尝试成功的选择之中，它与人格的建构是一致的，遵循“自由—选择—责任”的建构辩证法。精神的根本意义就在于，它需要通过驾驭理想来把握现实，需要通过驾驭目标来把握未来，需要通过驾驭简单来把握复杂，需要通过驾驭有限来把握无限，需要通过驾驭信仰来把握永恒，这是稳定而积极生活的基础，也是人作为人能主动选择未来并出自内心积极承担责任的最完美的生存哲学。

由此可见，理想、目标、信仰是精神的核心，而美的教育就是从审美情感教育入手，以塑造人的灵魂的教育：审美情感教育在美、真、善价值的主导下鼓励人们以审美的眼光来面对人生，鼓励人们独立思考、大胆探索与勇于创新，鼓励人们通过尝试失败与尝试成功的选择来发现生活的意义，充满想象力地建构自己的理想、目标与信仰，以塑造自己的灵魂，由生物体进化成智力体与精神体，从而胸怀理想、充满希望地去求生存与求发展，以摆脱无意义生活之痛苦的精神危机。

由上论述，我们可以清晰地看到：教育肩负着立人之本与立国之本的使命，教育必须要顺应人的本质，以审美教育为中心，通过美来塑造人们做人与做事的本质力量并提升人的层次，才能最大程度开发人的创造潜能。只有立足于全面提高人的素质并同法制有机结构，才能综观全局、标本兼顾地实现对文化、政治、经济、环境、人口、社会秩序的有效控制。总之，审美的育人立足点就是教育中与社会动态发展控制中的阿基米德的力的支点。

（二）作为教育本质与教育最高价值的美的教育具有教育的思想性、整体性与创造性

教育的核心问题就是培养人的主体能动性的问题，也就是培养人的自主性、能动性与创造性的问题。人类尝试失败与尝试成功的教育经验表明：只有以审美教育为中心的教育结构，才能充分调动人的主观能动性，最大程度开发人的自主性、能动性与创造性。

美的教育是塑造人的灵魂的教育，美对人格结构的建构与智能结构的建构起定向、调节与整合作用，一个人的审美层次决定他的人格结构与智能结构及其创造性才能的发展水平。

(1) 美的教育是通过审美价值来形成道德价值的教育。审美教育的重要功能之一就是培养公民的道德价值。法的关系通过法典为个人规定严格确定的行为准则，破坏这些准则就会受到国家政权的惩罚，道德关系通过行为的规范和准则把个人同社会整体联系起来，这些规范与准则不强加于人，但是受内心的道德价值约束与社会舆论的监视。

实践证明：通过审美价值促进道德价值的形成，培养出某种程度的自觉定向是道德教育的最有效途径之一。个人接受社会环境中关于自然美、社会美、艺术美、科学美与哲学美的审美价值，使他对美与丑、真与假、善与恶、崇高与卑下、悲和喜等有一个正确的感知和体验，形成审美判断。当他在生活中遇到美、真、善的东西就获得审美愉快，由衷地表现出欣赏与支持；遇到丑、假、恶的东西就表现出痛苦与愤怒，进而出自内心地自觉抵抗。所以，高尔基说“美学是未来的伦理学”。

这就是以美助德的教育原理。

2. 美的教育是通过审美价值来形成认识价值与信仰价值的教育。美的教育是一种立足于培养人的审美鉴赏力的教育：美教会人们对待自己的民族文化，该发扬什么，该遗弃什么；教会人们对待世界文化，该

拿来什么、该回避什么；教会人们在这个丰富多彩的价值世界里，如何学会选择、学会学习、学会创造、学会关心、学会生存、进而学会艺术化的生活。

美的教育是一种情感教育与价值观的教育。情感是需求以及需求是否得到满足而产生的主观心理体验，是人心理活动与行为实践的动力系统，情感是一个有层次的动态结构，可分为本能情感、审美情感与理智情感。人的情感的发生与成长的过程是一个由本能情感到审美情感再到理智情感的建构过程。

本能情感是由生理的需要与安全的需要以及生理的需要与安全的需要是否得到满足而产生的情感。如：食欲，性欲，睡欲，趋利避害，原始的喜、怒、哀、乐、悲、恐、惊的情绪等。

审美情感是由人的审美需要通过心灵对客体的审美共鸣而产生的情感:审美需要得到满足而产生积极的审美情感体验，如愉快感、优美感、崇高感等；审美需要得不到满足而产生消极的情感体验，如痛苦感、悲哀感、愤怒感等。

理智情感是人的认识与追求美、真、善的需要是否得到满足而产生的情感：认识与追求美、真、善的需要得到满足而产生积极的审美情感体验，进而内化为积极的理智情感。如认同感、求知欲、认识兴趣、追求真理的情感、道德情感、利他主义的情感、爱的情感、创造情感、光荣感、责任感、自信感、积极的理想、希望、信念等;认识与追求美、真、善的需要得不到满足而产生的消极的情感体验，进而内化为消极的理智情感。如厌恶感、厌学感、冷漠感、缺德情感、逃避感、恨的情感、自卑感、消极的理想、希望、信念等。

本能情感是人与动物都共同拥有的低级情感，审美情感与理智情感是人所独有的高级情感，而积极的审美情感则是走向积极的理智情感与积极的理智行动的动力基础，总之，只有通过审美才能走向理智。

有了对情感结构的全面分析，升华了我们对情感的认识与把握，从而使我们能够高瞻远瞩、坚定不移地更主动、更有效地利用情感教育来为提高教育质量与教育效益服务,以实现教育过程与教育效果的最优化。

情感是主体认识与行动的动力，主体的任何活动都伴随着一定的情感，情感活动主导认识活动与实践活动，情感活动的强弱，决定认识活动的深浅程度，决定实践活动的方向与大小，因此，我们可以通过以美育为中心的教育结构，以审美情感教育入手，以美育美（美育）、以美助德（德育）、以美启智（智育）、以美健体（体育）、以美促劳（劳育）来充满美的活力最高层次地促进人格结构的建构与智能结构的建构及其创造性才能的开发，从而取得教育最大的育人效益、社会效益与经济效益。

这就是通过审美价值来形成认识价值的教育原理。

美育、德育与宗教的最高价值就在于建立人类超越个人功利的崇高信仰。信仰就是在人们心灵深处产生的恒定不变的内心信念，信仰是人的精神支柱，是一种审美的价值判断，是人生摆脱精神空虚、走向幸福生活的出发点和归宿，是具有无限自我意识的有限自我对人生与宇宙的一种把握方式。共同的信仰则是民族、阶级与社会群体相互联系的纽带和凝聚力。信仰是人类自我意识的产物，是伴随意识觉醒和认识发展而出现的观念形态，体现了人类对自我和环境的理解与直觉体验，并影响和制约着人类的感情、意志和生活方式。

美、真、善是人类终极关怀的最高价值，理应构成人类的共同信仰。

没有信仰的人，一定缺少审美价值判断，心理是一种不稳定的、消极的被动状态，很容易被环境所左右，从而走向功利、走向投机取巧、走向享乐主义的人生道路。

有信仰的人，信仰确定方向，有明确的审美价值判断，会产生一种以不变应万变的内心信念，心理是一种稳定的、积极的主动状态。

信仰是人类的一种精神需要，人生需要信仰、社会需要信仰、世界需要信仰。对美、真、善的共同信仰，把个人同社会、国家与全球结合成了一个有机的整体。

人类走向健康的信仰主要有三条道路：

（1）由美育模式走向信仰：受自然美、社会美与艺术美的崇高形象的启示而走向对美、真、善的信仰。

（2）由理性模式走向信仰：受人生哲学、科学、道德伦理、政治信条的启示而走向对美、真、善的信仰。如对“人生即选择”的信仰、科学信仰、伦理道德信仰、绿色和平信仰等。

（3）由宗教模式走向信仰：受“神”“佛”“天道”“真主”的启示而走向对美、真、善的信仰。

信仰不是强制的、给予的，而是发现的，是由心灵的审美共鸣，经长久的审美内化而形成的审美价值判断。一个人一旦在心灵深处形成了关于美、真、善的审美价值判断，并把这种审美价值判断用于指导自己的认识与行动，使认识与行动受美、真、善价值的约束与支配，这就标志着这个人有了信仰的生活。经验告诉我们：没有对美、真、善的崇高信仰，就没有真正的道德。

这就是通过审美价值来形成信仰价值的教育原理。

3. 美的教育是培养人的创造精神与创造性人格及其创造能力的教育。美的教育决定人的审美价值定向并同时发展人的审美创造能力。从积极意义看，人对世界的关系永远是一种审美的关系，人与世界的审美关系永远是一种创造的关系，借助对自然美、社会美、艺术美、科学美与哲学美的理解与欣赏，在审美体验中人的所有基本的精神能力——感觉、情感、意志、理智和想象都在审美共鸣的交织中最充分地调动起来，通过审美的途径，把外在的美的精神力量转化为个人内在的情感与理智的精神力量，这些精神力量在各种建设性的创造领域里是必不可少的。

审美情感是一种意欲向前要求为其根本精神的心理动力，它鼓励人们冲破结构性的生存，追求变化、多样与创新，追求动态平衡的生活、工作、学习方式，走向对未来勇往直前的创造性的探索。

审美教育能超越功利形成审美人格，由审美人格到创造性人格再到创造性的精神向物质的转化，这是开发人类创造潜能的最佳途径。人格由低层次向高层次发展大致可分为功利人格、审美人格与创造性人格三种类型：功利人格追求的是物质利益第一、精神利益第二；审美人格追求的是精神利益第一、物质利益第二。审美人格可以走向创造，功利人格也可以走向创造，但是，功利人格立足的是求生存而创造，以满足自己生理的需要与安全的需要为主，审美人格立足的是求发展而创造，以满足自己审美的需要与自我实现的需要为主，其创造的层次及其创造的数量与质量都会远远高于功利人格的创造。因此，由审美人格到创造性人格再到创造性的精神向物质的转化，这是开发人类创造潜能的最佳途径，也是提高人类生活质量与生活水平的最佳途径。

审美教育有助于培养人们的形象思维能力与创造思维能力。审美教育是一种激发人们美感潜力的教育。美感具有直觉性与整合性的特点：美感的直觉性表现为对事物进行形象的、综合的、整体的把握，美感直觉性强的人悟性好，就比一般人更善于从司空见惯的现象中洞见事物的本质，从分散的现象中去把握事物整体的内在联系，从特殊的现象中去发现普遍的规律。人类的科学发展史已向我们表明：科学发现的过程往往是一个依靠直觉思维发现结论，而依靠逻辑思维来证明结论的过程。

美感的整合性表现为一种力的结构，这种力的结构具有以审美价值为中心，把分散的、局部的、无序的要素结合成一个整体而有序的结构的倾向，人的人格结构与智能结构也因为这种以审美价值为中心的整合力的作用而得以建构，这种由美感的整合性而形成的整体而有序的思维过程，是由发散思维到收敛思维的运动过程，这正是创造性思维的产生过程。由此我们可以得出一个结论：创造是一种选择，选择不可避免地受理性直觉的美感所支配。所以创造力强的人，往往就是美感极其丰富的人，这就是为什么世界一流的科学家、艺术家与哲学家大都具有强烈热爱艺术并具有较高艺术修养的原因，因为艺术是增进美感的最好方法，也是培养人们形象思维能力与创造思维能力的最好方法。

审美教育能促进一切创造活动，因为它揭示了审美价值与创造的关系。美指导我们怎样以美的方式去思维，人是按照美的规律来建造世界的，借助于自然美、社会美、艺术美、科学美与哲学美的原型启发，人们获得了美的观念与美的创造技巧，并通过实践内化成的创造能力，进而才能建设一个美的世界。

凝聚着审美观念的创造是人的优秀能力的表现，作为制作世界中新的前所未有的东西的力量，证明人的强大和他的无限可能性，从而产生自我实现的高峰体验，获得最高的审美享受，这是人的创造活动的最重要的精神动力之一。

创造就是独特的发明或发现或者是新的综合；创造就是把自我意识灌注到世界中去的一种情感冲动，是自我实现的最高表现形式；创造就是人的审美观念及其情感力量、智慧力量与意志力量的外化。

通过以上全面的讨论，我们应该有充分的理由牢固地建立一个关于什么是文明教育的观念，即文明的教育结构应该是在美、真、善理念主导下的以自然为本的、以审美教育为中心的、一个能充分调动人的主观能动性并且能最大程度开发人的自主性、能动性与创造性的主体文明的结构；一个善于接纳世界文化的全面开放的结构；一个鼓励人们勇敢探索真理的批判与创新的结构。这种生态主义的主体文明的教育结构、全面开放的教育结构、批判与创新的教育结构合三为一地结合成了一个永恒的教育模式：以自然为本的美育型的教育模式。该模式能把自然利益、个人利益、国家利益与全球利益通过超越时空的美、真、善的价值观，最优化地结合成一个完整而和谐的整体。因此，也就理所当然地构成世界教育共同选择的最优化的教育模式，从而理直气壮地成为 21 世纪全球教育实践的奋斗理想。

以下的论述就是对这种全球教育理想模式的操作层面的具体展开。

（三）作为教育本质与教育最高价值的美的教育具有教育的可操作性

教育是围绕培养人们学会做人与学会做事这两方面而展开的社会实践活动。做人与做事需要有健康的价值观与优良的智能结构及其有创造个性的操作技能。为了深化对这个问题的认识，我们需要应用建构主义的思维方式来帮助我们更深入地思考。如果我们从建构主义的角度来看待教育，那么，教育的过程就需要完成两个方面的建构，即人的内在心理结构的建构与外在专业技能的掌握。内在心理结构由人格结构与智能结构两个部分组成。所以，我们可以把教育的任务明确地概括为实现三个方面的建构，即人格结构的建构、智能结构的建构与专业技能的掌握，为此，我们需要遵循以下符合教育规律的建构模式。

（1）人格结构的建构，即人的价值观与行为模式的建构应遵循“需求满足价值观”的因果建构模式才符合心理发展的客观规律。人的认知结构与行为模式是靠满足内在需要而引起审美共鸣作为动力驱使才得以建构的，那些感动过我们的正在构成我们自己。这个建构模式的有效性就在于它把满足人的内在需求放到第一位并作为教育的出发点，使教育的实践永远建立在以人为中心的、通过满足人的内在需求来充分开发人的创造潜能的基础上，从而使我们牢固地树立一个永恒的教育信条：只有顺应人的内在成长规律，才能取得育人的最大效益。人的内在成长规律主要由情感成长规律与认知成长规律所组成，人的情感的成长过程是一个由本能情感到审美情感再到理智情感的建构过程；人的认知的成长过程是一个由动作把握到形象把握再到逻辑把握的建构过程。这两大以操作内化为中心的建构规律，为我们制定教育方针、设计教育内容与应用教学方法指明了一个合规律性的前进方向，并作为我们预见教育能否取得成功的判断原则。如果我们的课程结构、教学内容与教学方法不能满足学习者的内在需要而引起审美共鸣，那么，任何强制灌输的教育都是注定要失败的。因此，我们的教育的努力方向应该是顺应人的内在的情感成长与认知成长的规律，用美、真、善的价值与美、真、善的方法来满足与提高人的需求而形成决定个体行为的积极而健康的价值观与行为模式，这应该永远是人道主义的素质教育的真正出发点。

2. 智能结构的建构应遵循"学科＝学科精神(哲学精神、美学精神与科学精神)+学科理论+学科技能"的三维立体建构模式，才能形成具有哲学精神、美学气质与科学实证的富有创造个性的智能结构。认识与掌握一门学问，只有把它放入过程的联系中去认识与掌握，才能完整与深刻。学科精神、学科理论与学科技能是一个完整而和谐的整体，在我们掌握或传授一门学科的时候，永远要从整体观念出发去理解学科的内在结构与普遍的哲学原理。掌握的理论与技能，如果没有一种隐藏在更深处的综观全局而又生机勃勃的哲学精神、美学精神与科学精神作为内在支持，那么，无精神的理论与技能只不过是一种苍白无力而又缺少创造性的笨拙的工具。因此，建构有哲学精神、美学精神与科学精神的智能结构就应该成为我们的教育方针制定、教材编写、课程结构设计与学科内容展开的最高指导原则并坚定不移地转化为我们的富有创造性的教学实践，从而实现教学过程与教学效果的最优化。

3. 专业技能的掌握应遵循"心—技—体"的训练模式，才能形成神形合一的有爱心、信心、恒心支持的、具有审美精神与创造个性并且能最大程度发挥其整体功能的操作技能。学习专业技能需要一种美学价值作为内在支持，也就是说学习专业技能不应该只是一种单纯的操作技能的掌握，而应该是一种有哲学精神、美学精神与科学精神的操作形式的训练，这样就把专业技能的学习变成了一种神形合一的艺术修炼。一种技能只有当它提高到艺术的境界并以审美的态度去把握的时候，才能最大程度调动学习者的学习热情与创造精神，从而心领神会地充满爱心、信心、恒心去创造地掌握与应用，以取得最佳的学习效果与应用效果。

人类的文明主要有两种表现形式：一种是内在的精神文明，一种是外在的物质文明。历史的经验与创造的实践告诉我们：精神可以转化为物质；没有内在的精神文明就没有外在的物质文明；没有伟大的梦想，就没有伟大的现实。这就是一切强大的国家、一切强大的民族与一切强大的个人走向成功的内在秘诀。因为它充满想象力地最充分地开发了人的创造潜能，是人类进化所能达到的最大高度。

人类的教育经验表明：高尚的情感与健康的价值观主要产生于密切接触伟大的文学、艺术与哲学作品的过程之中。伟大的名著之所以具有永恒的生命力，就在于名著是许多为美、真理与正义而献身的高尚心灵的创造，在于它怀着爱与崇高的情感保存了人类最多、最丰富的美、真、善的价值，是人类价值体系承上启下的最坚实、最完美与最可信赖的纽带，对人类能健康地生存与发展起永恒的价值导向作用。

以上关于教育思想、教育理论与教育实践的宏观论证与微观分析，为我们承上启下理解以美育为中心的教育结构，奠定了坚实的思想基础与实践基础。

立足于审美教育为中心的教育结构，是一个在美、真、善理念主导下的通过改变人的内在精神世界来改变人的外在物质世界的最优化开发人类创造潜能的教育结构。

美是人类的普遍精神，理应构成教育的核心与灵魂。教育内容的五育结构应该是“美、德、智、体、劳”的有序结构，才符合教育发展的客观规律。

美育是一种情感教育、价值观的教育与创造性的教育，应该统率全局地成为教育的核心与出发点。

美是走向道德的基础，美是内在的道德，这就是美德的含义。所以，以美助德应成为道德教育的突破口。

一个没有高尚情感的人，没有也不可能有对真理的追求。这就是以美启真的道理。

一个缺少体育美学精神的人，不可能把运动技能提高到艺术的境界并高超地发挥出来。

一个体会不到劳动美的人，不可能走向创造性的劳动实践。

道德是内在美真善价值与外在行为规范的统一。因此，德育主要表现为外在的人生哲学教育与道德行为规范的教育，德育的本质就是培养人们如何做一个有主体性的人，即做一个有自主性、能动性与创造性的追求美、真、善的有理想的人。德育的内容必须要满足学习者的内在需要而引起审美共鸣，才能真正内化为个体的自觉意识，通过积淀最后形成决定个体行为的美、真、善的道德价值观，再外化为自觉的道德行为。

智育、体育、劳育也是一种外在的认知规范与行为规范的教育，智育的本质就是培养人们做事的本领，即做一个善于利用知识与工具来认识问题、分析问题与解决问题的人，体育的本质就是培养人们做一个热爱运动的身体健康的人，劳育的本质就是培养人们做一个热爱劳动的并且掌握一定劳动技能的人，它们的内容也必须要满足学习者的内在需要而引起审美共鸣，才能内化为一种自觉意识，通过积淀形成决定认知与行为的价值观与操作技能，再外化为自觉的行动。

美的教育（美育）就是通过美的观念与美的形态（自然美、艺术美、社会美、科学美与哲学美）来进行的一种情感教育、价值观的教育及其创造性的教育。

美育对人的作用，至少可以从下面三个方面来描述：

第一，通过美育来培养高尚的情感与健康的价值观。这是美育的核心的本质功能。

第二，通过美育来塑造具有创造个性的人，以及使人按美的规律来进行创造性的实践。

第三，通过美育来建立审美的人生态度，从而走向艺术化的人生。

如果我们从发生认识论的建构主义的角度来考察人的美感的形成，那么，人的美感的形成就是一个由美的内化到美的外化的动态过程，这一过程大致可分为被动感受—主动接受—实际表现这么三个阶段，与此相应的审美教育也可大致划分为感美—立美—创美这么三个阶段。婴儿时期主要着重进行感美的教育，即侧重用自然美、艺术美与社会美的形式来培养小孩感受美的能力，并逐渐形成健康的审美趣味和美的观念；幼儿时期着重在进行立美的教育，即幼儿园和小学阶段使幼儿已萌发的对自然美、艺术美与社会美的审美趣味和美的观念得到确立，并积极引导孩子进行简单的创造美的活动（包括音乐、舞蹈、美术、朗诵、写作、手工、游戏、运动等）；进入中学和大学后就着重用世界文化的精品来进一步提高感美与立美的水平并重点进行创美的教育，即逐步使学生们的审美意识的冲动在对世界文化精品的欣赏、模仿与创造性的表现中，在对自然美、社会美、艺术美、科学美与哲学美的综合理解中，得到较复杂和较高级的实现。这就是审美教育应遵循的基本规律。

从一般意义看，美育可分为广义美育与狭义美育。

从广义的角度来理解美育：美育就是自然美育、艺术美育、社会美育、科学美育与哲学美育的总和，是指按照美的规律来进行的一切教育。

美无处不在。教育要处处表现美的理念与美的形式：从教育方针的制定、教育环境的布置到教材的编写、教学的组织形式、教学内容与教学方法的实施，以及教师的个人魅力都要处处表现美。

美的形象性、情感性与创造性的原则应贯彻到美、德、智、体、劳的具体学科中，每门学科都要表现美的理念与美的形式，形成一个审美教育场：使音乐教育由综合乐感训练代替单调的歌唱识谱训练，用对中外文学名著的阅读、欣赏与评论代替中学语文的杂文选读、篇章结构分析与作文训练，用中外美术名作欣赏与美术技能训练代替单纯的美术技能训练；使德育的道德说教变成吸引人、鼓舞人和令人心悦诚服的光辉形象，变成有自主性、能动性与创造性的人生哲学教育与营造美、真、善的行为规范的教育；使注重死知识灌输的智育，变成一种应用活方法的激动人心的智力探索，使死板的记忆变为主动的想象与丰富的形象记忆，使科学教育中枯燥的公式和定律变成人类探索自然的结构美与规律美的伟大发现；使体育的注重运动技巧的教学，变成一种在体育美学精神指导下通过运动以强身健体并且磨炼意志、塑造勇敢顽强性格的训练；使劳育成为培养学生审美的劳动态度与美化生活的技能训练。

只有美的东西，才能把渴望成长的心灵导向正确的方向；只有美的东西，才能引起人们的审美共鸣，激发想象力和学习兴趣，使学生们的学习变成一种激动人心的智力探索，一种愉快的审美享受，一种怀着希望的文化旅行。这时，学习不再是一种负担、一种责任，而是一种审美的需要，是生活的组成部分。

从狭义的角度来理解美育：美育就是指艺术教育。

艺术作为实施美育的核心和主要手段，具有最好的思想性、整体性与可操作性。艺术是人类心灵的伟大创造，是许多高尚心灵的展览，艺术的形象性与情感性对心灵具有最强的渗透与感染作用。因此，我们可以通过高雅音乐的节奏与情感经听觉接触心灵来建立儿童最早的认知结构（元认知结构），当儿童的理智达到能够熟习语言的时候，再配合诗歌、文学故事、绘画、舞蹈、游戏、运动、玩耍等艺术形式来激发情感、丰富想象力与动手操作能力，以培养美的人格、建构优良的智能，形成高水平的认知结构，为向更高层次发展与创造打下坚实的情感基础与认识基础，从而充满后劲、朝气蓬勃地走上追求卓越的人生道路，这是教育能否取得成功的关键所在，也是决定个体人生是否幸福的重要开端。

古希腊哲学家与教育家柏拉图在《理想国》中，向我们最完美地揭示了音乐启蒙教育的作用：**“音乐教育比起其他教育都重要得多，是不是为这些理由？第一层，节奏与乐调有最强烈的力量浸入心灵的最深处，如果教育的方式适合，它们就会拿美来浸润心灵，使它也就因而美化；如果没有这种适合的教育，心灵也就因而丑化。其次，受过这种良好的音乐教育的人可以很敏捷地看出一切艺术作品和自然界事物的丑陋，很正确地加以厌恶；但是一看到美的东西，他就会赞赏它们，很快乐 地把它们吸收到心灵里，作为滋养，因此自己性格也变成高尚优美。他从**

理智还没有发达的幼年时期，对于美丑就有这样正确的好恶，到了理智发达之后，他就亲密地接近理智，把她当作一个老朋友看待，因为他的过去音乐教育已经让他和她很熟悉了。”①

亚里士多德说：“音乐之所以必须学习，不只是为了一种益处，而是为了许多益处，这就是说：①为了教育；②为了心灵的净化；③为了理智的享受，为了紧张劳动后精神宽弛和休养。”②

孔子说：“兴于诗，立于礼，成于乐。”③

庄子说：“《诗》以道志，《书》以道事，《礼》以道行，《乐》以道和，《易》以道阴阳、《春秋》以道名分。”④

从古代智者们的论述中，我们可以得出这样一个结论：艺术教育是育人的必要途径。

就人格的形成而言，情感是最为基础的东西，由于艺术包含了十分丰富的情感，因而没有什么东西比艺术更能有效地铸造人类的人格了。

艺术是社会的中心，而不是外围：艺术能帮助个人用艺术的知识与审美经验来丰富自己的精神生活，使人生富有意义与充满生活情趣；艺术能用人道主义的思想照耀科学技术的进步，为之灌注崇高的精神；艺术是一所情感的学校，通过艺术来丰富与培养学生们高尚的情感，是教育最重要的使命；只有艺术教育同其他教育有机结合，才能造就一个完整而和谐，具有自身价值和社会价值，具有能动创造性的人。

总之，艺术和美是文明社会的灵魂与价值中心；艺术的审美教育，对国民素质的提高、精神文明与物质文明的建设以及科学技术的发展具有核心力量的作用；历史也告诉我们，一个国家、一个民族要想走上文明复兴的道路，就得首先从繁荣艺术开始；只有当美的性格在一个民族

---

① 柏拉图：《文艺对话集》朱光潜译，人民文学出版社 1983 年版，第 62 页。

② 华东师范大学教育系、杭州大学教育系合编：《西方古代教育论著选》，人民教育出版社 1985 年版，第 118 页。

③ 孔子：《论语》第八篇。

④ 庄子：《庄子》天下篇。

中得势，一个有积极健康心态的高度生态文明、精神文明与物质文明的现代化的民主与法治国家，才可能真正地建立与动态平衡地完美发展；只有当国家的民族精神经过美的教养与升华上升到人类普遍精神的高度，这个民族才真正地走向了世界；只有当国家的发展由自然国家到道德国家再走向审美国家，这个国家才真正能够在文化、政治与经济方面实现个体与整体、民族与世界、国家与全球的全面整合。

人类文明的经验表明：

（1）对美的认识的高度，一定程度上决定了一个国家、一个民族与一个人的发展的高度。

（2）美育是改造人的世界观、陶冶人的感情、促进科技发展的最好途径。

（3）教育在多大程度上表现出美的特征，就显示出人类在多大程度上获得了自由；它的自由度和审美度越高，便表明人类文明进步的程度越高。

教育实践证明：从激发学生的情感入手是使学习、教学、教育取得成功的最好方法。

情感是内在动力，它使心理与行为自动化：美感是热情与创造的根本动力；伟大的理想产生伟大的动力，伟大的动力产生伟大的行动；学习的最好刺激就是兴趣；激发热情与培养自信的最好方法就是尝试成功。

一个人只有感到学习有乐趣，体会到学习的美，并不断尝试学习的成功，才可能真正把学习搞好；只有意欲接受教育，才可能被教育好；只有出自内心，才能进入内心；这就是教育的真理。所以，**教育家苏霍姆林斯基说："只有能够激发学生去进行自我的教育才是真正的教育。"**①

关于美的教育的重要性，历史上一些著名的教育家、艺术家与哲学家做出过许多天才般的论述：

郭沫若说："人类社会根本改造的步骤之一，应当是人的改造，人

① 苏霍姆林斯基：《给教师的建议》，教育科学出版社1988年版，第350页。

的根本改造应当从儿童的情感教育，美的教育入手。”[①]

凯洛夫说：“美育是学生全面发展的一个不可缺少的部分，它的本质在于理解自然和社会的美、理解人与人的相互关系的美，在于以艺术眼光来认识周围现实，也在于培养艺术上的美的创造力。”[②]

卢梭说：“只要有热情和才能就能养成一种审美的能力；有了审美的能力，一个人的心灵就能在不知不觉中接受各种美的观念，并且最后接受同美的观念联系的道德观念。”[③]

康德说：“美是道德的象征。”[④]

席勒说：“要使感性的人成为理性的人，除了首先使他成为审美的人以外，别无其他途径。”

“政治方面的一切改进都应从性格的高尚化出发”（而性格的高尚化只能通过艺术）。

“只有美的交流，才能使社会团结，因为它关系到一切人都共同的东西。”[⑤]

马克思说：“动物只是按照它所属的那个种的尺度和需要来建造，而人却懂得按照任何一个种的尺度来进行生产，并且懂得怎样处处都把内在尺度运用到对象上去，因此，人也按照美的规律来建造。”[⑥]苏霍姆林斯基说：“美的要求奠定道德的美，使人对一切卑鄙和丑陋的东西，持毫不调和和不可容忍的态度。”

“美是一种心灵的体操——它使我们的精神正直，心地纯洁，情感和信念端正”。[⑦]

---

① 郭沫若：《青春和美》第 7 页转引自王函主编《审美》，四川人民出版社 1993 年版，第 65 页。

② 凯洛夫：《教育学》转引自王函主编《审美》，四川人民出版社 1993 年版，第 64 页。

③ 卢梭：《爱弥儿》商务印书馆 1983 年版，第 557 页。

④ 康德：《判断力批判》，商务印书馆 1996 年版，第 201 页。

⑤ 席勒：《审美教育书简》，冯至译，北京大学出版社 1985 年版，第 23、第 9 封信。

⑥ 马克思：《1844 年经济学哲学手稿》，人民出版社 1985 年版，第 54 页。

⑦ 苏霍姆林斯基：引自 1981 年 7 月 29 日《光明日报》。

车尔尼雪夫斯基说："美是生活。"①

高尔泰说："美是自由的象征"

"美是人的人化程度的标志，美的哲学是人的哲学的最高境界。"

"美是规律性和目的性、主体和客体、内在的精神世界同外在的物质世界的统一。"②

由此可见，美的教育即审美的情感教育与审美的价值观的教育及其审美的创造性的教育，是使人走向健康成长的出发点；是增进社会道德，提高教育质量与有效开发人类创造潜能的基础；是控制家庭教育，学校教育与社会教育成败的关键。

关于教育的本质，现在全世界的教育界，不管是发达国家还是发展中国家都没有搞清楚，正因为缺少对教育本质的深刻理解，教育缺少一个永恒、健康而有效的价值观念作为教育设计与教育实践的出发点。所以，全世界的教育都处在一片混沌、混乱与贫困之中。

当代的教育危机与世界危机其实质就是一种价值观的危机。

全世界的教育都陷入了功利主义，以追求功利为目标，把人培养成了追求功利的机器，以致演绎出了当代世界的三大危机：

（1）地球的危机：科学技术非人道化应用造成的生态危机；

（2）国家的危机：无灵魂的教育造成的人的素质的危机；

（3）个人的危机：无意义生活之痛苦的精神危机。

人类正处在"生存还是毁灭"的十字路口，目前摆在人类面前有两条可选择的道路：

人类走向毁灭之路：如果继续按现在的本末倒置的教育观念、教育内容与教育方法走下去，人类必将灭亡，全球生态系统的统计数字告诉我们——环境的破坏使有机体正在加速地走向死亡，生态破坏的极限就是人类的末日，正像罗曼·罗兰所说："人类在通往天堂的大道旁边，

① 车尔尼雪夫斯基：《生活与美学》第6页。

② 高尔泰著：《美是自由的象征》，人民文学出版社1986年版，第28、38、40页。

有一条小路也在通向地狱。”

人类走向生存之路：唯一的选择就是整体地转换价值时空观——在系统生态主义的指导下形成以自然为本的生态人文科学主义的价值时空观，从而使全世界人民团结起来，把美的教育同法制相结合，把美作为教育设计与教育实践的出发点，以自然价值观为中心，在“天地人”和谐相处的理念主导下，塑造人格、建构智能与掌握专业技能，培养高素质的有整体观念与审美修养的人，因为只有美的人，才能建设一个美的世界，从而真正实现人按美的规律来建造的伟大梦想。

美确定方向，为我们确定了一个一直遵循到底的生活模式，而对美的追求也正是一个人、一个民族与一个国家发展的最本质的动力。

美是内在的道德，美是内治、法治是外治。所以，只有美与法治有机结合才能拯救世界。

美是人类心灵克服自私，走向自我觉悟、走向宽容、走向团结互助的必由之路。

美是天地人的共同精神，是宇宙、人生与艺术的生命力的表现，是自由、平等、博爱的象征。

只有美才能把人类的精神从物质的奴役下解放出来，导向超越，走向创造，走向人天合一的最高审美境界。

只有以审美教育为中心的教育结构，才能充分调动人的主观能动性并且最大程度开发人的自主性、能动性与创造性，才能以最人道的方式形成人与美真善、人与自己、人与自然、人与社会、人与人、民族与民族、国家与国家之间互动的双赢价值观，从而更好地促进东西方文明走向融合、走向相互学习、走向彼此欣赏，使“阳盛阴衰”的西方文化与“阴盛阳衰”的东方文化在美、真、善的价值结构内，在系统生态的“自然中心主义”的主导下，实现创造性的转化而形成阴阳平衡的世界文化，这种吸取了东西方智慧精华的世界文化是感性主义、审美主义与理性主义的统一，是生态主义、人文主义与科学主义的统一，是个人主义、国家主义与世界主义的统一，最终走向“天地人”的和谐统一。和谐统一的世界文化将促进人类在“团结互助、共创未来”的崇高精神信念的指引下，充满自信地走向知识经济时代，走上可持续性的发展道路。这正是 21 世纪全球教育与发展的主题。

综上所述，我们可以得出三个重要的结论：

1. 美是无限的潜能，是热情与创造的源泉。

2. 只有把美的教育作为教育的本质与教育的最高价值，才能发挥教育最大的育人效益、社会效益与经济效益。

3. 只有以美育为中心的教育结构，才是人类走向创造，走向生态文明、精神文明与物质文明建设，走向幸福生活的最有效的教育途径。

最后，我总结性地将我对教育的理解和认识化成以下的四大信条。

三、结论

我相信:对美是教育的本质的揭示是人类教育史上的一次重大发现，是转变当代教育思想与教育实践的突破口。

我相信：以审美教育为中心，激发高尚的情感，塑造道德意志，建构优良的人格结构与智能结构是开发人类潜能,使人类摆脱地球的危机。国家的危机与个人的危机的最好选择。

我相信：通过以美育为中心的教育结构，从审美情感教育入手，以美育美（美育）、以美助德（德育）、以美启智（智育）、以美健体（体育）、以美促劳（劳育）是人类走向潜能开发，走向创造，走向自我实现与社会实现的最佳途径。

我相信：教育为立国之本，美育为立教之本，审美为立人之本。

注：

这篇文章是我的教育观的最早胚胎，是我十几年办学经验的理论总结。以后的教育思想与教育体系就是在这篇文章的基础上展开的。我1997年1月6日的早晨直觉地发现了“美是教育的本质”，教育内容的“五育结构”应该是“美、德、智、体、劳”的有序结构才符合教育发展的客观规律。直觉发现的结论需要经过逻辑论证才能让人心服口服的接受。经过一年多的努力，这篇文章完成于1998年1月14日，经过几次修改，最早发表在四川教育出版社主办的《教师之友》2001年二、三两期杂志上。

主要参考资料：

1. 孙喜亭主编：《教育学问题研究概述》天津教育出版社1989年版。

2. 叶上雄主编：《教育学》人民教育出版社1991年版。

3. 潘菽著：《心理学简札》人民教育出版社1984年版。

4. [苏] 列·斯托洛维奇：《审美价值的本质》，中国社会科学出版社1984年版。

5. 腾守尧著：《审美心理描述》，中国社会科学出版社1987年版。

三、教育中一个新世界观的诞生

长久以来，我们的教育是以培养人的认知能力为核心的社会活动。现在，经过我对“美是教育的本质”揭示以后，教育变成了以培养人的审美情感为核心的社会活动。我把这一转变称为教育的革命，所谓革命，就是世界观的改变。

——柯领

人类的教育在奔波了两千多年以后，现在正走向转折点。我们要从根本上改变对人的态度，才能根本上改变对教育的态度。人不是工具，而是目的——教育要回到一切为了人，一切为了人的美好生活的理念上来。只有这样才能让人类的教育摆脱功利主义的纠缠而真正实现为人谋幸福的理想。

（一）

当今人类的教育变革，不仅需要对教育经验的现象学阐释，而且更需要对人类几千年教育经验的理性反思以及理性反思后提炼出科学化的教育思想与教育理论。**教育的经验是灰色的，唯有科学化的教育思想与教育理论之树常青**。没有科学化的教育思想与教育理论指导的教育实践必然是盲目的、片面的、事倍功半的，很容易被现实中的功利主义所左右而使教育失去为人谋幸福的理想主义的光辉。教育最高精神成就的真正基础应该是在教育的本质中去寻找。教育的科学化，首先应该确定教育的逻辑起点是什么？也就是要回答教育的本质是什么的问题。教育的本质是什么？这是困扰古今中外教育界的世界学术难题，对这一难题的探索，在我思考了十二年以后于 1997 年 1 月 6 日的早晨，我直觉地发现了“美是教育的本质”。在以后对教育的本质的理性论证过程中，我又发现美不仅是教育的本质，同时，美也是人的本质与人类文化的本质。这样，长久困扰人类教育的世界学术难题，就有了一个可能是终极意义的解答。那么，美是教育的本质，对改进我们当今的人类教育究竟有何现实意义呢？**我简单的回答就是，美是教育的本质表达了一种普遍性，这就意味着人类教育有了一个永恒的精神发源地，教育的中心由认知转向了情感，使教育的本体论产生了转向；意味着人类教育要按“美是教育的本质”这一根本规律的世界观与方法论来建立教育思想、教育理论与教育实践的新体系；意味着国家的教育方针、教育目的、教材编写与教育实践要整体地发生朝向美的转变；意味着为人类的教育建立了共同的基础，为实现人类教育的统一打开了一个全新的维度。**教育应围绕培养学生“学会做人与学会做事”这两个维度展开，内心要有一种高贵的人文精神，在此基础上去掌握求生存的专业技能，也就是“内圣外王”是人类教育的共同信念——人类的教育需要经过“美是教育的本质”这个收缩点，才能确立一个新的存在:美是教育的本质，构成教育的核心、灵魂与出发点，在此教育思想的彻照和穿透下，教育内容的五育结构，就应该是“美、德、智、体、劳”的有序结构才符合教育发展的客观规律；由此，教育的实践就应该在“**教育为立国之本，美育为立教之本，审美为立人之本**”这三大信念的主导下，以培养学生“艺术的感觉、哲学的思辨、科学的实证”这三大核心素质为目标，围绕建构人生的三重境界，即“审美境界、天地境界、功利境界”全面而系统地展开。

总的来说，思想的溪流是由高向低奔流的。教育的核心理念决定了个人、民族与国家的生存状态。如果我们要改变我们的教育模式，使教育成为人们幸福的源泉，成为引领社会文明进步的灯塔与国家生存和发展的核心力量，我们就需要把“美是人的本质与教育的本质及其人类文化的本质”这一充满生命活力的思想，通过教育实践的传播，让更多的人体验并受益其中，让更多的人体验并理解“美是什么？美是和谐，是崇高，是主观与客观的统一；美是一种形式，也是一种价值，更是一种生命的体验；美是创造的源泉，也是人生的最高境界。美是一种感觉；美是一种精神；美是无限的潜能；美是埋在社会地下的最根本的精神发酵力；美是一种无规范的规范；美是走向道德的基础；美是内在的道德；美就是幸福；美就是创造；美就是生产力；美就是生活。”这一深刻的道理，让更多的人体验并理解“审美教育是一种最大程度超越功利的为人谋幸福的教育；审美教育是一种把人的自然属性与社会属性、人的感性与理性、人的现实性与超越性充分协调起来的教育；审美教育是一种培养我们的感性和精神力量的整体达到尽可能和谐的教育；审美教育是一种立足于培养我们的审美鉴赏力的教育：美教会我们对待自己的民族文化，该继承什么，该遗弃什么；教会我们对待世界文化，该拿来什么，该回避什么；教会我们在这个丰富多彩的价值世界里，如何学会选择、学会学习、学会工作、学会生存、学会关心、学会创造，进而学会艺术化的生活。因而，审美教育也就构成了人类最高境界的与最完美的教育”。不仅如此，境由心造，我们还需要整体地建立起“**精神高于物质，精神成功高于物质成功，精神享受高于物质享受**”的生存信念，并把这一信念贯彻在家庭教育、学校教育与社会教育的全过程中。

现在，在这个特定的时代，让我们回归生活、回归情感、回归人的感性存在吧！由感性经审美走向理性，把情感教育放在第一位，由此展开我们的人生历程吧！我们一定要牢牢记住：情感永远是我们快乐生活与创造性生活的唯一源泉；教育永远有一个最根本的目的，这就是为人最大程度谋幸福。

（二）

关于教育的本质，现在全世界的教育界，不管是发达国家还是发展中国家都没有搞清楚，正因为缺少对教育本质的深刻理解，教育缺少一个永恒、健康而有效的价值观念作为教育设计与教育实践的出发点。所以，全世界的教育都处在一片混沌、混乱与贫困之中。

当代的教育危机与世界危机其实质就是一种价值观的危机。全世界的教育都陷入了功利主义，以追求功利为目标，把人培养成了追求功利的机器，以致演绎出了当代世界的三大危机：

（1）地球的危机：科学技术非人道化应用造成的生态危机；

（2）国家的危机：无灵魂的教育造成的人的素质的危机；

（3）个人的危机：无意义生活之痛苦的精神危机。

人类正处在“生存还是毁灭”的十字路口。目前摆在人类面前有两条可选择的道路：人类走向毁灭之路——如果继续按现在本末倒置的教育观念、教育内容与教育方法走下去，人类必将灭亡，全球生态系统的统计数字告诉我们：**环境的破坏使有机体正在加速地走向死亡，生态破坏的极限就是人类的末日，正像罗曼·罗兰说：“人类在通往天堂的大道旁边，有一条小路也在通向地狱。”**

人类走向生存之路——唯一的选择就是重建人类“天人合一”的整体性，即整体地转换价值时空观——在系统生态主义的指导下形成以自然为本的“生态人文科学主义”的价值时空观，全面地建设一种生态的生活方式。从而使全世界人民团结起来，把美的教育同法制相结合，把美作为教育设计与教育实践的出发点，以天人合一的自然价值观为中心，在“天地人”和谐相处的理念主导下，塑造人格、建构智能与掌握专业技能，培养高素质的有整体观念与审美修养的人，因为只有美的人，才能建设一个美的世界，从而真正实现人按美的规律来建造的伟大梦想。

唯有美才能引领我们飞升；唯有美才能重建人类的整体性与整体思

维方式及其“天地人我”的整体和谐；唯有美才能把人类的精神从物质的奴役下解放出来，导向超越，走向创造，走向天地与我并生、万物与我为一的天人合一的生存状态。让美永远成为我们头上的灿烂星空与内心深处的道德法则吧！——美是教育的本质，美为教育立法。因而也就重塑形象与更树精神地为教育建立一种新的世界观与新的方法论。

（三）

美是教育的本质，培养“美、德、智、体、劳”全面发展的人才是人类教育的共同理想；只有以审美教育为中心的教育结构，才能最大程度实现人类的这一理想。因为，共同的价值观是统一思想的基础，共同的价值观来源于共同的人性。美是人的本质，爱美是人类的共同本性。只有以审美教育为中心的教育结构，才能充分调动人的主观能动性并且最大程度开发人的自主性、能动性与创造性，才能以最和谐的方式形成人与美真善爱、人与自己、人与工作、人与自然、人与社会、人与人、民族与民族、国家与国家之间互动的双赢价值观，从而更好地促进东西方文明走向融合、走向相互学习、走向彼此欣赏。**东西方文化就像太极图一样，是一个互补的结构，东方文化“阴盛阳衰”，西方文化“阳盛阴衰”，因此，东西方文化都需要在美、真、善、爱的价值结构内，在系统生态的“自然中心主义”的主导下，实现创造性的转化而形成阴阳平衡的世界文化。这种“万物负阴而抱阳”的吸收了东西方智慧精华的世界文化是感性主义、审美主义与理性主义的统一，是生态主义、人文主义与科学主义的统一，是个人主义、国家主义与世界主义的统一，最终走向“天地人”的和谐统一。和谐统一的世界文化将促进人类在“团结互助、共创未来”的崇高精神信念的指引下，充满自信地走向知识经济时代，走上可持续性的发展道路。这正是 21 世纪全球教育与社会发展的主题。**

经过前面的论述，我们现在应该抱持“美为立国之本”的信念并实施“以美立国，以法治国”的发展战略。人类的文明史，从古希腊到文艺复兴再到近代的狂飙突进运动已向我们表明：人的解放要从审美的解放开始，审美能给人以丰富的自由体验并充分地解放个性。美感是文明的基石、是创造的基础、是个人幸福的源泉。一个文明的国家是建立在拥有美感的国民身上。对美的认识的高度，一定程度上决定了一个国家，一个民族与一个人的发展的高度。美的教育为我们建立了美的世界观与美的方法论——**美确定方向，为我们确定了一个一直遵循到底的生活模式，而对美的追求也正是一个人、一个民族与一个国家发展的最本质的动力**。总之，艺术和美是文明社会的灵魂与价值中心：艺术的审美教育，对国民素质的提高、精神文明与物质文明的建设以及科学技术的发展具有核心力量的作用；历史也告诉我们，一个国家、一个民族要想走上文明复兴的道路，就得首先从繁荣艺术开始；只有当美的性格在一个民族中得势，一个有积极健康心态的高度生态文明、精神文明与物质文明的现代化的民主与法治国家，才可能真正地建立并动态平衡地完美发展；只有当国家的民族精神经过美的教养与升华上升到人类普遍精神的高度，这个民族才真正地融入了世界。**历史已向我们揭示了社会发展的基本规律是：国家由低层次向高层次发展主要有自然国家（原始社会，靠力量统治，道德无序）、道德国家（封建社会，靠等级伦理统治，道德他律）、审美国家（宪政民主社会，靠“自由、平等、博爱”的普世伦理统治，道德自律）这样三种形态**；只有当国家的发展由“自然国家”到“道德国家”再走向“审美国家”，这个国家才真正能够在文化、政治与经济方面实现个体与整体、民族与世界、国家与全球的全面整合；只有立足于审美国家的普世价值观，世界才能同心同德地走向统一，法治主导下的“自由、平等、博爱”的理想社会才能得以真正实现。

（四）

美是教育的本质作为普遍真理为我们的教育指明了一个正确前进的

方向，一个全新的教育世界观正在地平线上渐渐升起，它是我们在苦难中期盼已久的胜利的日出，是我们人类的教育能健康地生存与发展的守护神，它让我们的教育实践不再犹豫、不再摇摆、不再惶惑，让我们的教育充满了自信、勇敢和坚强，我们需要平心静气并满腔热爱去倾听它、关注它、跟随它，好让它不断地茁壮成长，由树木变成森林以笼罩大地，由小溪生成江河汇成大海。**美是世界的最高价值，文明的目的就是为了创造美，人活着的目的就是为了体验美。美是天地人的共同精神，是宇宙、人生与艺术的生命力的表现，是自由、平等、博爱的象征。美是人类心灵克服自私，走向自我觉悟、走向宽容、走向彼此欣赏、走向团结互助的必由之路。**

一切有苦难感的人们，与其埋怨黑暗，不如自己点亮一支蜡烛，从我做起，从现在做起。不要抱怨、不要悲伤、不要放弃，让我们首先回到内心世界平心静气、心平气和去仔细感悟美、欣赏美、体察美作为本质的整体存在，然后，找到感觉后把美作为变革的基地，化悲痛为力量，把苦难感转化为一种变革现实的创造的力量，再走出去，去信仰美、去跟随美、去竭尽所能地改变不美的现实。**人类因为有美，才有得救的希望。只有美才能拯救世界——建设人类高度生态文明、精神文明与物质文明相统一的社会，需要我们通过审美教育在人们的内心营造一个变革的新基地，在这个基地上，美的本体论、认识论与实践论天衣无缝地融为一体，从这里出发去建造一个以美为本体的天人合一的世界。**

我们应该看到，**20 世纪 90 年代以来，以美国哈佛大学“八大智能教育理论”为中心，正在世界范围内引领一场“朝向艺术、美学与生活一体化”的教育运动**。这是一场通过“艺术与美”来解放人与解放社会的运动。“艺术与美”将引领人类着地追求着自己情感生活的和谐发展、追求天地人我的整体和谐，为我们时代日益增强的潮流带来了新的世界观、新的思维方式与新的生活理想。事实上，作为“艺术本体论与审美解放论”的古典与现代的审美精神，正在渗透到我们当今的生活方式之中，使我们的建筑、电影、音乐、诗歌、小说、散文、绘画、雕塑等艺术形式，正在朝向唯美性与实用性方面发展。我们的言语、精神气质、行为、服装、风度由于渗透了古典与现代的审美精神而别具一格，更加美好。让我们把个体纳入整体地投身到这场伟大的时代变革的潮流中去吧！

最后，我们还应该清醒地意识到，**在当代，朝向“艺术、美学与生活一体化的教育运动”作为一种新生的文化运动正在世界范围内渐渐地兴起。当转变正在发生时，道德国家的“以德治国”这种衰落中的文化与教育及其传统的习惯是会拒绝变革的，甚至会更加僵化地固守过时的思想，机械而又可怜巴巴地作最后的抵抗。但是，历史会超越它们，它们都将不可避免地继续走向衰落和解体，而正在兴起的作为拯救人类最后机会的充满“美与爱”终极关怀的朝向“艺术、美学与生活一体化的教育运动”却将以无穷无尽的生命力、悲壮而又底气十足地以压倒一切的力量继续生长，并且最终必将获得领导地位成为引领整个社会变革的中心。当这个转折点临近时，认识到这一重大的进步性变革不可能被任何力量所阻挡，我们因此有理由对未来充满希望。**

四、只有“审美教育体系”才能救中国：以“美育”为中心的教育世界观

一个文明的国家是建立在拥有美感的国民身上。对美的认识的高度，一定程度上决定了一个国家，一个民族与一个人的发展的高度。

——柯领

这是人类教育的公理体系，是一个关于社会转型的“美学”解决方案：从 1985 年开始，经过二十多年的探索，**我发现并论证了“美是教育的本质”，在此基础上，我总结出的教育的三大原理“教育为立国之本，美育为立教之本，审美为立人之本”就像牛顿的三大定律一样，是永恒的普遍的规律**。人类未来教育的命运与发展主要就是把这三句话由理想变成现实，变成现实的种种形式，仅此而已。

（一）事实上，“以美立国，以法治国”；“美是内治，法制是外治”这就是建设强大国家的根本规律

经过多年的研究以后，我发现培养“野性而又高贵”的人格应成为人类教育的终极目标。**审美素质与其他素质的关系是水涨船高的关系：发达国家主要就是自觉与不自觉地把“教育为立国之本，美育为立教之本，审美为立人之本”这三句话用得较好的国家**，这是从古希腊开始就形成的“博雅教育”的传统，如欧洲、美国、日本、以色列、加拿大、澳洲与新西兰等，这些国家的形态接近“审美国家”。看看这些国家的产品、社会环境与社会秩序、人民的生活方式、诗歌小说与电影电视，

大多充满了美感，有一种“野性而又高贵”的气质，朴素、单纯而又个性鲜明，人民普遍喜欢学习而又追求真理（日本尽管成了现代化的国家，他们有许多地方值得我们学习，但他们的政治家与国民还生活在狭隘的民族主义之中，部分人民还有一种“武士道”的固执与偏激，应该受到批判。马克斯·韦伯的《新教伦理与资本主义精神》是欧洲中心主义，是不成立的，日本就不是新教伦理的国家，但日本显然是一个成熟的资本主义国家。构成日本精神基础的主要是宪政民主与神道教、佛教、禅宗美学、儒家心学和西方的人文主义与科学主义等，美学才是埋在社会地下的最根本的精神发酵力）。是教育的品质造就了人的品质，人的品质又造就了产品的品质与社会方方面面的品质。**这里，我们需要了解国家进化的历程。国家的发展从古到今，主要经历了“自然国家（原始社会，靠力量统治，道德无序）、道德国家（封建社会，靠等级伦理统治，道德他律）、审美国家（宪政民主社会，靠“自由、平等、博爱”的普世伦理统治，道德自律）这样三种形态。欧洲经过“文艺复兴、启蒙运动、科技革命”这四百多年的发展，已经由“道德国家”逐渐演化成了“审美国家”，而发展中国家普遍还没有完成这一转变，由此我们可以看到,发达国家“以美立国”大都相似,发展中国家“以德治国”各个不同。发展中国家主要就是把这三句话用得不好的国家，其共同特点是，不重视体育与美育，个体生命普遍缺少高雅美的升华，缺少“野性而又高贵”的人格。这些地方的国家形态属于“道德国家”**，有的是集权型的道德国家，有的是民主型的道德国家，有的是宗教型的道德国家，由于文化传统深层价值观的包袱与人口众多资源有限和财力不足，或者是社会制度的落后和教育思想的落后,教育出于使社会稳定与谋生的需要重视“语文、数学、科学、英语”的学习与道德的教化，轻视自由玩耍，轻视体育与艺术，轻视“美感与爱心”的陶冶，轻视自由选择与独立人格的培养。这种教育体系培养出来的人，缺少人文教养与精神深度，知识单一，能力单向度，缺少个性与创造性，缺少野性与健康的体魄，缺少高雅审美趣味的能力，缺少艺术化的浪漫与求知的爱好，缺少朴素与古典的优雅和生活的恬静，缺少一种由内而外的“贵气”，也就是精神贵族气（相信精神高于物质的一种气质）。

人民还生活在“制度”与“文化”以及社会现实的各种各样的“稀奇古怪”的压抑之中，个体的自主性、能动性与创造性消失在群体的整体性之中，失去了能悠闲地享受“体育、音乐、文学、美术、哲学、美学、宗教、科学、技术”等精神文化生活的能力，使得文化、政治、经济与社会生活的方方面面都处于较低层次的运作状态。**主要由于“审美趣味与审美素质”造成了人与人的差距，国与国的差距。人格决定国格，发展中国家的出路是“去意识形态化，回归普世价值，建立以审美教育为中心的教育体系”。**

以审美教育为中心的教育体系会造就审美人格。人格由低层次向高层次发展大致可分为功利人格、审美人格与创造性人格三种类型：功利人格追求的是物质利益第一、精神利益第二；审美人格追求的是精神利益第一、物质利益第二。审美人格可以走向创造，功利人格也可以走向创造，但是功利人格立足的是求生存而创造，以满足自己生理的需要与安全的需要为主；审美人格立足的是求发展而创造，以满足自己审美的需要与自我实现的需要为主，其创造的层次及其创造的数量与质量都会远远高于功利人格的创造。因此，由审美人格到创造性人格再到创造性的精神向物质的转化，这就是开发人类创造潜能的最佳途径，也是提高人类生活质量与生活水平的最佳途径。

在观察现实中的人与阅读名人传记的过程中，我发现创造性人格的人的身上，大多充满了强烈的美、真、善的人格特征，具体表现在如下的九个方面：美的人格特征：1. 有极高的审美鉴赏力与强烈的批判精神。2. 有唯美主义与理想主义的人生价值取向，并抱持自由、选择、责任的人生信念。3. 有强烈的求知欲与审美创造冲动；真的人格特征：4. 朴素、单纯而追求真理。5. 待人真诚与充满社会正义感。6. 平实的生活作风并维护主观与客观的一致；善的人格特征。7. 有自由、平等、博爱的品格。8. 有乐于为社会奉献的牺牲精神。9. 有利他（它）主义的高尚情感。美、真、善的人格特征是一个理想化的人格结构模型，是一切为美、真理与正义而献身的人身上所表现出来的心理行为特征，我们的社会应该为这种人的出现创造更好的社会环境，我们的教育应把培养“野性而又高贵”的审美型人格作为奋斗理想，从教育方针的制定、课程结构的设计与教学方法的应用，都要以培养“野性而又高贵”的审美型人格为中心，尽可能地由审美人格走向创造性人格，造就更多的美、德、智、体、劳全面发展的创造性人才。这就是教育改革的方向。一个社会审美人格与创造性人格的人越多，就表明这个社会越人道、越健康、越文明。这就是发展中国家的出路，通过以审美教育为中心的教育体系“从上到下”与“从下到上”来改造国民性，逐渐使国家进化成为宪法主导下的充满“自由、平等、博爱”的审美国家。

（二）中国要变好，就需要把“教育为立国之本，美育为立教之本审美为立人之本”这三句话“从上到下”与“从下到上”地用活、用好、用彻底

人类需要“美”这种“绝对精神”的导向与指引，在人们的内心深处普遍建立一种向往绝对的信念，只有这样人类才能更好地求生存与求发展。**事实上，在我看来，“教育为立国之本，美育为立教之本，审美为立人之本”这三大教育的原理，就像“牛顿的三大定律”一样是永恒的普遍的规律**。为了能理解这一切，我们需要把教育放到文化、政治、经济这一大背景中去作整体思考才能完整与深刻。**教育之所以为立国之本，是因为教育是培养人的系统工程；人永远是社会精神财富和物质财富的真正创造者；人的主体能动性与创造性的发挥是决定社会可持续性发展的最为根本的基础**。如果我们在中国中小学的校园内巡视，我们就

会发现许多学校的墙壁上都用醒目的红字写出了一个响亮的口号“百年大计，教育为本”。很长时间以来，我一直在思考一个重大的教育理论问题——教育在国家的位置。教育究竟在国家的结构中处于何种位置？是被动生存的工具，还是主动引领国家前进的灯塔？在传统的社会里，教育没有主体性，教育只是国家主义的意识形态的政治工具与经济工具，而在现代文明的社会里教育具有充分的主体性，是一个具有精神独立的文化实体。教育的功能首先表现为育人功能（充分培养有自主性、能动性与创造性的优秀个体），其次才是社会功能与经济功能，也就是说，育人功能是教育最本质的内在的核心功能，社会功能与经济功能是教育外在的附属功能。**教育是通过立人来实现立国之本这一根本目标的。**

美育之所以为立教之本，是因为美是无限的潜能，是热情与创造的源泉：就构成教育内容的要素来说，美育、德育、智育、体育、劳育这五大内容是最基本的要素，在这五大教育内容中，唯有美育是从个体审美的需要出发的、最能为人的心灵愉悦服务的具有精神超越性与普遍性的要素，对其他“四育”具有最大的包含性与形象生动的渗透性，因此，美育就理所当然地应成为五育的中心，它像一个五彩的光源向四周发射出能量与信息并稳稳当当地在人们的内心深处扎根。在我看来，美育对人的核心作用就在于培养一个人超越功利的审美精神，从而使人能够自由自在的享受人生。美育是什么？美育就是通过美的观念与美的形态（自然美、艺术美、社会美、科学美与哲学美）来进行的一种情感教育、价值观的教育及其创造性的教育。美育最根本的意义就是培养具有审美世界观的人，也就是人的审美心的养成、是美的陶冶；感知美、辨别美、体验美，这是美的欣赏力；表达美、创作美、设计美，这是美的创造力；美育所要陶冶的主要就是欣赏美与创造美这两种能力而言。从一般意义看，美育可分为广义美育与狭义美育。从广义的角度来理解美育：美育就是自然美育、艺术美育、社会美育、科学美育与哲学美育的总和，是指按照美的规律来进行的一切教育。美无处不在，教育要处处表现美的理念与美的形式：从教育方针的制定、教育环境的布置到教材的编写、教学的组织形式、教学内容与教学方法的实施，以及教师的个人魅力都要处处表现美。从一定程度上来说，教育就是对美感的唤醒，只有教师的美感才能最大程度唤醒学生的美感。因此，我们要尽可能采用艺术的方式来实施教学，让感性的审美精神灌注到美、德、智、体、劳的各门课程之中，把“美的形象性、情感性与活动性”的教学原则渗透到所有学科的教学过程中，每门学科都要表现美的理念与美的形式，形成一个审美教育场：使音乐教育由综合乐感训练代替单调的歌唱识谱训练，用对中外文学名著的阅读、欣赏与评论代替语文的杂文选读、篇章结构分析与作文训练，用中外美术名作欣赏与美术技能训练代替单纯的美术技能训练；使德育的道德说教变成吸引人、鼓舞人和令人心悦诚服的光辉形象，变成有自主性、能动性与创造性的人生哲学教育与营造美、真、善、爱的行为规范的教育；使注重死知识灌输的智育，变成一种应用活方法的把课堂教学与活动教学有机结合起来的激动人心的智力探索，使死板的记忆变为主动的想象与丰富的形象记忆，使科学教育中枯燥的公式和定律变成人类探索自然的结构美与规律美的伟大发现；使体育的注重运动技巧的教学，变成一种在体育美学精神指导下通过运动以强身健体并且磨炼意志、塑造勇敢顽强性格的训练；使劳育成为培养学生审美的劳动态度与美化生活的技能训练。

从狭义的角度来理解美育：美育就是指艺术教育。艺术是什么？艺术是一种有意味的形式，艺术是审美精神的形式显现，艺术就是完美的生活。艺术是理想的世界，社会是现实的世界。艺术作品的艺术性越强，它的革命性就越大，它解放人性使人回归心灵生活的超越性就越彻底越纯粹。把艺术作为实施美育的核心和主要手段，具有最好的思想性、整体性与可操作性。**就人格的形成而言，情感是最为基础的东西，由于艺术包含了十分丰富的情感，因而没有什么东西比艺术更能有效地铸造人类的人格了**。艺术是人类心灵的伟大创造，是许多勇于探索的高尚心灵的展览，艺术的形象性与情感性对心灵具有最强的感染与渗透作用。因此，我们可以通过高雅音乐的节奏与情感经听觉接触心灵来建立儿童最早的认知结构（元认知结构），当儿童的理智达到能够熟悉语言的时候，再配合诗歌、文学故事、绘画、舞蹈、游戏、运动、玩耍、野外体验学习等艺术形式来激发情感、培养野性、丰富想象力与动手操作能力，以塑造美的人格、建构优良的智能，形成高水平的认知结构，为向更高层次发展与创造打下坚实的情感基础与认识基础，从而充满后劲、朝气蓬勃地走上追求卓越的人生道路，这是教育能否取得成功的关键所在，也是决定个体人生是否幸福的重要开端。总之，艺术是社会的中心，而不是外围：艺术能帮助个人用艺术的知识与审美经验来丰富自己的精神生活，使人生富有意义与充满生活情趣；艺术能用人道主义的思想照耀科学技术的进步，为之灌注崇高的精神；艺术是一所情感的学校，通过艺术来丰富与培养学生们高尚的情感，是教育最重要的使命；只有艺术教育同其他教育有机结合，才能造就一个完整而和谐，具有自身价值和社会价值，具有能动创造性的人。

审美之所以为立人之本，是因为人唯有通过审美才能在内心建立一个超越功利的维度，从而使人能够自由自在的享受人生。也就是说，唯有通过审美，人才能成为一个自由而幸福的人。美是人的本质，美是心的本体，美是人化程度的标志。审美的人的培养也就是人的审美心的养成应该永远是人类教育的终极目标。整个家庭教育、学校教育与社会教育就是以培养审美的人为中心来展开的。审美是一种感觉、一种选择、一种体验。人的成长是从感觉、选择与体验开始的，学习的内容需要经过审美体验才能进入内心，个体唯有与审美相连，生命才具有价值和意义。对我们的学习来说，审美就是目的、过程就是目的、体验就是目的、快乐就是目的。教育说到底就是要通过审美把人的感觉引向到体验自然美、体验艺术美、体验社会美、体验科学美、体验哲学美的生命状态中，通过一次又一次的体验的积淀来形成审美价值观以建设一个人强大的内心世界。人的审美素质是其整体素质的核心，它与其他素质的关系是水涨船高的关系，美对人格结构的建构与智能结构的建构起定向、调节与整合作用。一个人的审美层次决定了他的人格结构与智能结构及其创造性才能的发展水平。教育就其基本的出发点来说首先要教人学会审美，学会审美就是学会享受生活，生活才是人生的中心。因此，我们的教育要尽可能通过审美来培养人发现美的眼光，从而才能使人们更好地走向发现自然美、发现艺术美、发现社会美、发现科学美、发现哲学美、发现学习美、发现工作美、发现吃穿住行用玩的美的日常生活。总之，**只有美的东西，才能从人们的内心深处普遍激发出蓬勃向上的生命活力；只有美的东西，才能把渴望成长的心灵导向正确的方向；只有美的东西，才能引起人们的审美共鸣，激发想象力和学习兴趣，使学生们的学习变成一种激动人心的智力探索，一种愉快的审美享受，一种怀着希望的文化旅行。这时，学习不再是一种负担、一种责任，而是一种审美的需要，是生活的组成部分。**

（三）同样，一个学校要搞好，也需要把“教育为立国之本，美育为立教之本，审美为立人之本”这三句话用活，用好，用到学校教育的方方面面，用到教师与学生们的心坎里

有了以上教育理念的准备为我们展开下面的教育实践奠定了基础。教育应该是在一个永恒价值观念主导下的培养人的伟大实践：**教育的出发点应该是把美、真、善、爱的价值与美、真、善、爱的方法，通过训练与实践逐渐内化为人们稳固的心态习惯，这种稳定的使人高贵的情感体验模式是使人作为人能最大程度发挥其功能的核心品质。学校教育应该沉浸在“审美教育场”里**，要按教育内在“春、夏、秋、冬”的节奏把素质教育的理念从课程、教材、教法这三个方面从上到下地贯彻到底。立足“美是教育的本质”与培养“美、德、智、体、劳”全面发展的人

的这一根本的教育原理，**让校长找到管理学校的感觉，让教师找到教书育人的感觉，让学生找到学习与成长的感觉，让家长找到培养孩子的感觉，造成“学校赢、学生赢、家长赢、国家赢、世界赢”的“多赢”局面。**

就全面培养人来说，教育要以培养学生“艺术的感觉、哲学的思辨、科学的实证”这三大核心素质为目标。美感的培养应该永远是教育的逻辑起点；美感由内而外地激发人们对学习、工作与生活的热爱并使人心领神会地享受其中；美感既是教育的起点又是教育的终点，教育说到底就是对人的自我意识、对美感的唤醒；“生命、美、自由”三位一体——人类的教育实践要以培养人的美感为中心而阶梯式的系统地展开：人的美感的形成过程是一个由美的内化到美的外化的动态过程，这一过程大致可分为被动感受—主动接受—实际表现这么三个阶段，与此相应的教育也可大致划分为感美—立美—创美这么三个阶段。

婴儿时期主要着重进行感美的教育，即侧重用自然美、艺术美与社会美的形式来培养小孩感受美的能力，并逐渐形成健康的审美趣味和美的观念；幼儿与小学时期要以培养审美的人为中心，着重进行立美的教育，即幼儿园和小学阶段使儿童已萌发的对自然美、艺术美与社会美的审美趣味和美的观念得到确立，并积极引导孩子进行简单的创造美的活动（**课程主要有生态世界观、公民、运动、劳动、音乐、文学、美术、舞蹈、数学、科学、朗诵、写作、手工、游戏、自由活动、野外体验式学习等**）；进入中学后要以培养具有审美精神与和谐发展而又有创造能力的人为中心，着重用世界文化的精品来进一步提高感美与立美的水平并重点进行创美的教育（**课程主要有人文学科的课程：生态世界观、公民、音乐、文学、美术、舞蹈、摄影、戏剧表演、艺术史、中西人生哲学、宗教、科技发展史等；自然科学与社会科学的课程：数学、物理、化学、生物、计算机、外语、历史、地理、艺术设计学、社会学与生活、人类文化学、经济学、管理学、心理学、教育学、市场营销学、投资理财等；活动课程：体育、劳育、实验、社会研究、兴趣活动小组、野外体验学**

习、各类型的专题讲座、参与寒暑假的各种训练营等），即逐步使学生们的审美意识的冲动在对世界文化精品的欣赏、模仿与创造性的表现中，在对自然美、艺术美、社会美、科学美与哲学美的综合理解中，得到较复杂和较高级的实现；进入大学后就要以培养具有世界文化胸怀和善于解决问题的人为中心，进一步拓展学生们的审美空间，更全面地提高学生们的感美、立美与创美的水平并向熟练应用专业技术方向发展（**课程主要有人文学科的课程：生态世界观与生态学、中西哲学史、中外艺术史、科技发展史、美学、宗教、伦理学、文学、音乐、绘画、设计艺术、舞蹈、儒家心学、道的哲学、禅的艺术、中医世界观与方法论、藏传佛教的修炼体系、风水、气功等；自然科学与社会科学的课程：数学、物理、化学、生物学、计算机科学、生命科学、地球科学、空间科学、系统科学，外语、语言学、心理学、教育学、社会学与生活、人类文化学、历史学、地理学、军事学、逻辑学、法学、政治学、国际关系学、经济学、管理学、财政学、金融学等；专业技术课程：理、工、农、医、文、史、哲、教、法、财、金、管、音、美、体、舞等专业课程**）。

在这一课程结构中，人文学科课程是核心、是灵魂，自然科学与社会科学课程是理论基础、是方法，专业技术课程是理论联系现实的实践、是一系列解决问题的训练、是多向度的拓展。**这里，我要特别强调的是，应把人文学科的课程与人文精神的建设放到核心、灵魂与本体的地位。因为人文是埋在地下的精神基础，是国家走向强大的必需的精神土壤；人文、民主与科学是一个整体，人文能充分唤醒人的自我意识，为个人灌注浪漫、深度、有品位的精神生活，为民主灌注自由、平等、博爱的精神，为科学灌注充满创新精神的审美价值，为社会灌注生态主义与人道主义的终极关怀。因此，人文为立人之本，科学技术为立人之术，二者合一，才能造就出抱持健康价值观与充满创造活力的个体。**这就是教育应遵循的普遍规律。

五、人类教育的终极模式：生命教育模式

我的使命就是要使人类的教育从“知识教育模式”与“能力教育模式”转向“生命教育模式”，为统一全人类的教育，实现全球文化、政治、经济的一体化，建立一个充满“自由、平等、博爱”的大同世界做出贡献。

——柯领

根据我的研究，当代中国的教育体系是一种“以知识为中心”的传统教育模式，而当代美国的教育体系是一种“以能力为中心”的现代教育模式。现在，应该是把伦理学的价值论与心理学的方法论运用于具体的教育实践中，为建立人类统一的教育模式做出贡献的时候了。人类的教育模式是围绕教育目的建构起来的，也就是说教育目的决定了教育模式。当前世界范围内的教育模式主要是围绕人文主义中心或科学主义中心而建构起来的。以人文主义为中心建构起来的教育模式主要有三种：道德中心的教育模式、宗教伦理中心的教育模式、审美中心的教育模式；以科学主义为中心建构起来的教育模式主要有三种：知识中心的教育模式、能力中心的教育模式、创造力中心的教育模式。这一简要的宏观概括，有助于我们理解下面陈述的内容。

人类的教育思想从古代发展到今天，其核心价值观主要经历了三次转型：由古代的以孔子、柏拉图、亚里士多德为代表的“道德本位”的教育，发展到中世纪与文艺复兴时期的以奥古斯丁、托马斯·阿奎那、加尔文、马丁·路德为代表的基督教神学的“宗教伦理本位”的教育，再发展到近代的以夸美纽斯和赫尔巴特为代表的“学科中心或知识本位”的教育，以及发展到现代的以杜威、克伯屈为代表的“儿童中心与活动

本位”的教育。教育核心价值观的转变也伴随着教育模式的转变。古今中外的教育模式尽管很多，但在历史上经得起时间考验并产生过重大影响的教育模式并不多，到现在为止，大体上可以归结为两种基本教育模式：一种模式强调学生学习和掌握知识，重视提高学生的认识水平；另一种模式强调学生的活动和探索，重视促进学生能力的发展。这两种模式都有一个历史发展过程。19世纪德国教育家赫尔巴特（1776–1841）的“传统教育”模式和20世纪美国教育家杜威（1859–952）的“现代教育”模式是这两种基本教育模式的成熟形态和典型代表。

（一）传统教育模式：以知识为中心——重视掌握系统的知识

在西方教育史上，赫尔巴特被誉为“科学教育学的奠基人”，被尊称为“科学教育之父”；他于1806年出版的教育理论代表作《普通教育学》被视为教育史上第一部具有科学体系的教育学著作。在近代教育家中，几乎没有哪一位像赫尔巴特那样对许多国家的学校教育产生过如此广泛、直接和深刻的影响。赫尔巴特从重视道德到重视多方面的兴趣进而重视系统知识的传授和学习。**在一定意义上可以说，他的教育模式就是传授和学习知识的教育模式。在班级授课的条件下，这种教育模式不仅重视系统的书本知识，而且重视教师的讲授和学生的课堂学习。正因为如此，人们把这种教育模式概括成三个中心，即“教师中心、教材中心、课堂中心”。赫尔巴特影响了苏联教育家凯洛夫（1893—1978），凯洛夫的《教育学》在50年代翻译成中文，成了中国教育的“圣经”。所以，中国教育到现在，仍然是“以知识为中心”的教育模式。**这种模式比较充分地体现了教育过程作为一种特殊的认识过程的本质和特点，在一定程度上揭示了教育过程提高学生认识的某些规律，因而有其合理性的，这也是它的影响力和生命力的源泉所在。但是，这种教育模式在其发展过程中，也日益暴露出它的弱点和局限。实用主义教育家们猛烈批评这种教育模式是灌入主义、划一主义和主知主义，虽然有些夸张，但确实抓住了它的一些要害。由于这种教育模式重视书本知识，重视教师讲授，重视课堂学习，重视学生共性，所以学生的主动性、独立性、创造性和个人自由度就相对有限，实践机会少，发现成分小，师生之间、学生之间缺乏及时的交流和反馈。这样，也就容易脱离生活、脱离实际、脱离学生，不利于学生的全面素质的发展。因此，这种教育模式受到批评和非难，从而也必然推动人们去探索新的教育模式。

（二）现代教育模式：以能力为中心——重视体育、兴趣与培养能力

19 世纪末 20 世纪初，正当赫尔巴特的教育思想得到迅速传播并产生广泛影响的时候，人们对它的批评也越来越激烈。同时，欧洲和美国相继出现了新教育运动、进步教育运动、实用主义教育思潮等新的教育理论和实践。这些新的教育理论和实践虽然各有自身的特点，但也有一个相同的基本点：它们都与赫尔巴特的“传统教育模式”针锋相对，反其道而行之。在批判传统教育模式并建立新的教育模式的过程中，杜威是一个关键人物。他既是实用主义哲学家、教育家，又是进步教育运动的精神领袖，他的实用主义教育思想，不仅改造了美国旧教育和建立了美国新教育，而且产生了世界性的广泛影响。英美学者把他的教育理论代表作《民主主义与教育》与柏拉图的《理想国》和卢梭的《爱弥尔》并列。**杜威反对教师中心、书本中心和课堂中心的传统教育模式。他建立的新教育模式的主要特点是重视学生的活动和探索，重视学生的做和经验，重视学生的生长和发展。针对传统教育的积弊和要害，杜威派主张来一个“哥白尼式的革命”，实行另一个三中心，在一定意义上可以说，这是一种“学生中心、活动中心、经验中心”的教育模式。**这种教育模式的优点正好弥补了传统教育模式的缺陷。1916 年杜威发表了《民

主主义与教育》，标志着人类教育的一个新时期的开端，从此实用主义哲学开始成为进步教育运动的指导思想。这一教育思想的主要成就表现在三个方面。第一，各种进步学校如雨后春笋般地建立起来。这些学校的共同特点是：(1) 重视体育，注重学生健康，注意到智力发展与良好体质之间的密切联系；(2) 采用活动教学法，强调儿童从自身的经验中学习；(3) 把儿童的兴趣作为教育的出发点；(4) 提高学生对“民主”的认识，培养他们的社会责任感。第二，1919 年成立了进步教育协会。协会成为美国教改实验的中心，成为进步教育理论的发祥地，是改革者交流思想的场所。协会提出了进步教育的七条原则：学生有自然发展的自由；兴趣是全部活动的出发点；教师是教学过程的指导者，而不是“监工”；对学生的发展进行科学研究；更多地关注影响学生身体发展的各种因素；学校与家庭合作以满足儿童生活需要；确认进步学校在教育运动中的领导地位。第三，一批热心改革的教育家设计了各种新方法。其中影响最大的有：柏克赫斯特的道尔顿制、克伯屈的设计教学法。显然，进步教育运动冲击了旧教育的形式主义倾向，提高了儿童在教育过程中的地位，推动了对儿童的研究，纠正了 19 世纪教育中忽视儿童个别差异的倾向。进步教育运动使美国的学校教育更切合实际，学校增加了更多的活动，设置了较多的职业课程和技术课程，也更注意培养青年人适应社会、个人和职业的能力，科学和科研受到重视。

杜威倡导的这种儿童中心的教育，有人称之为就像哥白尼的日心说一样，在教育太阳系的中心，现在不再是学科知识了，而是人，以人为本。也就是说，整个教育的构造根据儿童成长的需要设计课程，而不是按照学科的体系，分门别类的来“教与学”，这个变化是革命性的，由学科中心的教育转向学生中心的教育，这就是我们到今天为止看到的，全世界大多数国家学校的面貌——全世界学校变得非常生动活泼，儿童非常喜欢到学校里去，学校里充满各种有趣的活动，在西方大多数国家的学校中，学校每天为学生们提供六七个课时的教学，寒暑假没有家庭作业，从初中或高中开始，学校采用学分制鼓励学生根据自己的兴趣爱好来选择课程并组织学习，中小学，下午 3：00 就放学了，然后学生们就自由选择地参加各种各样的艺术活动、体育活动、学习活动、社会活动、自由学习活动，等等。这样的学习，也许如有的专家所说：学生自己“探究”、“对话”“体验”“感悟”，学习轻松愉快。“学习权”和“好奇心”“求知欲”得到较好保障和满足。但是，这样的学习，有可能存在的危险是学生得不到足够的系统的科学知识，学生的数理逻辑思维训练不够，不能很好地运用和有效培养语言、抽象思维、知识体系等高级心理活动的能力，是一些支离破碎的知识充满了学生的头脑，教学质量就会降低。所以，这一教育思潮兴起一开始，就引发不断的争议。把这种教育模式绝对化、普遍化，就会从一个极端走向另一个极端，导致教育实践的偏差。杜威教育模式的主要缺陷是忽视了学生对系统知识的学习，学生的基本概念、基础理论与基本技能训练不够，他自己也承认进步学校的最大弱点是关于知识性教材的选择和组织。进步教育运动中的一些极端做法无疑降低了学校的教育质量，破坏了学校在传授人类文化知识方面应起的作用，造成了不良后果，受到了社会的广泛批评。杜威曾经悲观地认为知识性教材问题非但没有在他手上解决，甚至感到永远也无法解决。杜威的教育模式在 20 世纪的二三十年代曾激起不少国家和学校的教育改革者的热情，这些改革最终却因知识质量不高而失败。但杜威的教育模式的影响并未就此消失。事隔多年，哈佛大学的布鲁纳继杜威之后，在五十年代与六十年代的美国领导了一场以结构主义心理学思想为中心的课程改革运动，致力于解决教材的逻辑组织和心理组织的融合问题，取得了一定的进展。直到今天，杜威的影响仍然很大，教会学生学习、培养创造性、活动教学、实践教学、生活教学、发展性教学、问题情境教学、学校与社会相联系的教育理念与教育实践仍然是杜威教育模式的延续，对我们今天的教育改革仍然具有巨大的启发作用。

我的看法是，在幼儿园、小学与初中，这是教育的浪漫化阶段，是学生形象思维优势成长阶段，要重视感性的训练，应以杜威的活动教育模式为主来展开教学；到了高中，这是教育的精确化阶段，是学生逻辑思维优势成长阶段，要重视概念、原理与学科体系的系统学习，就要以赫尔巴特的知识教育模式为主来实施教学；到了大学，这是教育的综合应用化阶段，大学一、二年级以掌握基础知识为中心，教育应以知识教育模式为主实施教学，大学三、四年级后以解决问题为中心，教育应以活动教育模式为主来实施教学。

（三）生命教育模式：以人格为中心——重视生态世界观、艺术感觉与内在心性的培养

我注意到，以上两种教育模式都存在着严重的问题：前者是一种以传授知识为中心、重认知的教育模式，简称知识教育模式；后者是一种以解决问题为中心、重实践的教育模式，简称能力教育模式。他们都是以科学主义为中心而建立起来的教育模式，前者是重视书本知识、重视理性训练的科学主义中心，后者是重视实践、重视感性训练的科学主义中心。**事实上，人类的教育主要有两种模式，一种是以人格为本的教育模式，以提升人格为中心，把学习看成完善人格的高尚事情，培养出来的是“和谐的人”，能分辨美丑、真假、善恶，成为公共知识分子；一种是以智能为本的教育模式，也叫工具制造型的教育模式，以掌握知识和培养能力为中心，教给学生技能，让他们掌握谋生的本领成为有用的“工具”。**显然，无论是赫尔巴特的知识教育模式，还是杜威的能力教育模式都是“以智能为本”的教育模式，这是一种立足“培养工具人”的教育模式。他们共同的缺点是教导人们如何工作，如何在社会上找到一份好工作为目标，把培养学生做事的本领作为教育展开的出发点，以掌握知识与培养能力为中心，把学生们培养成能适应竞争社会的人，从而造成了教育的普遍问题——过分重视语文、数学与科学课程的学习（以

培养“读、写、算”的能力为中心）而缺少人文价值观的引导，使学生们缺少人文精神的陶冶，缺少求知的神圣感与崇高感，缺少对学校作为传承人类精神文明“圣地”的敬畏感，缺少精神家园与缺少内心的精神生活，气喘吁吁地被迫适应快节奏的学习、工作与生活，失去了生活的诗意与优雅，失去了多元发展的个性与创造性，失去了人作为人能悠闲地享受精神生活的乐趣。这两种教育模式都严重地忽视了教育的价值引导功能、忽视了教育首先是培养学生如何生活，如何做人——如何做一个内在精神世界丰富的充满爱心的能充分享受艺术、享受生活、享受学习、享受工作的人，在学会做人的基础上去追求做人与做事的整合。**为了实现这一理想，在“美是教育的本质”与教会学生“学会做人与学会做事”这两大核心教育理念的主导下，我创立了以审美为中心、重生命体验的教育模式，简称生命教育模式。这一模式可以概念为“审美中心与幸福本位”的教育模式，这是人类教育思想核心价值观的第四次转型。**这一模式也可以称为以自然为本的美育型的教育模式，该模式能把自然利益、个人利益、国家利益与全球利益通过超越时空的美、真、善、爱的价值观，最优化地结合成一个完整而和谐的整体，因此，也就理所当然地构成世界教育共同选择的最优化的教育模式，从而理直气壮地成为21世纪全球教育实践的奋斗理想。如果说古代以人格为中心（道德本位或宗教伦理本位）的教育模式为“正”，那么近代与现代的以科学技术教育为中心（学科中心或知识本位，儿童中心与活动本位）的教育模式是“反”，那么“生命教育模式”就是“合”，使人类教育思想完成了“正一反一合”三段式发展的辩证循环，让教育生活重新回到以精神生活为中心的轨道上来，这是否定之否定的肯定，是一次对古典精神的神圣感、优美感与崇高感以及高贵感的胜利的回归。**生命教育模式，又叫全人教育模式是一种立足于“培养文明人”的教育模式，这是一种以人格为中心的教育模式——这一模式在“生态世界观”这一精神理念的主导下，以师生的“幸福度”为中心，以培养学生“艺术的感觉、哲学的**

思辨、科学的实证”这三大核心素质为目标，以如何过艺术化的生活为出发点，特别重视学生自我幸福的感受，重视学生艺术感觉与内在心性的培养；重视学生对“美、真、善、爱”的心理体验；重视学生在“美、德、智、体、劳”这五个方面的均衡而全面的发展；重视学生的身体与体育活动；重视学生对知识要从整体到局部的系统把握；重视学生情意能力、整体思维能力与动手操作能力的全面培养，以及由此而形成的“天地人我”的整体和谐。生命教育模式是一种以人为本的、超越功利的教育模式。生命教育坚定地要为教育全过程灌注一种审美精神，因为，只有灌注审美精神的教育才是最大程度超越功利的为人谋幸福的教育。灌注审美精神的教育是一种把人的自然属性与社会属性、人的感性与理性、人的现实性与超越性充分协调起来的教育。

我的使命就是要使人类的教育从“知识教育模式”与“能力教育模式”转向“生命教育模式”，为统一全人类的教育，实现全球文化、政治、经济的一体化，建立一个充满“自由、平等、博爱”的大同世界做出贡献。

六、走向统一的人类教育

清楚自己要到哪里去的人，世界也会让出一条路来，任由你去！

——柯领

像一个凡人那样生活，像一个诗人那样体验，像一个哲人那样思考，像一个研究人员那样实证。清雅淡素，始终保持一种心地纯洁的良好状态，生活充满意，足乐矣！

保持梦想、保持激情、保持个性、保持愚蠢，永远听从内心的呼唤去行动。生命要“野性而又高贵”，这是一切卓越者的共同素质。我经常在内心朗诵唐代司空图二十四诗品《雄浑》的诗句：“大用外腓，真体内充，返虚入浑，积健为雄；具备万物，横绝太空，荒荒油云，寥寥长风；超以象外，得其环中，持之匪强，来之无穷。”通过反复朗诵这具有无限生命能量的诗句来强大自己内心世界的精神力量，以好把追求教育真理的探索以“天上地下，唯我独尊”的气势继续下去。

毛泽东曾说过一句有分量的话：感知了的东西，我们不一定理解了它，但只有理解了的东西我们才能更好地感知它。为了使读者能够心领神会与更加全面地理解我所表达的“美育是全部教育的中心”的教育思想体系，在这里，有必要对我走过的教育探索之路作一简要的陈述。

回顾我的人生历程，那是激动人心的一次又一次充满生命激情的精神历险。像思想家罗素一样，有三种激情一直强烈地支配着我的人生：对美与爱的渴望、对真理的求索、对人类不幸与苦难的无限怜悯。这三种激情时而像狂风时而又像细雨一样一直揪心揪肺地主导着我的生活。

一段漫长的沉思的生命是一次伟大的历险。思想往往来自经历后的反思、提炼与总结。

经过以上综观全局的探索之后，还应对产生这些思想的背景作一简要的介绍：我幸运地生活在中国政治、经济、文化的转型时代，旧的物质决定论的价值体系正在被摧毁，新的精神决定论的价值体系尚待建立，社会生活中出现的光怪陆离、五花八门的现象通过视觉与听觉深深地刺激着每一个有良知的中国人的心灵，转型期的各种问题无不充分地暴露出来，把学者们的头脑导入了一个丰富多彩的问题情景——中国的问题、西方的问题、全球的问题，这为中国的学者们通过思考解决中国的问题进而解决西方的问题与全球的问题，提供了一个可观、可感、可思的现实环境。带着中国的问题走进全球的问题再回到解决中国的问题，这已成了当代先进的中国知识分子的共识。

（一）我的成长历程与发现“美是教育的本质”

在我看来，人生要从“读自然之书，读艺术之书”这两本厚厚的大书开始。我 1963 年出生在四川乐山五通桥，一个素有“小西湖”之称，山环水抱自然生态环境十分美丽的地方。成长在 60 年代与 70 年代，在那个动荡时期，由于“读书无用论”思潮的影响，学校教育散乱与学习压力不大，歪打正着地使我在幼儿园、小学与中学有过充分的不受书本知识影响的自由玩耍教育与体能意志教育。我首先读的是“自然之书”——我们家在长江边，我从小在水中成长，捉迷藏、下象棋、打泥巴战、爬树、钓鱼、捉鱼虾、粘蝉、养鸡、养鸭、养狗、养鱼、养蚕、游泳、长跑、远足、爬山、打乒乓球、打篮球、踢足球，还参加了学校游泳队、田径运动队与排球运动队，等等；其次读的是“艺术之书”——在母亲的教导下，唱《莫斯科郊外的晚上》《红梅花儿开》《友谊地久天长》《跑马溜溜的山上》等，又学习吹口琴与拉小提琴并参加学校合唱队，接触了许多中外的世界名曲；正是这些尽性而痛快的玩耍和这些优美的乐曲，使我的自然人格与审美人格得到了充分的发展，奠定了我的审美鉴赏力与创造力的全部基础。由此，在我看来，心灵的自由是创造的根本，通向心灵的自由主要有两条途径，一是由身体动作的自由内化为心灵的自由，另一条是由艺术想象力的自由内化为心灵的自由；**在此基础上，我相信贯彻教育始终的普遍教育法则是："野蛮其肉体，文明其精神"（这一法则来自毛泽东的《体育之研究》中的见解）；在这一普遍法则的主导下，应把培养孩子独立而又高贵的人格品质放到首位，让独立而又高贵的"自我心象"从生命底生长出来并主导人的一生。**万事开头最重要，在成长的初期，要让儿童的充满野性的"自然人格"与儿童的充满高贵的"审美人格"得到充分而尽兴的发展，为一生的生存与发展打下"身体与精神"的基础；也因此，我认为，人在十二岁之前所要做的主要有两件事，一是尽兴的自由玩耍，让身体得到和谐而健康的成长；二是充分感受艺术，让心灵得到和谐而健康的成长。其他逻辑色彩较浓的知识十二岁以后再学也不迟。总之，"读自然与艺术"这两本厚厚的大书，既开阔了我的心胸，放大了我对天地人的感情，也放大了我的人格、希望与梦想。

我的思想启蒙在80年代。我于1982年考入了中国西南部的重庆大学学习电气工程专业。儿童期所要征服的是物质世界，青年期所要征服的是精神世界。80年代是中国20世纪的第二个文艺复兴时代，被政治运动耽误了的中国终于又一次向世界敞开了她的胸怀，西方积累了一百多年的各种思想与方法，像雨后春笋般地突然涌现在中国的大学校园里，我像一个知识贫穷的乡巴佬，饥饿地在大学的校园里大口大口地吞食各种异域文化的营养，我的思想被深深地卷入了存在主义哲学、人本主义心理学、系统科学方法论的三大思潮之中：

以尼采、海德格尔、萨特为代表的存在主义，开阔了我的思考视野，使我思考人、人的存在、人的价值，从而形成了我的"自由—选择—责

任”的人生哲学；

以马斯洛、罗杰斯、弗罗姆为代表的人本主义心理学，激发了我对心理学的兴趣，形成了我从需要、自我实现、价值观的角度来思考人的心理与行为的分析框架，从而使我走上了探索潜能教育的道路；

以贝塔朗菲、申农、维纳、普里高津、哈肯、托姆为代表的系统论、信息论、控制论、耗散结构论、协同论、突变论而形成的系统科学方法论，极大地拓展了我的认识论与方法论的理论思维，在我的头脑里形成了三大原理与三大分析方法的思维方法——三大原理是整体原理、有序原理、反馈原理，三大分析方法是系统—要素—层次分析法，结构—功能—涨落分析法，状态—过程—转化分析法。这三大原理与三大分析方法非常有效地帮助我认识问题、分析问题与解决问题，并 奠定了我的认识论与方法论基础。

“生如夏花之灿烂，死如秋叶之静美”（泰戈尔）的这一人生信念一直主导着我的大学生活。1985 年，当时我作为重庆大学一名学习电气工程专业的学生和重庆大学音乐协会的会长，我当工程师、当政治家与当企业家的梦想破灭了，经过失败和内心痛苦的裂变后，我发现，对我个体来说当工程师与当企业家其生命价值比鸿毛都要轻，而我渴望自己的生命价值比泰山都还重，这两种工作都让我找不到生命的激情，满足不了我的内在需要，安顿不了我这颗狂野之心。旧的理想已成过去，新的理想尚待建立，有半年多的时间，我的人生处于没有目标的失重的、焦虑而又痛苦的状态，我未来的人生目标在哪里？我的工作兴趣在哪里？能让我的生命燃烧的点在哪里？这些问题让我焦躁不安地度过一天又一天，正像苏格拉底的名言：未经思考的生活，是不值得过的。我要豁出命来不顾一切去全力寻找，因为只有找到我的人生目标，我才能安心，才能愉快的学习、生活与工作，才能理直气壮地过好下半辈子。后来，我发现我有很好地走上讲台讲课的才能，我在大学作过《音乐欣赏》《管理概论》《心理分析》《识谱训练》《吉他训练》《自由舞训练》的大型讲座，几百人的教室座无虚席连过道都坐满了人，我具有气势宏大的感染力和出其不意的幽默感，听众笑声掌声不断，整个会场的思维都被我所左右，我找到了生命的激情与自我实现的感觉，受高尔基的名言“一个人追求的目标越高，他的才力发展得就越快，对社会就越有益，我确信这是真理”的影响以及拿破仑的名言“不愿意做元帅的士兵不是好士兵”的激励，我就梦想要当一名教师，要么当一名大学教师，要么就下海自己办学，做一个世界级的教育家。**拒绝国家分配，抛开社会为我们每个人设计的枷锁与条条框框，我要过一种属于自己的生活，“宁可站着死，绝不跪着生”成了我的内心信念。理想的“心象”在我内心深处自然而然地升起，让我感到生命从未有过的轻松、快乐、开心，让我如痴如醉。**在这里，许多人把自己的成功和失败都归咎于环境，我并不轻视环境，但是，我想一个真正有所作为的人，总是奋力去寻找适合自己生存的环境，如果这种环境在现实中没有找到，他也会千方百计地去创造这样的环境。**我不顾一切冒险地设计了自己的未来，我相信，清楚自己要到哪里去的人，世界也会让出一条路来，任由你去；成功的秘诀是：设计好一个角色，然后全神贯注去塑造他。**我找到了支撑我生命的事业的根基，充实生活的源泉，向人类的未知领域挑战，展开了想象力的翅膀飞升到了遥远的地方，追求绝对和永恒。1988 年从重庆大学毕业后，我就带着这种梦想和狂野的激情去了重庆师范学院跟随著名的心理学家和教育家唐自杰教授学习心理学，从事向人类未知领域挑战的研究工作，并渐渐形成了我自己的心理学与教育学的思想。我构想要写一本《潜能教育学》的教育专著，我把这本书分为教育论、教学论、学习论三个部分。从 1985 年到 1989 年我侧重从结构主义的角度来研究学习论，形成了“整体—部分—整体”三段式的学习论思想；从 1989 年到 1991 年，我在重庆潘菽心理学思想研究会的帮助下，创办了重庆市学习潜能研究中心，在重庆师范学院心理学教授唐自杰的指导下研习潘菽的心理学思想并从事教学培训工作，我侧重从人本主义、结构主义与系统科学方法论的角度来研究教学论，形成了“整体—部分—整体”三段式的教学论思想；1992 年到 1994 年我去了中国西南部的成都担任成都爱达推销学校的教务长与四川爱达经理学院的教务长，我们的教师大多是世界各国著名的商学院毕业的 MBA，与他们配合，在我“心·脑·手合一”教育理念的主导下，我按东西方文化学、系统科学、心理学的规律设计了一套培养 MBA 的教学计划，我同时也上《成功哲学》《管理模式》《市场营销》这三门课程，我十分享受我的工作，开始了由教育思想向教学实践的全面转化，三段式的学习论与三段式的教学论思想得到全面的应用，并在教育实践中成功地验证与进一步的完善，可是，我的教育论思想仍然没有形成整体的结构，教育的本质是什么？如何科学而系统地构建教育论体系在我的头脑中以问题的方式思考着，直到我 1994 年进入成都中医药大学学习后才有所突破。

我的思想深刻转变是在 20 世纪 90 年代。当我 1988 年从重庆大学毕业，又自由地到重庆师范学院花了三年的时间选学了心理学、教育学、教学论、美学、西方文学等课程，以及出任四川爱达经理学院教务长之后，于 1994 年 10 月 8 日，我又再一次进入了中国西南的一所大学——成都中医药大学，全心全意地系统学习中医的针灸推拿与骨伤科专业。以前我系统学习的音乐、电气工程、企业管理与市场营销、心理学与教育学都是属于西方文化，这次我学习的是具有东方哲学神韵、美学神韵与科学神韵的中医文化。刚开始的时候，我并不知道我是否能学好中医学，抱着尝试一种新文化与新方法的积极的心态开始了中医学的学习。中医是一门天人合一的哲学体系与医疗体系，是一门教人如何“内视”的静穆的学问，是养生与康复的核心途径。**很快我就为中医的充满天人合一的哲学精神与美学精神所倾倒，为五脏六腑气血经络的世界所陶醉，我感到惊讶！为什么一个曾经学习过西方高雅音乐与学习过西方工程技术及其西方系统科学方法论的人会如此为中国的“元气、阴阳、五行、八卦”的哲学精神与美学精神所倾倒，为中国传统文化的“元气世界、天人合一、大道本体、逍遥人生、太极宇宙、心性修炼、内圣外王”所激动，**我陷入了深刻的沉思之中，经过一段时间的反思后，我终于悟出三个道理：

第一，全世界的文化在高雅的层次上其审美品位是一致的，热爱西方的高雅文化就必然热爱东方的高雅文化，要共鸣才能彼此欣赏。所以，我们可以通过先学习西方的高雅文化，形成审美价值判断与科学思维方式，再转向学习中国的传统文化，这样就能把中国的传统文化以去其糟粕、取其精华的方式从土、俗、雅的熔炉里提取出来，从而实现中国传统文化的创造性的转化而形成世界文化。我深深地认识到：只有民族高雅的文化，才是世界的文化，这就是文化传播的真理。

第二，东西方文化就像太极图一样，是一个互补的结构，东方文化“阴盛阳衰”，西方文化“阳盛阴衰”，因此，东西方文化都需要在美、真、善、爱的价值结构内，在系统生态的“自然中心主义”的主导下，实现创造性的转化而形成阴阳平衡的世界文化。这种“万物负阴而抱阳”的吸收了东西方智慧精华的世界文化是感性主义、审美主义与理性主义的统一；是生态主义、人文主义与科学主义的统一；是个人主义、国家主义与世界主义的统一；最终走向“天地人”的和谐统一，和谐统一的世界文化将促进人类在“团结互助、共创未来”的崇高精神信念的指引下，充满自信地走向知识经济时代，走上可持续性的发展道路。这正是21世纪全球教育与社会发展的主题。

第三，当代世界的主导型的思维方式是“笛卡尔—牛顿机械论时空观”的思维方式，必须要被东西方智慧结合的“系统生态论时空观”的思维方式所代替（见卡普拉的《转折点》一书），人类才能从根本上摆脱地球的生态危机与国家的无灵魂的教育危机及其个人的无意义生活之痛苦的精神危机。

以上的思想转变，激活了我的创造热情，促使我要走东西方文化综合创新的道路。机遇是赋予有准备的头脑。由于我一直在内心深处尝试着去创造性地写一本教育学的书，并且担任过经理学院的教务长，我具有从宏观思考教育问题与反思教育问题的能力。在读成都中医药大学期间，1995 年 12 月 8 日的这一天，我突然生发出了一种感觉，我认为中国没有大学，由于中国的大学缺少理想主义的人文精神与文化底蕴，实际上已沦落成了一个职业的培训机构，完成的是高等技工学校的功能。这个问题强烈地激发了我的思考，我思考中国教育的出路何在，如何才能让中国的教育摆脱困境？我对中国的教育提出了严厉的批评，我预感到我可能会产生一些深刻的思想，因为创新往往是从批判开始的，批判和创新成正比。

1996 年 1 月 1 日的这一天，我受美国普渡大学的《制图基础》这本教科书的启发，发明了一个普遍的学科公式：学科 = 学科精神 + 学科理论 + 学科技能。中国的中小学与大学教育基本上没有学科精神，没有学科的哲学精神、美学精神与科学精神，我们的教材与教师教授的主要就是一些条条框框的学科理论与学科技能，按部就班地一点一点地机械地讲课，缺少生命体验、缺少历史观、缺少一种活的灵魂与整体思想，缺少解决问题的可操作性，当然，也就必然缺少一种激情与创造性。这是一个很严重的问题，怎么办？

1997 年 1 月 6 日这天对我来说是人生道路上的一个转折点，当时我正作为一名成都中医药大学的学生在医院实习，我早晨骑车到医院上班，7 时 15 分在成都锦江大桥上灵感突发，由于对长久盘旋在我头脑中的几个发达国家与发展中国家的发展问题以及我自己的素质与周围的人的素质的比较问题，使我直觉地发现了“美是教育的本质。教育内容的五育结构应该是美、德、智、体、劳的有序结构才符合教育发展的客观规律”。我欣喜若狂地跳下自行车站在锦江大桥的桥头用随身携带的笔记本记下了这一重大发现并简要地写下了教育论的提纲：

教育论应该由三个部分组成：

一、培养美的鉴赏力

主要通过自然教育与艺术教育来培养美的鉴赏力

二、塑造独立而又高贵的人格

（一）通过自由选择来塑造独立的人格

（二）通过高雅艺术来塑造高贵的人格

三、形成良好习惯

（一）态度的良好习惯

（二）认知与行为的良好习惯

（三）彻底行动的良好习惯

这样整整思考了12年的教育论终于因为悟到了“美是教育的本质”而形成了一个由点、面、体构成的操作结构，我带着狂喜，带着一种强烈的责任感与使命感又再次全身心地投入到《潜能教育学》一书的写作之中。专注于自己的兴趣所在，然后满怀激情，心无旁骛地投入，直觉发现的结论需要经过逻辑论证才能让人们心服口服的接受，经过一年多的努力于**1998年1月14日我撰写了《教育本质的新视角》这篇两万多字的论文，终于以感性与理性、理论与实践相统一的方式，证明了“美是教育的本质”，在进一步理性论证的过程中，我又发现人的本质与教育的本质及其人类文化的本质具有同构关系，也就是说，美是人的本质与教育的本质及其人类文化的本质，从而有可能永久性地解决了这三大困扰了人类许多年的世界性的学术难题**。我把论文投向了中国教育研究的最高学术刊物——《教育研究》杂志，受到了编辑部与中央教科所的专家们的好评。这给了我进一步深入研究下去的决心和信心。

经过曲折的历程，我写的《教育本质的新视角》的论文终于发表在四川教育出版社主办的《教师之友》2001年2、3两期上，我的研究成果，独特的思想以及语惊四座的发言，已渐渐引起了社会的关注，在成都我接受了好几家报社记者的专题采访和整版报道，我上了《读者报》《四川青年报》《天府早报》《四川画报》与四川电视1台和电视2台，最大的一次是教育部的《中国教师报》，2003年10月15日、23日两次以《我为教育狂》为题目连续采访整版报道我，一时在中国的教育界就成了名人。有许多人给我写信和写了评论的文章。

（二）重建人类心理学的体系

从 1997 年 1 月到 1998 年 12 月这近两年的时间里，我的人学、心理学与教育学研究中的重大成果基本上都是在这一期间内突破的：

首先，我 1997 年 1 月 6 日的早晨发现了“美是教育的本质”，为人类的教育建立了共同的基础，后来又论证了“美是人的本质与教育的本质及其人类文化的本质”；这样，教育的实践就应围绕以下的精神结构展开：美是教育的本质，构成教育的核心与灵魂；在此教育思想的彻照和穿透下，教育内容的五育结构，就应该是“美、德、智、体、劳”的有序结构才符合教育发展的客观规律；由此，教育的实践就应该在“教育为立国之本、美育为立教之本、审美为立人之本”这三大信念的主导下，围绕建构人生的三重境界，即“审美境界、天地境界、功利境界”全面而系统的展开。

1998 年 2 月 21 日，我发现了“情感结构”，明确提出：“人的情感由本能情感、审美情感与理智情感三个部分构成，其中本能情感是人天生具有的情感，审美情感与理智情感是人后天由教化形成的具有社会属性的情感。而审美情感比理智情感更根本，它是连接本能情感与理智情感的中介和桥梁。因此，在情感活动中最基本的社会情感就是审美情感。审美情感是由人的审美需要通过心灵对客体的审美共鸣而产生的情感。审美情感是人所特有的本性，是人区别于动物的根本特征，也就是说，审美情感是人摆脱动物性的根本出发点，是人走向理性、走向精神生活、走向创造性实践的逻辑起点。”

1998 年 6 月 18 日，我发现并揭示了人的心理的发生学机制：明确提出了“心理发生于需求以及对需求的刺激。需求是先验自我，是心理活动的本体，是有机体向外扩张的一种生理要求与心理要求，是一种生存的本能与发展的潜能，需求以及需求是否得到满足而产生情感，情感内化就形成价值观，情感活动是起主导作用的活动，是控制人的心理活动与行为实践的动力结构，情感决定意志、理想、信念与价值观的方向，决定认识活动的深浅程度，决定行动的方向与大小。”

这样，**我就重建了人类心理学的体系，突破了传统的以认知为中心的“知、情、意”心理学三分法的体系，而创建了以需求与情感为中心的“意向活动与认识活动”心理学二分法的体系，全世界的人文与社会科学的学术界都要从这种重认知、重理性、重思维的心理学三分法体系的灾难中解放出来，关于人的学术研究才能走上正轨，走向为人谋幸福的康庄大道。我深深地感到，全世界学术界都还需要来一次最根本与最彻底的思想解放，把人从片面的唯物主义的压抑中、从片面的实用主义的压抑中、从片面的理性的压抑中、从片面的科学技术的压抑中、从片面的诺贝尔奖的偏重自然科学的压抑中、从片面的美国领头的重工业与重商业的社会发展模式的压抑中、从片面的金钱与物质的压抑中、从片面的国家主义的道德的压抑中、从片面的经济竞争的压抑中、从片面的文化精神生态失衡的压抑中、从片面的教育生态失衡的压抑中、从片面的自然生态失衡的压抑中解放出来，一切以自然为本、一切以人为本、一切以人的需求与情感为本、一切以美为本，让人最大程度获得幸福。**当今的人类思想主要是两千五百多年前被德国思想家雅斯贝尔斯称为人类思想第一个轴心时代的孔子、柏拉图、释迦牟尼、基督教以及稍后一些的伊斯兰教等站在一个地域的窄小的视野上制定的，整个人类就被这几个思想家的“以道德为本”，“以理性为本”，以“佛”为本，以“上帝”为本，以“真主”为本的思想主导着，并成为主导人类社会运行的各种价值范式，而其中又以柏拉图建立的以理性主义为中心的文化体系成为西方文化的主体在全世界强势传播。柏拉图的灵魂论把人的心理划分为“理性、意志（激情）、欲望”这样三个部分，认为理性是心理的中心，理性位于头部、意志（激情）位于胸部、欲望位于腹部横膜与肚脐之间，后来德国哲学大师康德以理性为中心按“知、情、意”三分法的思路建立了《纯粹理性批判》《实践理性批判》《判断力批判》这三大批判的哲学体系，黑格尔以理性为中心建立了“绝对精神”的哲学体系，全世界的学术界就在这个以理性为中心的圈圈里迷宫般地转了两千多年；而我把人的心理划分为“情、知、行”这样三个部分，认为情感才是心理的中心，我作了发生学的逻辑论证。事实上，西方文艺复兴以来学术界一直有一个非理性主义的潮流（非理性主义其实质就是情感主义，一种以情感为中心的思想潮流）想突破理性主义主导一切的这个瓶颈，如西方的卢梭、歌德及后期的康德、席勒、荷尔德林、倭铿、西美尔、帕斯卡尔、克尔凯戈尔、叔本华、尼采、狄尔泰、柏格森、施本格勒、弗洛伊德、荣格、怀特海、弗兰克、别尔嘉耶夫、舍斯托夫、胡塞尔、舍勒、奥伊肯、哈特曼、梅罗—庞蒂、海德格尔、萨特、雅斯贝尔斯，杜威、马尔库塞、马斯洛、罗杰斯、弗罗姆、伽达默尔、耀斯、哈贝马斯、福柯、舒斯特曼、韦尔斯等，中国心学流派的大师，如孟子、陆九渊、王阳明与当代的著名学者，如梁启超、王国维、蔡元培、熊十力、梁漱溟、贺麟、唐君毅、牟宗三、朱光潜、宗白华、李泽厚、刘再复、刘小枫、高尔泰、曾繁仁、陈望衡、滕守尧、申荷永等，他们都不同程度站在西方文明的角度与站在东方文明的角度，从个人的生命体验出发都感觉到了情感的重要，感觉到了自我意识的重要，感觉到了生命意志与人的主体性的重要，可是就是说不清楚，只是个人的经验之谈，还没有上升到科学的高度作发生学的逻辑论证。而我从心理科学的角度在人类史上第一次以“需求的内涵与外延为突破口”揭示了人的心理的发生学机制（这一机制跟佛教《瑜伽师地论》与《成唯识论》的“八识”学说很相似），对以“人的需求与情感为本的心理学体系”作了逻辑论证，我可能是全世界把“情感为本、认知为末”这个事情说清楚了的第一人，**所以，全世界的教育都要以人的需求与情感为中心，依据“美是教育的本质”这一最高规律的世界观与方法论来制定整个人类教育的游戏规则，来带动人类思想的全面解放与人类思想的第二个轴心时代的来临。**

我在继承中国心理学家潘菽教授与唐自杰教授的心理学思想的基础

上，创建了以需求与情感为中心的心理学二分法的体系。传统心理学把人的心理过程划分为知、情、意这三大活动，而我在批判这种由柏拉图提出经康德三大批判充分发挥的本末倒置的三分法体系的基础上，继承与创新地提出了心理过程二分法的体系，即把人的心理过程划分为意向活动（情意活动）与认识活动这两个部分：

意向活动包括：需求、情感、意志、理想、信念、价值观；

认识活动包括：注意、感知觉、记忆、思维。

意向即人的意愿所向，它是人活动的动机部分，也是人活动的动力所在。在心理活动中，意向活动是第一性的、居核心支配地位、起主导作用的心理活动；认识活动是在意向活动主导下的认识活动，意向活动是在认识活动指引下的意向活动；意向活动主导认识活动，认识活动指引意向活动，所以，意向活动比认识活动更根本。

心理发生于需求以及对需求的刺激。在心理活动中，需求是什么？需求是先验自我，是心理活动的本体，是有机体向外扩张的一种生理要求与心理要求，是一种生存的本能与发展的潜能。需求的结构是一个先验的时空结构，它是人类进化而形成并由遗传而获得的原型结构。人的需求从低级向高级发展，由生存的需求、审美的需求、理智的需求组成一个三层次的结构。**需求以及需求是否得到满足而产生情感，情感内化就形成价值观。在心理活动展开的过程中，情感活动是起主导作用的活动，是控制心理活动与行为实践的动力结构，情感决定意志、理想、信念与价值观的方向，决定认识活动的深浅程度，决定行动的方向与大小。**

从发生认识论的角度看，需求是心理的发生本体，情感是心理与行为的动力本体。情感为本，认识与行动为末，情感本体主导认识与行动。人的心理行为结构应该是“情知行合一”的结构，人生就是围绕这一结构展开的。情感是一种直觉把握世界的方式，具有本体的价值；情感是内在动力，它使心理与行为自动化。在自然状态下，人只生活在自己情感投射的范围内，或者说，人的认识与行动只为自己情感所投射的范围包围；人只愿意去认识自己所感兴趣的事物；只愿意去做自己所希望做的事情。因此，以情感为本体的“情知行合一”的心理行为结构就是我们认识自己与认识他人、洞察人性与理解世界的最有力的心理分析工具。只要我们了解一个人的情感模式——准确地说是美感模式，我们就可以大致地预见他（她）的认识活动与行为实践展开的基本情况。1998 年 12 月 20 日，我完成了《教育的心理学基础》这篇 3 万多字的论文。为人类建立了整体的心理学模型：

我所创建的普通心理学体系——一个人类统一的心理学模型，可用如下图式表示：

普通心理学体系的结构

一、心理发生：心理发生于需求以及对需求的刺激

二、心理活动与心理成长

（一）心理活动的结构：意向活动（情意活动）与认识活动

意向活动包括：需求、情感、意志、理想、信念、价值观

认识活动包括：注意、感知觉、记忆、思维

（二）心理成长的规律：情感成长规律与认知成长规律

情感成长的三个阶段：本能情感—审美情感—理智情感

认知成长的三个阶段：动作把握—形象把握—逻辑把握

三、心理结构：人格结构与智能结构

（一）人格结构=需求+情感+价值观

（二）智能结构=知识+能力+思维方式

这是一个具有思想性、整体性与可操作性的统一的心理学模型，是欧美心理学体系、苏联心理学体系与中国心理学体系的一次综合创新的整合。

这样，我就为人类的教育建立了共同的本体论与共同的方法论。教育学是建立在伦理学的价值论与心理学的方法论这两大根基学科之上的，只有伦理学与心理学“元理论”研究的突破，才能带来教育学研究的整体突破。

我的《追问教育的本质》一书的体系，就是围绕以上的“美是教育的本质”这一核心理念与心理学二分法体系的方法，从理论到实践系统展开的。

（三）走向统一的人类教育

2004 年 8 月 1 日我写完了《追问教育的本质》一书的初稿。2004 年 8 月 3 日我到达美国旧金山，从此开始了我在美国定居的生活历程。

旧金山是一个美丽的、感伤的与英雄的城市。我之所以称旧金山是一个英雄的城市，是因为这里发生了影响人类思维方式的四次大的文化运动。它们分别为：“垮掉的一代”的现代主义文学运动；“嬉皮士”的生活方式运动；“硅谷”的电脑科技文化运动；“回归心灵”的新时代运动。还是在中国的时候，我对发生在旧金山的这四次影响人类思维方式的文化运动就有所了解，看了一些书和资料，后来到了旧金山，我对发生这些运动的地方进行了多次的考察和收集资料，并跟随这些英雄们的足迹而重新走了一遍，身临其境后就有了更深的了解与心领神会的介入。

在这引领世界潮流的四大文化运动中，尤其是“回归心灵”的**新时代运动 (New Age) 的“三大中心思想”对我影响较大：**

1. 爱自己

新时代运动认为“爱自己”就是要过一种身心灵合一的“慢生活”与修炼出一个强大的内心世界。放松自己，享受孤独，运动，呼吸新鲜空气，音乐，动功，静坐，冥想，深呼吸，创造性，做喜欢的工作，有情调的吃、穿、住、行、用、玩等。主观的内在世界与客观的外在世界是相对应的。相由心生，境由心造，心物一体。幸福是一种主观的感受，与外在的世界无关，全靠心意用功夫，修炼出一个强大的内在的精神世界能战胜一切外在客观世界的不幸。内圣的功夫要优于外王，佛陀在成佛时看见一切众生毕竟是佛、究竟是佛，因此我们知道外在的一切只是内心世界的反应，唯有完成自己，这个宇宙方能真正地被完成。爱自己是新时代运动中很重要的观念，这个观念有别于传统叫我们去救世，去背负拯救天下重担的悲情主义。

2. 走向天人合一

新时代运动认为“天人合一”是新时代运动的精神内核。走向天人合一主要包括三个层面：(1) 走向自然的天人合一：人与自然是一个和谐的整体，人与自然的关系是一个相生相克的关系，处理好相生相克关系的唯一原则就是“双赢原则”，在双赢原则的主导下，尊重自然生态与自然天地运行的规律，过一种生态的生活方式，建设一个生态的社会与生态的地球。(2) 走向身体的天人合一：用《黄帝内经》的话说就是法于阴阳，和于术数，饮食有节，起居有常，不妄作劳，故能形与神俱，而尽终其天年，度百岁乃去。(3) 走向心灵的天人合一：放松，放松，安静下来，恬淡虚无，精神内守，神凝气聚。当理性的思维沉寂下来时，直觉状态就会产生一种特殊的意识，能以一种直接的方式体验到周围的一切，各种局部的形式消退了，融化成浑然的一体，体验庄子说的“天地与我并生，万物与我为一”的状态。这个观念有别于传统的主客对立，人与自然对立的思维方式。

3. 活在当下

新时代运动认为任何一个生命最终会察觉，所谓成道只是了解我们无处可去，无事可做，我们生命中最重要的一件事唯有好好地活在当下，也就是当下放松与当下觉察，此与传统叫我们修来世死后上天堂或去西方极乐世界的观念有别。活在当下，就意味着爱自己，爱别人，爱这个世界。学习感恩；做你喜欢的事情；安静独处，感受美好的事物；微笑，让微笑的感觉发自你的内心，流遍全身，散发到你的周围，接受你所拥有和经历的一切；听表现积极情绪、动听美妙的音乐；避免表现负面情绪的音乐，运动可以让血流通畅，使身体拥有健康活力；跳舞，放松自己；唱歌，抒发美好感受；鼓励自己，或者鼓励朋友；祈祷，把你的愿望告诉宇宙或者神灵；阅读内容积极，有激励作用的书籍；有目的地提高振动频率，让自己更幸福、更自由，更加接近自己的梦想；灵修，增强能量，让自己梦想成真；看好的电影；洗比较久的热水澡，或者做蒸汽浴，接受按摩；做母亲（只适用于女人）；跟所爱的人在一起，看日出，或者看日落，发挥创造性，写诗、作画、雕塑、设计、做家具等都可以，把你的天赋发挥出来，过好每一天。

彻底的生命体验，都是本其根本而发，否则浮泛不切，不知归于何处。只强调自由颠覆而轻视责任传承，对国家社会无益，甚至对自己身心性命亦无益。灵魂未进化成高灵却变成宇宙游魂，岂不哀哉？以水瓶座的精神来说，水瓶座为天王星与土星共同统治，天王星象征革新与自由，土星象征传承与责任，任何一个新兴的文化运动，都需要建立在有根有本的文化薪传上，方能可大可久。因此我们在学习西方的灵性知识时，最好还能强化儒释道三教之哲学宗教面向，体会儒释道三教的内在精神与新时代运动的本土化发展，实是紧密契合而不可分的。

欧美 20 世纪 60 年代以美国加州为中心兴起的“回归心灵——回

归原始，滋养灵魂，在日常生活中发现精神性”的新时代运动（New Age)，正在渐渐地影响全球。新时代运动涵盖的范围非常广泛，包括了：后现代哲学、科学、心理学、音乐、文学、绘画艺术、超能力、通灵、水晶研究、外星人、古文明等题目，逐渐形成一种崭新的生命观与宇宙观及其身体实践体系。新时代运动现今已在各层面如文化、电影、著作、艺术，以极快的速度向全球展开，如电影《阿凡达》《功夫熊猫》《美食·祈祷·恋爱》以及欧美的一些大片，音乐有英格玛、班德瑞、爱尔兰的凯尔特风格、梵乐、禅乐、喜多郎的音乐、谭盾的音乐、何训田、刘索拉、萨顶顶的音乐，等等。新时代运动其中一个重要的分支就是“向东方行”。“爱自己、走向天人合一、活在当下”这三大思想是新时代运动强有力的口号。这是一场发生在人们内心深处的静悄悄的革命：在当代，学习实践东方哲学体系的人越来越多，天人合一：超觉静坐、气功、生活禅修炼、瑜伽、易经、太极、禅学、密宗、道德经、逍遥游、风水、中医、水疗、香疗、苏菲玄秘学、马哈拉志等拓展心灵意识的法门大大风行起来。每年都有成千上万的人在发现了东方智慧之后，抛弃了毒品而回到心灵经验的正确道路上来。人类在经过了一个黑暗充满暴力的“双鱼座时代”，正进入一个充满爱心和光明的一千年，也就是“水瓶座时代”，也就是“新时代”，是心灵真正得到自由解放的时代。一种新的人类正在诞生，这些人是经历了身心的大变化，彻底改变了自己而得到了自由心的革命者，这些人是绝不以自己的私心作为生活目标的人。现在，参与拓展心识的人每年有上百万上千万，各阶层的人都有，他们形成一个网，比革命计划还要广大，比革命活动还要深远，是一个“秘盟”，正在触发一项在历史上最可观的文化重振事业。他们包括思想家、教师、文员、科学家、政府雇员、立法者、艺术家、百万富翁、的士司机等各个范畴的人，正在形成 21 世纪一个与主流体制并行的静悄悄的文化运动。

我在旧金山贪婪地吸收着这些英雄们身上的气息以强烈生命，广泛地吸收东西方文化的营养，以扩展视野、健全心智、丰富我的内心世界与我的教育思想。潜伏在旧金山这个科技文化与后现代文化的重镇，经过九年在美国的生活、观察与思考，有了身临其境对中美文化的体验与对中美教育比较以后，我更加自信《追问教育的本质》这本书的学术观点的正确性与世界的普遍性。事实上，美国的教育，欧洲的教育都是从古希腊演变而来的，他们有重视运动、重视艺术、重视玩耍中学习的教育传统，不太重视死记硬背书本知识，而中国刚好相反，我们有重视死记硬背书本知识、轻视运动、轻视艺术、轻视玩耍的科举教育的传统。而根据我的教育理论，西方人的教育模式是以“能力为本”的教育模式，以培养自我实现的人为目标，把学生自主性的培养、快乐、兴趣、爱好、自信、理想、意志力、问题意识、探索方法与探索精神等作为教育的中心，而中国人的教育模式是以“知识为本”的教育模式，以培养善于考试的人为目标，学生们被动接受条条框框的道德知识与书本知识的灌输，把基础知识与基本技能及其解题训练和考试分数作为中心。西方人对了，中国人错了。根据我的“以美为本的教育理论”以及对中美教育比较后的综合感觉，我认为美国的教育系统已接近教育总规律 70% 左右，而中国的教育系统才接近 30% 左右。在美国，我去参观与访问过一些好的幼儿园、小学、中学、大学。事实上，从教育理念、管理制度、考试方法、课程设计、教材编写、学校环境、教学计划、教师风格、学生学习课后活动等，他们在多数情况下已经是按“美的规律”来办教育了，只不过理论上没有搞清楚，是根据经验和局部的规律办起来的教育，缺少系统的理论指导，缺少胸有成竹的教育信念，缺少“点·面·体”的展开结构，全世界的教育都是如此。所以，当今全世界的教育都需要在“美是教育的本质”这一核心理念的主导下，从教育思想、教育理论与教育实践这三个方面更上一个台阶，由美的教育理论全面主导教育实践完成一次人类史上的最彻底的教育革命，真正实现教育为人最大程度谋幸福的理想。

在当代，“市场经济、个人主义、民主政治”作为现代化国家的三大标志（帕森斯），正在世界范围内普遍推广，但我认为，社会必须要发展出美学的“市场经济、个人主义、民主政治”，要让美来约束自由带来的内在的躁动与功利的心态，美是内治，法治是外治，二者合一这个社会才能更加地和谐与宁静，否则，自由会走向其反面。所以，宗教家马丁·路德说“音乐一半是纪律，一半是教育大师”，康德说“美是道德的象征”，高尔基说“美学是未来的伦理学”。

当代世界的大趋势可以宏观地描述为：

中国正由政治时代转向经济时代必然走向21世纪的文化时代！

世界正由政治对抗时代转向市场经济一体化时代，必然走向21世纪的经济、政治、文化一体化的时代！

市场经济一体化已把全球从经济的角度联络成了一个有机的整体，使人类首先从市场经济一体化的角度实现统一，进而从民主政治一体化的角度实现统一，再进而从审美文化一体化的角度实现统一。

东方文明与西方文明要实现一体化的统一；东方教育与西方教育要实现一体化的统一；经济、政治、文化要实现一体化的统一；感性主义、审美主义、理性主义要实现一体化的统一；生态主义、人文主义、科学主义要实现一体化的统一；个人主义、国家主义、世界主义要实现一体化的统一。

需要我们建立实现统一的价值论基础与方法论基础。我经过长久的直觉感悟、哲学沉思与综观全局的理性分析后，终于找到了实现世界统一的基点——世界统一于自然生态、统一于美、统一于法。

唯有美才能引领我们飞升。美是什么？美是和谐、是崇高。我把美当作是拯救人类的阿基米德点，因为，美是人类的普遍精神，美是人们内心深处的伟大向导，美是一种无规范的规范，美是走向道德的基础，美是内在的道德。美是内治、法制是外治，只有美与法制有机结合，才能拯救世界。这就是我为人类首先通过审美教育解决人的危机然后再摆脱各种危机开的治疗处方。

重建世界的整体性，重建人类文化精神，重建形而上学本体论，重建人的哲学，重建人的终极价值、终极关怀与终极信仰，这是我的使命。我探索的立场是，从“美是人的本质与教育的本质及其人类文化的本质”立论来认识自然、人、社会的结构与功能，以寻求教育系统的最优化。现代人的主体性应当以“审美精神”为核心建构起来，而现代文化同样也应当以“审美精神”作为基石来建立才能趋于完美。在我看来，在全球化时代，不存在东方教育与西方教育之差别，而只存在好的教育与不好的教育之差别，如果从这个意义上讲，只有“以美为本的生命教育体系”才是最合乎人性的能使人产生最大幸福感的最好的教育体系，因而也就顺理成章与理所当然地成为人类教育的共同选择。

美是教育的本质，培养“美、德、智、体、劳”全面发展的人才是人类教育的共同理想。只有以审美教育为中心的教育结构，才能最大限度实现人类的这一理想；因为，爱美是人类的共同本性，只有以审美教育为中心的教育结构，才能充分调动人的主观能动性并且最大限度开发人的自主性、能动性与创造性，才能以最人道的方式形成人与美真善、人与自己、人与自然、人与社会、人与人、民族与民族、国家与国家之间互动的双赢价值观，从而更好地促进东西方文明走向融合、走向相互学习、走向彼此欣赏，使“阳盛阴衰”的西方文化与“阴盛阳衰”的东方文化在美、真、善、爱的价值结构内，在系统生态的“自然中心主义”的主导下，实现创造性的转化而形成阴阳平衡的世界文化，这种吸取了东西方智慧精华的世界文化是感性主义、审美主义与理性主义的统一，是生态主义、人文主义与科学主义的统一，是个人主义、国家主义与世界主义的统一，最终走向“天地人”的和谐统一。和谐统一的世界文化将促进人类在“团结互助、共创未来”的崇高精神信念的指引下，充满自信地走向知识经济时代，走向可持续性的发展道路，这正是 21 世纪人类教育与社会发展的主题。

这里，我们还应该清醒地认识到艺术与美在社会中的中心位置。

艺术是社会的中心，而不是外围：艺术能帮助个人用艺术的知识与审美经验来丰富自己的精神生活，使人生富有意义与充满生活情趣；艺术能用人道主义的思想照耀科学技术的进步，为之灌注崇高的精神；艺术是一所情感的学校，通过艺术来丰富与培养学生们高尚的情感，是教育最重要的使命；只有艺术教育同其他教育有机结合，才能造就一个完整而和谐，具有自身价值和社会价值，具有能动创造性的人。

总之，艺术和美是文明社会的灵魂与价值中心：艺术的审美教育，对国民素质的提高、精神文明与物质文明的建设以及科学技术的发展具有核心力量的作用；历史也告诉我们，一个国家、一个民族要想走上文明复兴的道路，就得首先从繁荣艺术开始；只有当美的性格在一个民族中得势，一个有积极健康心态的高度生态文明、精神文明与物质文明的现代化的民主与法治国家，才可能真正地建立并动态平衡地完美发展；只有当国家的民族精神经过美的教养与升华上升到人类普遍精神的高度，这个民族才真正地走向了世界。

现在，让我们把问题纳入焦点：只有以美为本的教育体系才能造就审美国家。社会发展的基本规律是——国家由低层次向高层次发展主要要经历：自然国家（原始社会，靠力量统治，道德无序）、道德国家（封建社会，靠等级伦理统治，道德他律）、审美国家（宪政民主社会，靠“自由、平等、博爱”的普世伦理统治，道德自律）三种形态；只有当国家的发展由“自然国家”到“道德国家”再走向“审美国家”，这个国家才真正能够在文化、政治与经济方面实现个体与整体、民族与世界、国家与全球的全面整合；只有立足于审美国家的普世价值观，世界才能同心同德地走向统一，法治主导下的“自由、平等、博爱”的理想社会才能得以真正实现。

在这结束之际，我还要再一次的强调我的一个最根本的学术观点：在我看来，“教育为立国之本，美育为立教之本，审美为立人之本”这三大教育的原理，就像牛顿的三大定律一样是永恒的普遍的规律。人类

未来教育的命运与发展主要就是把这三句话由理想变成现实，变成现实的种种形式，仅此而已。显然，在人类求生存与求发展的歪歪倒倒的过程中，由于有美的存在，人类才有得救的希望。正因为如此，在美的召唤的过程中，审美构成了人的最后归宿，美育构成了教育的最后归宿，美学构成了文化的最后归宿，“以美立国，以法治国”构成了国家的最后归宿。这大概就是人类的命运吧！

以上就是我的人学、心理学、教育学与社会发展学的全部思想。

我知道，我只是部分地发现了真理，并没有完全终结真理，我希望读者对我的思想与方法进行真诚的赞美与善意的批评，希望读者能批判地吸收我的思想并有所创新，我想学者的使命不是终结而是桥梁，正因为如此，学问才是一个永无止境的探索过程。

第三篇　演讲

事实上，中国传统“天人合一”的文化是很有美感的，天地与我并生，万物与我为一。天地有大美而不言，圣人者，原天地之美而达万物之理。中国的“元气、阴阳、五行、八卦”的哲学与美学，名山大川、园林、古镇，茶道、书法、国画、养生、中医、风水、太极、武术，饮食文化，儒家的心学、道家的哲学、禅的艺术、藏传佛教的修炼体系与气功的自我训练等是一种天地境界的自然美学，这是一种注重艺术感觉与内在心性修养的修炼美学。这种充满了静穆精神的“天人合一”的自然主义文化达到了人类精神美感的最大值，刚好弥补了西方文化的不足，因为西方文化侧重的是个人主义的人文美学，重视对现实世界的“原子论思维方式的科学观察、实验、概念、判断、推理”与“自由、平等、博爱”的体验以及对“神性世界”的向往。中国天地境界的自然美学与西方的人文美学和科学思维方式是一个互补的结构，21 世纪的世界文化应该是“自然文化、人文文化、科学文化”三位一体的统一。中国人应该有对自己民族文化的自信与优越感，这些传统价值会逐渐发掘出来将影响全世界进行文化转型而建设成为全球的生态社会。这就是中国文化的希望与新的文化生长点。如果说，以希腊精神为主的欧美文化使全球实现了由“农业文明”向“工业文明”的转型，那么，以“天人合一”精神为主的中国文化将会成为使全球实现由“工业文明”向“生态文明”转型的主力文化，将为人类文明灌注“天人合一”的灵魂，人类的生活方式将更加追求“自然化、人文化与科学化”的统一。

一、为教育立心

2006 年 5 月 16 日下午 3：00 在成都“中国教育第一线教师发展研究中心”的演讲。

一个人的审美空间有多大，他的生存空间就有多大；正是因为审美才拓展了我们的生存境域与多元发展的可能性；因此，通过审美教育来拓展我们的审美空间、激发我们的审美精神与走向多元文化的创造，这应该是当代教育改革的突破口。

——柯领

上半场：

我首先感谢大家利用星期六的下午，把本来要去玩耍的时间用来听我这一次讲座，也感谢李玉龙、感谢中国教育第一线教师发展研究中心邀请我来和大家分享我的为教育立心的一些观点。我今天分两个部分来谈这样的观点，第一个部分讲“美是教育的本质”，这是我几年前提出的一个观点，主要讲我是怎样发现美是教育的本质，还有我是怎样论证美是教育的本质的过程；第二个部分我要讲美是教育的本质的观点具体在教育中的运用，我们怎样运用在我们的幼儿教育：小学教育乃至中学教育以至于所有的教育活动中，它都是具有全方位应用的普遍法则。因为我讲过音乐课、吉他课、自由舞课、市场营销课、管理学、成功哲学、中医学等，和大家讲课的内容不一样，我讲第二部分内容的时候，希望大家来参与交流，我知道今天来参加活动的老师都是具有自己的教育思想的老师。开始讲之前，首先来谈最近感悟到的一段格言性的话，“一

个人的审美空间有多大，他的生存空间就有多大；正是因为审美才拓展了我们的生存境域与多元发展的可能性；因此，通过审美教育来拓展我们的审美空间、激发我们的审美精神与走向多元文化的创造，这应该是当代教育改革的突破口”。这是我这段时间从美国回来修改我的《为教育立心》这本书的时候，灵感突然来了。为什么呢？因为去美国走了一圈，有很多感悟，很多体验，怎样把这样的感悟与体验升华成理论的东西呢？这一句就是我最近想出来的，我不知道大家听后有没有感觉？就是一个人的审美空间有多大，他的生存空间就有多大！这句话有一定的哲理性，大家有没有感觉？周老师你是教语文的在这方面应该有一些体会。

（周老师：还是有这样的体会的。）一个人的审美空间有多大，他的生存空间就有多大！我在美国当中医骨伤科医生，业余时间在从事教育研究，我很幸运，我去了一个星期就上班了，在这个过程中，我治疗了差不多6000人次的病人，这中间各种各样的人都有，有中国人、东南亚的人、日本人、韩国人、美国人、欧洲人等，其中就有一个来自北京大学的读化学专业的博士研究生，他在斯坦福大学也就是我们微电脑的发源地学习，我们在治疗的过程中有过交流，他就跟我讲：柯医生啊，我觉得我们从中国到美国来有点悲惨！我说为什么呢？他说美国的教授聘请我们来，他们讲一年时间的课，我们要花六年的时间来消化，第一年我就把博士学位的理论的课程全部学完了，然后，以后的五年几乎天天往实验室跑，在国外的教授，他们叫老板，他跟我说，为什么国外的老板那么喜欢中国的留学生呢？因为不管是大陆还是台湾去的留学生都有一个特点：不会玩！那些教授的课题都是设计好了的，这些学生无非就是到实验室去收集几年数据，他们用两三千美元聘请你就干这个事情，在美国，别人不愿意干。我还碰到一个来自武汉的留学生，在武汉大学读完了化学硕士当了几年的教师然后到美国攻读博士学位，后来留在了硅谷搞研究，我们也聊到中国的教育问题，他说，不错，我们中国人包括大陆和台湾去的，数理化的成绩都不错，这一点美国人根本比不上，但是关键是这些我们觉得很难的东西对我们将来的工作与生活没有什么用啊！而很有用的艺术修养、人文知识与人际交往能力，中国的学校又不学这些课程。这就是我们的评价问题，一直以来有一种论调，认为中国的基础教育比美国的基础教育搞得好，我曾经在中国看电视，一个教育部管基础教育的副部长讲："我们很多人把很小的孩子送到国外去读书，值不值得我们反思，因为我们很多教育专家经过研究发现，我们的基础教育并不比美国的差。"据我的观察和理解，我认为这是对两国基础教育的误解，西方国家他们评价的重点不在于具体要掌握多少知识，找一些所谓的标准答案，而是要培养学生们生命的状态，他们把身体、兴趣、情感、意志力、自信心、爱心的培养放在了核心的地位，至于孩子学到多少知识他们并不过多要求，我问过很多家长，他们说学校不会排名次，他们的孩子普遍比较放松，不管是在家里还是在学校，华人的孩子怎么办呢？他们不太重视知识的教育，因为幼儿园、小学、中学，一般来说下午三点以前就放学了，华人就把孩子送到很多课后学校去补习中文、音乐、舞蹈、钢琴、体育，等等，那些学校就派车来接。在西方国家待久了我就发现，我们华人的审美素质普遍较差，在我看来，美国有很多文化含量非常高的城市，尤其是旧金山，我问过很多华人关于文化的问题，答案都让我非常失望。我说，后现代有一个著名的人物叫金斯艾伦伯格，有一个著名的文学流派叫作"垮掉的一代"，就是在旧金山一个名叫城市之光的书店诞生的，我问了一些教授，问了很多当地的华人，他们从来不知道，根本没有听说过，还有旧金山的同性恋是最多的，为什么全世界的同性恋都集中在这个地方呢？为什么旧金山能够产生那么几位文化大家呢？基本上没有人思考过这个问题，更没有人知道。所以说，我跟大家讲，在美国的中国人的生存状态不太好，因为在西方国家不像在中国，他们非常的孤独，在硅谷那个地方，大家一上完班就回到了住家去了，他们整天就是家里、公司、超市、送孩子到学校这样三点一线的枯燥生活里，平时没有什么交往，不像在国内，大家喜欢聚会，朋友来了，到馆子里去吃一顿。所以，在民间就流传一句名言："美国是好山好水好寂寞，中国是好脏好乱好快活。"**我就感觉到我们从大陆、台湾、香港去的华人因为我们长久以来缺乏审美的教育，导致我们到了一个比较好的环境里面，感觉也没有丰富起来，对美的东西视而不见，听而不闻。**

下面，我就提一个问题，用问题开始我们的讨论，大家思考一下：《为教育立心》是我写的这本书的书名，就是教育到底有没有心？如果没有，为什么？如果有，那么教育的心在哪里？大家思考几分钟。

我请大家来谈一下你的观点，根据你的观点，你认为教育有没有心？（凡夫子：我认为教育是有心的，教育的心在于提高人民的生命质量。）你讲得非常好，你讲了教育主要在于提高人民的生命质量，那么周老师你的意见呢？（周敏：我认为当然有，我现在教高三，尽管竞争非常激烈，排名也很厉害，全年级一千多人，那么排在后面的同学就会感觉到没有希望，生活非常灰暗，但是我觉得我们的教育应该树立科学的发展观，应该培养学生的良好的生命状态。就算不能考上大学，我们的生命也应该是多姿多彩的。）那么你认为教育的心就在于培养学生的生命状态（周敏：包括老师的生命状态），那么周校长呢？你在这个方面好像很有研究。（周校长：我认为所谓的教育有没有心还在一种理想的追求中，我们现在过多地陷入行政文化的约束下，我们现在并没有把我们的真正的教育体现出来，我赞同刚才周敏老师说的，我们的教育应该培育学生形成一种生命的状态，但是我们还远远没有达到。）大家讲得非常好，那么，下面我就来讲一讲，我是怎样发现"美是教育的本质"这个观点的（一个老师插话：教育是否有生命？我们认为有生命的人就是有心。凡是有生命状态的东西，也就是有时序性的东西都应该有心，但是到底教育的本质在不在美，我们愿意听一听柯领老师的讲解）。

在 1985 年，我当时在重庆大学人生发生了危机，感觉到生命没有了希望。我是1982年考入重庆大学读电气工程本科专业的，读了一两年就感觉非常厌倦这样的自然科学或者说这种工科的东西，本来80年代初进大学的学生，都是非常热爱读书的，非常希望自己的生命在大学里昂扬起来，但是我发现，我们成天沉浸在无休止的解题中，老师出大量的练习题基本上可以把你整个下午和晚上的休息时间占完，甚至你还不能完成老师的任务。于是我感觉到很压抑，很沉重，越沉重就越不想学，越不想学就越想找一条出路，至于什么样的出路，当时我还是非常茫然，所以我在重大就号召了一大帮同学走上讲台，组织了一个“恳谈会”，我们自己来讲，利用星期六下午的时间，我们随便你讲什么，只要你站上讲台讲就可以，讲我们的学习，讲我们的曾经，讲我们对社会的看法，我就在那样的活动中发现了自己居然还有很好的讲课能力，一方面，我对工程技术很不感兴趣，另一方面我又发现自己在讲课上很有天赋，于是我给自己的将来有一个定位：我要当一个教师，要当教师就要当最好的教师，因为20世纪80年代那个时候有一种观点，不想当元帅的士兵不是好士兵，这是拿破仑说的，还有高尔基有一句话：“一个人追求的目标越高，他的才力发展得就越快，对社会就越有益，我确信这是真理。”在这样的信念鼓动之下，我就想当一个教育家。既然要当教育家，就要当第一流的教育家——做世界级的教育家。1985年我什么教育学的基础知识都没有，但是我的理想定位就在这里了。既然要当世界级的教育家，你就应该有一本世界级的教育专著来显示你在这方面的研究成果，要写世界级的专著就应该解决世界性的难题。当时，我在重庆大学读书就跑到附近的重庆师范学院去旁听教育学的课程，在旁听的过程中，我就向老师请教，那个老师是那里很有名的一个教授，我就向她请教，我说，老师，在教育学里面有没有世界性的难题？她就跟我说，我们现在的教育学还不是科学，还仅仅是经验之谈。为什么这样讲呢？因为每一个教师的经验都不一样，左说左有理，右说右有理，我们中国的教育学还仅仅是党和国家方针政策的阐释，很多规律搞不清楚，比如说首先我们搞不明白教育的本质是什么？这是一个世界性的难题。没有人解答或者说解答得不好，如果你想突破的话，那么教育的本质是什么？这就是一个突破点。然后，我就试图找一些书来看，但是那些关于教育本质阐释的书我看不懂，不知道里面到底讲了什么。这个问题就一直根植在我的头脑中，后来我就去办音乐培训班，进行教育实践活动，我自己编写教材，培训了几千个学生，我的教学很受大家的欢迎，课堂每次都有雷鸣般的掌声，我开始了写《潜能教育学》的书，分为“教育论、教学论、学习论”这样三章，把教学经验总结成教学理论与学习理论。在这个阶段，我又到重庆师范学院去请教心理学的一个教授叫唐自杰，他讲整个西方国家的心理学是错误的，我就喜欢这样的教授，因为他居然敢讲整个西方国家的心理学都是错误的，我很佩服，他是中国科学院心理研究所的所长潘菽教授的学生，潘菽二三十年代留学美国获得心理学博士，我想他们这样讲应该是比较理智的，不会随便乱讲的。1988年，我从重庆大学毕业后，就拜在唐自杰教授的门下学习心理学，他们讲，整个西方把认知看得很重要，而心理学不应该把认知看得很重要，应该把情感和意志看得更重要才行，心理活动不应该是“知、情、意”三分法，而应该是“意向活动与认识活动”二分法才对。他们认为，用马克思的唯物辩证法物质决定意识，意识对物质具有反作用这样的理论来解释心理发生的机制，才是正确的。潘菽教授与唐自杰教授提出的心理过程二分法理论，在80年代后期，整个中国心理学界把他们的理论否定了，基本上不采纳他们的意见。这时，我在那里学习，只是作为学生，还没有在理论上突破。

后来，在1991年12月25日的那一天，我记得很清楚，因为那天是圣诞节，我就从重庆到成都来了，先在成都爱达推销学校作教务长，后来又在四川爱达经理学院作教务长，我按“心、脑、手”合一的教育理念设计了一套非常先进的教学计划，先是培养推销员的三个月的教学计划，后来又是两年制的培养“MBA”工商管理硕士的教学计划，同时我还上音乐训练、成功哲学、管理模式、市场营销这样的课程。每天早上，从6点半到8点半两个小时的时间是我主持的，我就跟学生们一起跑步，每天大概要跑两千多米，跑完以后，我们就开始歌唱训练与演讲训练，我就负责这些基础性的训练工作，这样工作了两年多。我的“心、脑、手”合一的独创性的教育思想与“整体—部分—整体”的教学论思想得到了全面的应用，并产生了很好的教育效果。1994年的时候，我在教育理念上还没有重大突破，1994年10月8日，为了移民美国作准备，我就到成都中医药大学学中医骨伤科专业去了，学了半年多以后，我感觉到，怎么中医那么美？一个教授问我学了半年中医以后有什么感觉？我说，哎呀，中医是美学！我说出这样的话，突然想起一个问题，为什么我们中医学院那么多的老师那么多的同学没有哪一个人说中医是美学呢？从他们讲课和听课的状态来看，我感觉，他们上课就是一种应付！除了几个名老中医，很少有人说起中医就眉飞色舞。我就在反思，为什么我有这样的感觉而其他的老师和同学们没有呢？他们为什么感受不到中医的美呢？这是一个情况。

还有一个情况，在中医学院期间，我有一个周末到成都科技大学去跳舞，舞会是晚上8点开始，我准时去了，但是到了那里以后，整整一个半小时我一曲都没有跳，本来我是非常想跳舞的，但是为什么我一曲都没有跳呢？我当时愤怒到了极点，为什么？因为他们放的全是港台音乐，就是刘德华、张学友他们的歌，本来科技大学的活动中心应该是一个雅俗共赏的地方，港台音乐也是一种形式，你不能说他们就不对，但是我还是渴望有高雅一点的舞曲，一个半小时我都在等待，我当时愤怒到了极点，冲进他们那个放音间，差一点把他们那个摊子砸掉，我愤怒地说，我好不容易有一个周末，我周末到这里来是休闲的，可是你们全部放的是港台的流行歌曲，那里的工作人员就对我说，老师，请息怒，你是什么意思？我说，你作为一个大学校园，应该有一种大学校园的文化，应该雅俗共赏，港台的不错，尽管又土又俗，但是，你们还是应该放一点高雅的舞曲嘛，他们一个工作人员拿来一盘张学友的歌，就是那种“瓦咯咯瓦咯咯瓦咯咯”听起来很刺耳的那种歌，他说这难道不好听吗？我说，难道你认为这好听吗？他就说，老师请你息怒，请先出去，我等一下放一些高雅的舞曲。然后，他们很快就放了一曲波兰圆舞曲还放了一曲多瑙河之波舞曲与玫瑰探戈舞曲，我的精神一下子就来了。但是，舞会结束以后，走在回家的路上，我掉泪了，非常伤心地哭了一场，我就说，普遍性地把丑的东西当成美，这不是愚昧无知是什么？于是，我就意识到实际上很早就想过这个问题，我跟他们的冲突，实际上是一种审美上的冲突。那段时间我的情绪处于非常亢奋的状态，我知道处于这种状态，我就有新的思想要冒出来了，因为创新往往是从不满开始的。在中医学院期间，我就开始臭骂中医学院了，我说中医学院整个就是在搞破坏，有些老师就说，嘿，柯领，你怎么这样讲？我对一个刚从日本回国学习药材的老师讲，我说，本来中医是一门非常美的学问，可是现在你们把中医用一系列的条条框框把它填满，整个中医学院的教材就是有结构没有精神。他说，啊，你讲得太好了，能不能写一篇文章表达你的见解？我们尽管也感觉到现在的教材有问题，但是就是不知道问题在哪里，他说，你认为精神应该是什么？我说，首先是审美精神，其次才是科学精神。你看我们的学生进来以后就是背诵条条框框的教材，就是我以前重庆大学学的那些理工科的内容也都是这样。本来学习是一件非常有趣的事情，我们就偏要把它搞得那么枯燥乏味！那段时间，我整个的心理状态非常亢奋，处于愤怒的咆哮中，我知道我一定会有什么新的思想冒出来，**时间推到1997年，我在成都铁路中心医院进行西医临床实习，1月6日这天早晨，我骑车行进在成都锦江大桥上，我就在想，人的核心素质到底是什么呢？那段时间到处都在提素质教育，我就在思考人的最核心的素应该是什么素质的问题，突然，一个想法就从我的脑袋里蹦出来了：实际上一个人的核心素质应该是审美素质，我们的教育应该要以培养一个人的审美鉴赏力为中心，从培养一个人的审美的感觉**

开始，这就是全部教育的起点。在这之前很长一段时间一直纠缠在心中的问题突然得到了解决，我兴奋得不得了，从自行车上跳下来，把这个想法记在医院的那个实习的记录本上。于是我认为教育的本质就是美的教育，教育内容的五育结构应该是“美、德、智、体、劳”的有序结构才符合教育发展的客观规律。培养人的教育论就应该是三部曲，第一，要培养人的美的鉴赏力；第二，塑造独立而又高贵的人格；第三，形成良好的习惯。我就站在锦江大桥的桥头上，写了一个教育学的框架出来，这样，我思考了十二年的《潜能教育学》的书终于因为悟到了“美是教育的本质”而形成了一个体系。我找到“美是教育的本质”这种感觉以后，我就想这样好的东西，前人有没有讲过呢？于是那天晚上我下班以后就回家翻阅书籍，教育的本质是什么呢？说教育的本质是生产力，说教育的本质是上层建筑，说教育的本质是多样的，说教育没有本质的……太多了，可是就没有人说教育的本质是美的教育，以前我看这样的书籍是看不懂的，但是，这一次我看懂了，我觉得他们说得都不对！那么，我要怎样来论证这个观点呢？我就跑到书店里去买书，有一天，我就到了一个比较偏僻的书店，刚好看到一本名言锦句的书，我就翻到郭沫若的一句话：“人类社会的进步有待于人性的改造，人性的改造应该从儿童的情感教育、即美的教育入手！”我一看，心里非常激动。我认为正是审美把人分成了不同的层次的人，正是审美把国家分成了不同层次的国家，于是我就去查资料，看一看前人是怎样论述美的。

我发现，德国在17世纪以前在法国这些国家面前是抬不起头的，但是，为什么在18世纪末19世纪初，德国产生了康德、贝多芬、莱辛、歌德、席勒、黑格尔、谢林、费希特等这样一批思想巨人？他们这一批人有一个核心的观点，就是认为审美鉴赏力才是一个人最核心的能力。席勒曾经讲过这样的话：“要把感性的人变成理性的人首先要让他成为审美的人。”也就是说要把一个感性的人培养成为理性的人，必须要经过审美的桥梁。而且席勒在《审美教育书简》这本书里把审美教育

分析得非常好。于是我感觉到，前人有这样的一个见解和我的感觉是一致的。我就要来论证这个观点的正确性。花了一年的时间，1998 年 1 月 14 日我就把《教育本质的新视角:对当代教育本质学说的批判与超越》这篇论文写完了，经过几次修改，然后就投给《教育研究》中国杂志社，我对“美是教育的本质”问题进行了系统的论证。

我的推理比较冗长，首先我从“教育是培养人的社会活动”这个最基本的命题入手，在这个前提下我进行推理，教育是培养人的心理与行为的社会活动，心理决定行为，所以心理比行为更根本，心理活动由两大部分组成，一个是意向活动，一个是认识活动，这样一下子把心理活动一分为二了！我们以前一直以为，心理活动是知、情、意的统一，这是心理活动三分法的思想，目前全世界的心理学界就处于这一体系内，现在我证明这个结构是错误的，这个观点的原初思想不是我的，应该是潘菽和唐自杰教授他们的，为什么他们不能让人们接受这个观点呢？就是因为他们尽管知道意向活动很重要，但是他们不知道意向活动是怎么发生的和怎样构成的，有哪些要素，我就把他们的观点大大地向前推进了一步！我认为意向活动包括需求、情感、意志、理想、信念、价值观；认识活动包括注意、感知觉、记忆、思维。意向是人活动的动力所在，心理活动中意向活动是最重要的居于核心支配地位起主导作用的活动，认识活动是在意向活动主导下的活动，所以意向活动比认识活动更根本。那么在意向活动中，需求是心理活动的本体，到目前为止，学术界仍然不知道心理是如何发生的，这是一个世界性的悬案，我这里就明确地提出来：需求是心理活动的本体。你看，不管是中国人主编的、还是美国人主编的以及俄罗斯人主编的心理学方面的大学教材，他们第一章讲什么？讲感觉、知觉！讲思维、讲记忆对不对？我现在就把它颠倒过来，我首先要讲人的需求，然后讲情感、意志、理想、信念、价值观，这才是心理学的基础的基础；那些注意、感觉、知觉、记忆、思维都是为了满足人的需要服务的，这是心理学的第二个层次的内容。那么，现在心理学界的这个世界性的最难的学术难题一下子就被我突破了！

在意向活动中，需求是心理活动的本体，是有机体向外扩张的生理要求与心理要求，是一种生存的本能与发展的潜能；需求以及需求是否得到满足而产生情感！现在全世界不知道人的情感是怎么产生的，你们去看那个普通心理学的书，他们根本不知道需求是怎么回事！还停留在马斯洛的需求层次理论上，没有最根本的突破。在我看来，需求是生命的种子！我们培养孩子的过程和农民种庄稼的过程是一样的，那些有经验的农民种庄稼为什么种的好？因为他们知道农作物在哪个阶段需要什么，你需要什么我就配合你的需要，需要阳光我就给你阳光，需要雨露我就给你雨露，需要肥料我就给你肥料。教育人和这个一模一样，需求就是心理活动的本体。如果我们知道人的需求是如何展开的，那么我们教育的过程就是满足人的需求与引导人的需求嘛！一个是满足需要，一个是引导需要，这不就简单了吗？需求以及需求是否得到满足而产生了情感，情感内化就形成了价值观，情感活动是起主导作用的活动，是心理活动的动力结构，它决定意志、理想、信念、价值观的方向；决定了认识活动的深浅程度，决定了行为实践的强度与大小，就是在这里，情感是本体。

人的情感是一个有层次的动态结构，由“本能情感、审美情感、理智情感”这三部分组成。其中本能情感是人天生就具有的情感，审美情感和理智情感是后天由教化形成的具有社会属性的情感，而审美情感比理智情感更根本，它是连接本能情感与理智情感的中介和桥梁，因此情感活动中最基本的社会情感就是审美情感，我就得出这样一个结论。**审美情感是由人的审美需求通过心灵对客体的审美共鸣而产生的情感，审美情感是人所特有的本性，是人区别于其他动物的根本特征；也就是说，审美情感是人摆脱动物性的出发点，是人走向理性、走向精神生活、走向创造性实践的逻辑起点。因此，我们可以得出一个结论：教育是以培养人的审美情感为核心的社会活动。所以，健康审美情感的教育就应该**

是教育存在与发展的出发点，换句话说，美是教育的本质，也就是培养美的高尚的心灵才是教育的本质。正如美学家李泽厚说："美的本质是人的本质最完美的展现，美的哲学是人的哲学的最高级的峰巅。"美是人的自然属性和社会属性，人的感性和理性，人的现实性与超越性相统一的中介。**因此，我们有理由相信美是人的本质与教育的本质及其人类文化本质的最完美的展现。**

我在得出这个结论的时候，《教育研究》的主编就告诉我说很多人可能还是看不懂。他说，你能不能就这个问题再做一些解释？从历史与逻辑相统一的角度进行进一步的论证。我这次从美国回来就是做一些这方面的解释，刚才这里是理解我的观点的最关键的地方。我认为变革社会要从变心开始！教育是心、脑、手合一的结构，心的变革要从重建审美价值观开始。就心理活动来讲，情感主导认知，情感和认知是构成心理世界的两个最基本的维度。

美是人化程度的标志！这句话不是我讲的，是一个著名的美学家叫高尔泰说的。以前是四川师范大学的教授后来到美国去了。他有一本书《美是自由的象征》，里面就有这样一句话，我当时看了感觉太经典了！你观察任何社会的精英阶层，他们普遍的审美修养应该是比较高的，一眼看去，充满了"野性而又高贵"的气质。这方面，中国有一点特殊，我们一直以为，学好数理化，走遍天下都不怕！而把体育、音乐、文学、美术、哲学这样的学科看成是豆芽学科。20世纪80年代我在重庆大学，我是音乐协会的会长。我搞了一个调查，在重庆大学里百分之九十五的人不会识简谱，而那百分之五的会识谱的人中间，有古典音乐教养的人很少，这些人现在已经工作了，我的那些同学，现在在各条战线上担任领导，有时候我打电话过去，他说，嘿，老柯，晚上晚一点再给我打过来好吗？你知道他们在干什么？打麻将！他们休闲的方式基本上就是在打麻将上度过，我不能说一律地反对打麻将，因为每一个人都可以有自己的爱好，但是如果说，一个国家许多人打发休闲的时间都耗费在麻将里面，是不是值得我们反思？本来，休闲的时间你可以打麻将，可以跳舞，可以运动，可以踏青，也可以参加音乐会，生活是非常丰富的，但是由于我们从小没有培养他们如何享受生活的能力，我认为学习艺术就是培养人享受生活的能力，学艺术不是学了没用的，好像现实没有用，但是却是在培养我们享受生活的能力。我回到成都来，最大的感觉就是，到处的茶馆都是打麻将的，本来我们没有资格去指责别人对娱乐方式的选择，但是一个社会的娱乐方式主要是打麻将的话，那么是不是应该引起我们社会的反思，尤其是引起我们教育的反思！你看，在西方国家，那些精英阶层，他们的娱乐方式是非常多样的。他们有很多个人爱好，参加各类运动，玩游艇，自己开飞机，去听歌剧！还有各种丰富多彩的社交活动，他们就把时间花在了丰富多彩的活动上了，这些活动就激发了他的生命状态，提高了他们的生命活力，你说，他们的创造力怎么不强呢？在硅谷我们中国人的地位是什么呢？上不着天，下不着地！但是，这一批人在国内基本上算是精英，他们中间能够真正地冲到管理阶层与最顶级研发人员的人就不多了。我遇到过美国一家军事武器公司的人，她跟我说，在他们公司真正在研发第一线的人基本上都是老美，因为他们有新奇的想象力与创造力，他们把自己的想法贡献出来，我们中国人是第二步的，就把这些想法变成具体的程序和操作，也就是说，我们只能给别人当下手。很多国内的留学生也讲，他们很多时候思路不开阔，习惯了知识的记忆和积累，往往那些平时成绩不太好的同学在研发上特别有感觉，我们学得比他们扎实，但是创造性没有他们好。所以我就讲，美是教育的本质！就得出这么一个结论。接下来，我们休息一会儿，然后就讲美是教育的本质在具体的教育中怎样来运用。

下半场：

在开始之前，我引用毛泽东的一句话来和大家分享，就是**"感知了的东西我们不一定理解了它，但只有理解了的东西我们才能更好地感知**

它”。我觉得他的这句话说得非常好，在他的《矛盾论》和《实践论》文章里有。我刚才讲美是教育的本质，要深入地理解这句话的含义，仅仅靠大家看这些参考资料不行，我建议大家读一些书，比如说，黑格尔写过一本书叫作《历史哲学》，它里面有一章就谈古希腊这个民族是一个美的民族，他为什么要这样说呢？席勒曾经写过一本书《审美教育书简》，然后，尼采也写过《悲剧的诞生》，这是他的美学著作，还有海德格尔《林中路》，还有就是二次世界大战的时候从德国跑到美国的一个德国人叫作马尔库塞，他写过一本书叫作《审美之维》，那本书很有意思，当时被希特勒迫害的人很多都跑到美国去了，这些人并不是就一味赞美美国，美国是一个包容性的国家，在美国自然科学发展得很好，那些搞人文科学的人就不是很好了，挣不了多少钱，美国尽管是一个科技至上的国家，但是，那些来自硅谷的人就讲，他们已经把科技发展成了美学，比如苹果公司，人们从中体会到了科技之美。马尔库塞在写这本书之前，曾经写过一本书叫《单向度的人》，是对美国这个国家意识形态的研究，他认为，美国这样的国家发展到极致也是很不自由的。科技发展以后，科技反过来控制人，把人当成工具，他认为怎样解决这个问题呢？他既反对苏联的社会主义，因为社会主义是政治压迫。也反对美国的资本主义，认为美国的资本主义是技术压迫，他就号召大家起来造反，所以在20世纪60年代，美国发生了一场很大的学生运动，最终被镇压了，马尔库塞就觉得应该在内心深处发动一场审美的革命。他在书里就写道：艺术代表所有革命的终极目标，个体的自由和幸福，艺术的使命就是要人民去感受一个世界，让个体在社会中摆脱他的工具性生存的思想和活动，艺术的使命就是在所有行动中去重新建造感性和理性，去塑造新感性的人。他成为美国60年代和70年代文化运动的精神领袖。要把这些现象理解清楚，才能把“美是教育的本质”深刻的理解，我们一定还要看很多书。还要了解人类演变史，尤其是西方哲学史，弄清楚那个阶段，西方哲学要解决什么问题，哲学史是人类精神文明的最高成就，你要了解这个过程以后，才能更好地理解美是教育的本质这个命题。

刚才有一个老师讲，我也有同感，我们中华民族不管是来自哪里的华人，由于我们的教育理念出了问题，我们的教育就是培养人怎样去谋生，而不是去生活，台湾也是如此！大陆也是如此！我认为，我们的教育应该是培养人怎样去生活，而非简单方法谋生。生活才是最根本的，生活需要感情，需要浪漫！我们的教育是千方百计地摧毁你生活的能力，不要以为台湾就好，台湾也是如此！我在美国可以看到台湾的电视节目，但是我根本不看台湾的电视，我还是情愿看大陆的，因为台湾搞的也是资本主义，但是他们搞的不是原汁原味的资本主义，尤其缺乏体育、美育的训练与宗教的引领，所以很多东西他们也搞得乱七八糟的，电影、电视、文化以八卦娱乐为主，又土又俗。**我们的教育走到今天，不是我们教育部的问题，也不是哪一个学校或哪一个老师的问题，而是我们整个中华民族的教育理念与教育体系出了严重问题，从根部到树干到枝叶全部出了问题！可以说是“头上长疮，脚下流脓，烂透了底”；我说美是教育的本质就是要把中华民族的感性的力量激发出来，把高级的美感激发出来，把感受生活的能力重新激发出来**。我就是带着这个使命从美国回来修改我的书稿的，我以为，我到美国一年多了，脑子可能生锈了，到美国，我去做医生，没有更多时间来思考教育问题，所以我回来对修改我这本书没有太大的把握。结果，这段时间我静下来，觉得妙语连珠，所以我很有信心，只要一出版，出来就是世界名著！整个写书的表达没有商量的余地，就是绝对精神，就是珠穆朗玛峰，就是自言自语，我感觉我是在给整个人类教育制定游戏规则，把它表达出来就行了，你赞美也好，反对也好，看得懂也好，看不懂也好，与我无关。我记得中国古代有首著名的古诗就是司空图的《二十四诗品》:“大用外腓，真体内充。返虚入浑，积健为雄。具备万物，横绝太空。荒荒油云，寥寥长风。超以象外，得其环中。持之非强，来之无穷。”我感谢我的祖国，因为中国不是一个“以人为本”的社会，而是一个“以官为本”的社会，条条框框太多，到处都是成长的障碍，处处都是人性的陷阱，在中国学习与生活的日子带给了我太多的痛苦！可以说，是丰富的痛苦，无穷无尽的痛苦，痛苦使人反思，我要去思考，为什么我在中国生活是如此的痛苦？毛泽东也说过，哪里有压迫哪里就有反抗！所以，我认为美国、德国这样的国家不太容易出现伟大的思想家了，上海社科院的德国文化研究所的主任赵鑫珊教授有一次就问德国人，为什么第二次世界大战以后你们产生不了像康德、黑格尔这样的思想巨人了呢？那个德国人沉思了片刻说，也许是我们在德国的生活太好了吧！我们苦难少了，我们的德国人不再反思，不再思考了，我们去享受生活了。而我们中国呢？我们生活在普遍的压抑之中，这种压抑正在开始释放，国家正在重视人权建设。我们中国其实是一个很多元的国家，美国表面上看是很多元的，但是他们西方人盲目自信，以为自己的文化是人类的核心，他们的孩子根本不知道东方是什么样的，我认为一个伟大的思想家应该是苦难培养起他们愤怒的激情。在我们这块土地上，我们有非常好的文化，比如《易经》、比如中医的博大精深，比如儒家的心学，道家的哲学，佛教的禅学，国画、书法、风水、养生等，而且我们也可以学到美国的、德国的文化。我 1992 年差一点到美国去，但是，后来我就到成都来办四川爱达经理学院了，我现在甚至认为，如果那个时候我到美国去了，我这一辈子就完蛋了，因为我到那里，最多就是去学一个 MBA，然后毫无疑问就去一个公司做负责人。但是，这样的生活对我来说毫无意义！我本质上是一个学者，我在中国的这段苦难的日子，把我内心中美的感觉激活了。在问题很多的环境容易发现问题，你在美国那种环境生活，他们是“以人为本”的社会，条条框框很少，自由竞争，到处自然而然，生活与工作很顺利，比较不容易发现问题。下面，我们就来看怎样把美运用起来。

具体到我们中国的教育，实际上归纳起来就一句话：中国的教育就是在搞破坏！从教育部到大中小学团结起来搞破坏，这也符合发展中国家的身份，如果发展中国家的教育不搞破坏，也就成了发达国家了。我在引言里这样写道：**长久以来，我们的教育是以培养人的认知能力为核心的社会活动，现在，经过我对“美是教育的本质”揭示以后，教育变成了以培养人的审美情感为核心的社会活动；我把这一转变称为教育的革命，所谓革命，就是世界观的改变。**我们的教育把知识的传授，把条条框框的道德教育看得非常重要！我们强迫学生，用很多方法逼迫他们学习，导致他们普遍厌学。兴趣是一种情感，但是我们却用条条框框的东西破坏了他们的情感，最后导致我们这个民族的心智非常狭隘与人格非常萎缩。这是整个教育系统出现了问题，与我们哪一个人都没有关系。那么，西方国家也有作业，但是他们不允许考试排队，排队就是歧视！所以很多刚刚到美国去的家长很痛苦，他们还愿意把孩子送回国内读小学、读初中，因为如果在美国，你逼迫小孩子学习，他要告你！他要保护他自己的权益。还有些父母要去看孩子的日记，孩子照样可以去告你，因为这是个人的隐私。所以我们很多到美国的父母非常痛苦，他们认为：我们好不容易为了孩子到美国来，但是他们现在不孝顺我们，动不动就要告我们！实际上，这是因为环境发生了变化。他们从小培养人，培养你自由选择，尊重你的隐私权。那么中国现在呢？有没有办法改变呢？我认为大环境要改变起来确实是非常难的，由量变到质变需要一个过程。但是，我们的教师至少可以把“美是教育的本质”运用到我们的日常教学之中。我常常讲的一句话：与其埋怨黑暗，不如自己点亮一支蜡烛！从我做起，从现在做起。那么接下来我就想和大家分享我的经验。

我先给大家念一下我的引言里的内容：**人类的教育在奔波了两千多年以后，现在正走向转折点。我们要从根本上改变对人的态度，才能根本上改变对教育的态度。人不是工具，而是目的——教育要回到一切为了人，一切为了人的美好生活的理念上来。只有这样才能让人类的教育摆脱功利主义的纠缠而真正实现为人谋幸福的理想。我的直觉发现与理性论证揭示了美是教育的本质，为整合人类教育打开了一个全新的维度。人类的教育需要经过美是教育的本质这个收缩点，才能确立一个新的存**

在。美是教育的本质，构成教育的核心和灵魂。在此教育思想的彻照和穿透下，教育内容的五育结构，就应该是“美、德、智、体、劳”的有序结构才符合教育发展的客观规律。由此，教育的实践就应该在“教育为立国之本，美育为立教之本，审美为立人之本”这三大信念的主导下，全面而系统的展开。美是教育的本质，美为教育立法。因而也就重塑形象与精神地为教育建立一种新的世界观与新的方法论。

那么现在变过来了，美是教育的本质要求我们：教育要以探索人的幸福作为出发点。要学会倾听孩子、倾听学生，并在倾听的基础上建立一种“自由、平等、博爱”的对话关系。美是教育的本质要求我们：教育的过程是价值引导与自主建构的过程，因此，在学校文化的建设方面要在高雅文化与大众文化之间保持一种平衡：一方面，学校要倡导高雅文化至上的价值观，把学生们的审美情趣尽可能引向到对世界文化精品的欣赏中——欣赏世界名曲、欣赏世界名著、欣赏世界名画等；另一方面，学校也不反对同学们对大众文化的选择。学校在文化选择上要保持“一”与“多”的态度。“一”是指学校倡导的高雅文化至上的价值观，“多”是指文化选择上的多元的宽容的态度，学生们可以选择高雅文化，也可以选择大众文化、民俗文化作为自己审美修养的组成部分。

那么，这个就是谈校园文化建设的，周校长，我不知道你在负责校园文化的建设方面是不是这样运作的？你们对大众文化和高雅文化的态度是怎样的，就是反不反对大众文化？（周校长：我们学校对于学生的文化追求还是鼓励他们自由选择，我们学校对于不同的学生尽量创造不同的方式让他们发现自己，同时学校尽量营造一种良好的文化氛围。）也就是说，学校还是在高雅文化与大众文化之间保持了一种平衡，我认为周校长是在目前的体制下，把美是教育的本质发挥得很好的一个校长。你们把美是教育的本质的理念贯彻进去了，比如说，你们在开学的时候，写那个告同学书和告家长书，我认为写得很美！语言也很美，很有感染力！刚才涉及一个国家整体的问题，接下来，就是对我们每一个老师都有用的了。

美是教育的本质要求我们：要走向体验式学习。体验式学习是一种学习方法的选择，它要求我们学好任何一门学科都要遵循“感觉（Feeling）—思考（Thinking）—实践（Practice)”这样三个阶段才能完整与深刻。说到这里，我就有这样的感觉，你看我们到书店里去买书，看到西方国家那些学者写的东西，你们看他们的前言后语就感觉好像有什么东西往自己内心里钻，但是，你看我们国家很多学者写的东西为什么就没有这样的感觉呢？当然，我们国家还是有三四个左右的还可以，比如说周国平，我们有些青年知识分子写的文章不亚于西方国家的作家写的东西，比如说，马尔库塞说到美的功用的时候，中国的刘小枫就比西方国家解释马尔库塞解释得更好。我有一个朋友给我说过这么一件事，说她有一个侄子在作文里写大海，说把大海写得那么好呀，写得活灵活现，但是，后来她发现一个问题，那么小把大海写得那么好，已经远远超过了他的能力。他无非就是背诵了很多文章，这篇文章无非就是他背诵出来的。后来我就意识到这是一个问题，西方国家的作文教育并不要求你背诵多少篇文章，但是，他们首先是要你有感觉，它不是要求你要有多少华丽的语言，多少美妙的词语，他们是要你亲自去感受，去体验，把你的所见真实地表达出来。我在中国碰到一个博士研究生，我看他的论文，我就问他，为什么你们的文章没有我字呢？他就说，我们的教授说过，我们要客观的研究事物，所以即使我们的文章里有我，教授也要把它删掉。这么恐怖呀！一个国家的学术界的精英写出来的东西没有我字，没有自己的情感体验的参与，纯粹就是背诵！所以，我们花了很多时间很多精力写的书，实际上成就是很小的。那么这个地方我就讲：感觉（feeling）就是通过眼、耳、鼻、舌、身来全面接触学习内容，形成第一印象，对感觉的对象在感性接触的过程中有了内心把握的方向，也就是说找到了整体感觉，培养自主发现的眼光与解决实际问题的悟性直觉力。思考（Thinking）就是在找到感觉的基础上对学习的内容进行全面的分析综合、归纳与演绎、判断与推理，形成把握整体的理性认识。实践（Practice）就是在感性认识与理性认识的主导下，对学习的内容进行多层次、多角度的把握，把经验与知识内化成自身的一种素质，把感觉与思考内化为心灵深处的信念，从而更好地帮助我们发现问题、认识问题、分析问题与解决问题，走向自我实现与社会实现。我不知道我们现在的老师是不是体验式的教学（周校长：我觉得这个方面我们做得非常少，一方面我们被关在学校里，出去体验的机会非常少；另一方面，老师的教学就是一味地灌输，学生就是记忆和训练）。但是，在目前这个情况下，可以把它用起来。我讲课是讲得很好的，其中有一个奥妙在什么地方呢？比如说，我上市场营销这门课程，学生来了，我首先提前一个星期把《市场营销》的教材发给大家，要求大家找整体感觉，回去以后自学，一个星期以后，也就是我上课的时候，我要看到他们每一个人手里有一本自己写的十几页的市场营销的报告。如果写不出来，我要把写不出来的学生赶出教室！有些人说我没有时间，文化水平很低，写不出来，我说不行，市场营销这门课不是说你文化高就可以学好的，首先要看你有没有感觉。任何一门学科，找到整体的感觉很重要，因为一开始的感觉决定了以后学习的积极性。我们现在的老师基本上是分解式教学法，大大低估了学生学习新鲜事物的能力，**我在学习系统论的时候，就发现了一个规律，你从"整体—部分—整体"这个角度去思考问题。考虑绝对提高很多。我们的老师，不管是教语文教英语还是教其他的，都要首先停下来，给学生一个整体的映像，对这门学科有一个整体的感觉。如果学生没有找到这样的感觉，不要急于灌输，一定要有感觉以后，上课的时候讨论！老师要启发学生去找到这样的感觉。包括其他的学科！找到整体的感觉以后学起来就很容易了。**我在教市场营销的时候，采用赶出去的方法，他们都找到了感觉了。本来这门课，要八十个课时完成的，我四十个课时就教完了。后面的四十个课时干什么？讲案例，讲具体的运用。我就把主要的时间用在了用市场营销的知识、原理、方法来培养具体认识问题、分析问题、解决问题的能力训练上，效果当然很好。学完这门课以后，我们很多学员说可以马上当营销经理了。

我就在想，我们其他的学科也可以这样。一旦找到了整体感觉，学生会很有兴趣！我们很快把该讲的东西讲完，然后就可以按照学生自己对教育的理解，对人生的感悟做其他的事情，甚至可以联系运用，本来用美的观点去看的话，我们的教学讲究的是形象性、情感性、活动性可以把课堂搞得非常好。但是我们很多老师还是用“部分—部分”的方式，我们应该用“整体—部分—整体”三部曲的方式，这也就是系统论的认识方式。美国人的阿波罗登月计划就很成功地运用了这样的系统思维方式。这是人类系统思维研究的最高成就，为什么我们不能够让我们的老师运用起来呢？周老师,你在平时的教学中运用这样的方式吗？（周敏：用过）下面我们请新都一中非常优秀的语文老师周敏来和大家分享一下她的感受。（周敏：我教高一的时候就把语文书发给他们，让他们自己读教材，然后要求他们每个人办一张报纸，可以谈对课文的看法，也可以谈谈自己的心得感受，大家知道我们高中教材比初中教材要有趣一些，内容要宽泛一些，但是，这里面还有一个应试的问题，所以，还要进行知识的梳理……）你的教学也是为了让学生拥有独立的发现的眼光。我在这方面还有一个感受。我是重庆大学音乐协会的会长，我培养了将近两万名音乐爱好者。我在第一堂课就从宏观上去讲，尽管音乐的很多地方比较枯燥，但是一旦讲到宏观就有很多故事了，我就在第一堂课里把所有的爱好者的兴趣煽动起来，我就讲怎样欣赏，怎样找到音乐的感觉，我要演唱几十首歌曲，或者把录音机打开把大家引入到对音乐的美的意境中去。很多音乐不好的人实际上缺乏的是节拍的训练，要由动作的节奏内化成心灵的节奏，我就在教学楼里带着他们几百人一起用手敲击课桌来打拍子，把教学楼弄得震天响，于是别人看到这里还在学音乐，他们也来了。我们很多人舞跳得不好，关键是没有找到音乐的节奏，当这些节奏训练做完了，我们才开始进行简谱的训练，五线谱的训练，弹吉他的训练，到最后的时候，我就带着大家回顾第一讲的内容，我们经过八次讲座大家已经把音乐的框架填满了。

所以说，我们可以把“整体—部分—整体”这样的思维方式运用起来帮助我们更好地认识问题、分析问题与解决问题。我觉得凡是非常优秀的老师都会运用这样的方法，我以前的高中数学老师就是这样把平面几何、立体几何等总结成一个图表的方式，我们不在于做多少题，关键是要培养一种整体的感觉。有了这样的感觉，学生就容易学习并很有兴趣了。

美产生于整体观照下的局部行动之中，我们要运用整体的力量。我到了美国以后，等到我的书出版了，我要给教育部写信，教育部的负责人要看。你们把中华民族的教育搞得这么糟糕，花一点时间看看这本书不就可以了吗？所以说，我这一辈子的任务不做多了，就只做一件事情，就是把美是教育的本质这种理念在中国这个多灾多难的土地上慢慢生长起来。先知先觉者带头干，后知后觉者跟着干，不知不觉者在一边看。我希望今天在座的老师们要带头干起来，把美是教育的本质贯彻到日常的教学之中，星星之火，可以燎原。

最后我要用一句话做个总结：

只有美的东西，才能把渴望成长的心灵导向正确的方向；只有美的东西，才能引起人们的审美共鸣，激发想象力和学习兴趣，使学生们的学习变成一种激动人心的智力探索，一种愉快的审美享受，一种怀着希望的文化旅行。这时，学习不再是一种负担、一种责任，而是一种审美的需要，是生活的组成部分。我的讲座完了。谢谢大家！

柯领对话妙语录：

1. 我建议把中国的语文教材妥否！除了《新语文读本》。（李玉龙说，现在的新教材有一些改变）我可能看到的是老教材，那就不要全部烧完，留一点好的。

2.（一个老师讲到需要很多柯领这样的人为中国的教育呐喊，要自上而下改革的时候。柯领说）我跟他们较量去！我们大家一起努力，我来做我的事情，你们做你们的事情，我这本书不写好不交给出版社，自己都没有被说服，怎么说服别人呢？要出就要出一本世界名著！

二、中国与发达国家最根本的差距在哪里?

2012年9月11日下午3:00在美国硅谷“中国传统文化读书会”演讲。

发达国家主要就是自觉与不自觉地把“教育为立国之本，美育为立教之本，审美为立人之本”这三句话用得较好的国家，这是从古希腊开始就形成的“博雅教育”的传统。

——柯领

究竟是什么原因，让中国人缺少创造性。中国缺少一流的艺术家、哲学家与科学家？中国的经济发展缺少著名的品牌，中国的产业升级很困难，中国很难向西方输出儒家文化？中国如何做才能成为一个战略型的文化、政治、经济与生活方式的强国？我的看法是，整个国家要实施“以美立国，以法治国”的发展战略。下面就具体地阐述。

今天的西方社会已经形成了把“健康与快乐”作为家庭教育与学校教育的普遍信念，从而为孩子与学生们创造了尽可能多的“自由探索的时间与自由探索的空间”；而中国社会已经形成了把“分数与名校”作为家庭教育与学校教育的普遍信念，从而从小就逼迫孩子们学习更多知识与考高分读名校，严重缺少“自由探索的时间与自由探索的空间”。这种信念的差别究竟会导致什么样的结果呢？其实，每一个人都是一个独特的元素，都有其自己的独特价值，要强调学生自由的探索而不是相互攀比分数的高低，使每一个人的独特性受到尊重与培养。教育不是制造产品的工业，更像是需要精耕细作的农业，是一门“慢”的艺术，尤其是基础教育阶段，要唤醒学生的自我意识与尊重学生丰富的个性，教育要强调“慢”，强调“活动与快乐”，强调“体验—理解—实践”，强调“野性、清新、舒缓、浪漫与原始生命力的勃发”，“身、心、灵”的健康成长尤其忌讳强迫与压力而需要很放松的外在条件，需要通过“慢”的节奏，通过“自由与自我选择的探索才能逐渐走向自觉”，从而奠定好人生的根基。

我已经从心理学的角度证明了，美是人的本质，人具有“自然属性、审美属性、社会属性”这三重属性。也就是说，人的成长要经过“自然人—审美人—会人”这三个阶段的发展才能算得上是健全的人。显然，中国孩子的成长普遍缺少审美人的成长阶段。据我观察，中国与发达国家最根本的差距就是教育的差距，是人的审美素质的差距。发达国家的教育普遍让孩子由“自然人”经过“审美人”而走向“社会人”；而中国无论是儒家文化（伦理人）还是马克思主义文化（政治人）的教育普遍让孩子由“自然人”迅速地成为“社会人”，缺少玩耍、体育、劳动、音乐、文学、美术、公民与社会这种“审美人”的充分成长阶段。结果，中国人普遍缺少超越功利的维度，缺少游戏的心态，目光短视看重眼前利益，注重结果而轻视过程。要尽人之性，才能尽物之性，所以，中国各行各业很难出现领风气之先的出类拔萃的人物，普遍老成世俗，思维呆板，缺少纯粹的求知兴趣，生活要求低，行为主要为谋生而展开，缺少理想主义，缺少冒险精神，缺少彻底投入的生命体验，缺少浪漫，缺少个性，缺少创造性，既不野性，又不高贵，顺民，听话，利于官本位的统治。整个民族（包括中国内地、中国台湾、中国香港、全世界的华人社会）的生活样态与审美趣味主要还是农业社会的人生观和价值观。儒家文化从本质上来说是一种整体压倒个体的注重群体主义与人际关系的乡土文化，一种大一统的崇尚官本位的等级文化，一种既缺“民主”又缺“科学”的家长制的文化，一种喜欢大红大绿、大富大贵的世俗味很浓的文化，缺少“高贵的单纯与静穆的优雅”这样的审美心胸，缺少对“真理”的追求，缺少对高雅文化的向往与修炼。这就是中国文化软实力难以走向西方、难以走向世界的最根本的原因。因为，只有民族高雅的，才是世界的。说到底，今天的中国文化与中国教育主要是实用主义主导下的“老而不死”的儒家文化(一种违背先秦礼乐精神的儒家文化，只讲“礼”而不讲“乐”，只讲礼的规矩而不讲乐的浪漫）与“土里土气”的红色文化和“又土又俗”的港台品位的大众文化的混合物，严重缺少玩耍与体育的野性，缺少高雅文化的经典性与宗教净化人心的超越性，缺少“自由、平等、博爱”的风尚，缺少文艺复兴与启蒙运动的个人主义的价值观。国家的文化缺少高雅品质的贵族精神，整个民族好面子与好攀比，崇尚金钱，崇尚权力，崇尚强者通吃，身价评定，嫁入豪门，搞笑戏闹而又假大空，缺少公民的主体性与自律性，缺少人文教养，缺少理想主义与利他主义的心胸，缺少内心的精神生活。当代中国这种生活样态与文化品质只是地方性的，不具备文明的影响力与世界的传播性（我推崇原始的“礼、乐、射、御、书、数”的儒家文化与心学的儒家文化，推崇道家哲学与佛教禅学以及藏传佛教的修炼体系，这里面有一种超越功利的“高贵的单纯与静穆的伟大”的贵族精神)。

事实上，发达的美感是一个人、一个民族与一个国家文明程度的标志。一个人美感的强弱与生命冲动和创造性成正比。就全面培养人来说，美感的培养永远是教育的逻辑起点；美感由内而外地激发人们对学习、工作与生活的热爱并使人心领神会地享受其中；美感既是教育的起点又是教育的终点，教育说到底就是对人的自我意识、对美感的唤醒。而当代中国“以掌握知识为中心的教育体系”，总是从“课程、教材、教法”三位一体的角度千方百计与绞尽脑汁地消灭人的自我意识、消灭人的美感，成了反文明与反教育。其实，**审美素质构成人格的核心，审美素质与其他素质的关系是水涨船高的关系。发达国家主要就是自觉与不自觉地把“教育为立国之本，美育为立教之本，审美为立人之本”这三句话用得较好的国家，**这是从古希腊开始就形成的“博雅教育”的传统，如欧洲、美国、日本、以色列、加拿大、澳洲与新西兰等，这些国家的型态接近“审美国家”。看看这些国家的产品、社会环境与社会秩序、人民的生活方式、诗歌小说与电影电视，大多充满了美感，有一种“野性而又高贵”的气质，朴素、单纯而又个性鲜明，人民普遍喜欢学习而又追求真理（日本尽管成了现代化的国家,他们有许多地方值得我们学习，但他们的政治家与国民还生活在狭隘的民族主义之中，部分人民还有一种“武士道”的固执与偏激，应该受到批判。马克斯·韦伯的《新教伦理与资本主义精神》是欧洲中心主义，是不成立的，日本就不是新教伦理的国家，但日本显然是一个成熟的资本主义国家。构成日本精神基础的主要是宪政民主与神道教、佛教、禅宗美学、儒家心学和西方的人文主义与科学主义等，美学才是埋在社会地下的最根本的精神发酵力）。是教育的品质造就了人的品质，人的品质又造就了产品的品质与社会方方面面的品质。这里，我仅举一个关于教材的实例。在我看来，中国的大中小学的教材实在是太差了，同样的学科，如历史、数学、化学、科学、物理、市场营销学、经济学、哲学、心理学等，美国的教科书要比中国的教材厚 2—4 倍，语言叙述优美而有个性，情景与故事性强，利于阅读与激发兴趣，而且是大开本，案例丰富，图文并茂，统计图表，照片非常漂亮，实际上发达国家的教材是美学，历史美学、数学美学、化学美学、科学美学、物理学美学，市场营销学美学、经济学美学、哲学美学，心理学美学等。中国的教材是为考试而编写的，多数为条条框框，语言呆板，缺少个性与生命的体验，枯燥乏味。我说过，唯物主义是意识形态领域里的一种瘟疫，已经从“根部”把中国的学术体系与教育体系彻底摧毁，形成了大一统的“以高考定教育”的教育模式：教育理念一个模样，学校一个模样，课程一个模样，教材一个模样，教师一个模样，教学一个模样，考试一个模样，学生一个模样，言说一个模样，行为一个模样，选择一个模样。请问，人文精神在哪里？唯美主义与理想主义的价值观在哪里？个性在哪里？创造性在哪里？生命的情调在哪里？

从人类文明史的角度看，国家的发展从古到今，主要经历了“自然

国家（原始社会，靠力量统治，道德无序）、道德国家（封建社会，靠等级伦理统治，道德他律）、审美国家（宪政民主社会，靠“自由、平等、博爱”的普世伦理统治，道德自律）这样三种形态。欧洲经过“文艺复兴、启蒙运动、科技革命”这四百多年的发展，已经由“道德国家”逐渐演化成了“审美国家”，而发展中国家普遍还没有完成这一转变。由此我们可以看到，发达国家“以美立国”大都相似，发展中国家“以德治国”各个不同。发达国家让孩子普遍有“审美人”的成长阶段，发展中国家让孩子普遍缺少“审美人”的成长阶段，这就是最根本的差距。发展中国家其共同的特点是，不重视体育与美育。个体生命普遍缺少高雅美的升华与体能意志训练和公民训练。发展中国家的国家形态主要属于“道德国家”，有的是集权型的道德国家，有的是民主型的道德国家，有的是宗教型的道德国家，由于文化传统深层价值观的包袱与人口众多资源有限和财力不足，或者是社会制度的落后和教育思想的落后，教育出于使社会稳定与谋生的需要重视“语文、数学、科学、英语”的学习与道德的教化，轻视自由玩耍，轻视体育与艺术，轻视“美感与爱心”的陶冶，轻视自由选择与独立人格的培养。这种教育体系培养出来的人，缺少人文教养与精神深度，知识单一，能力单向度，缺少个性与创造性，缺少野性与健康的体魄，缺少高雅审美趣味的能力，缺少“自由、平等、博爱”的人类价值，缺少艺术化的浪漫与求知的爱好，缺少朴素与古典的优雅和生活的恬静，缺少一种由内而外的“贵气”，也就是精神贵族气（相信精神高于物质的一种气质）。人民还生活在“制度”与“文化”以及社会现实的各种各样的“稀奇古怪”的压抑之中，个体的自主性、能动性与创造性消失在群体的整体性之中，失去了能悠闲地享受“体育、音乐、文学、美术、哲学、美学、宗教、科学、技术”等精神文化生活的能力，使得国家的文化、政治、经济与社会生活的方方面面都处于较低层次的运作状态。主要由于“审美趣味与审美素质”造成了人与人的差距，国与国的差距。人格决定国格，发展中国家的出路是“去意识形态化，回归普世价值，建立以审美教育为中心的教育体系”。

今天的中国，有太多功利的因素在主导着教育的发展，整个社会缺少“童心”的儿童，也缺少“童心”的儿童体育、儿童文学、儿童音乐与儿童美术，我们的教育在高考指挥棒的主导下，以“语文、数学、英语”这三科为中心进行系统训练，培养的是缺少“童心”的小大人。所以，我们可以称今天中国的教育依然是一种“吃人”的教育，鲁迅先生的“救救孩子”在今天仍然有效。世界上有早熟的儿童，有晚熟的儿童，有正常的儿童。在我看来，西方发达国家的儿童是正常的儿童，他们很幸运地有“审美人”的充分成长阶段，而中国的儿童是早熟的儿童，过早地成为读经人，成为分数人，成为语文人，成为数学人，成为英语人，成为唱同一首歌、穿同样校服、秀同一种发型的男人和女人，成为被分数、被名校、被排名压来喘不过气来的人，成为缺少自我，缺少自我意识，六神无主而又歪歪倒倒行走在大地上的人。当代中国还需要从《毛泽东：延安文艺座谈会上的讲话》这种政治标准第一，艺术标准第二的灾难中解放出来；从教科书中的普遍的“农民审美趣味”中解放出来；从僵化的辩证唯物主义与历史唯物主义主导的“课程、教材、教法”中解放出来；**倡导“以美立国，以法治国”的价值；倡导多元的唯心主义；倡导人文精神与科学精神的统一；倡导“意识决定物质”，“社会意识决定社会存在”，“上层建筑决定经济基础”，“生产关系决定生产力”这样的唯心主义的价值观；让教育以美为本，让孩子有“审美人”的充分成长阶段，努力培养“美、德、智、体、劳”全面发展的人。**“思想创新—制度转型—教育升级—人的创造性升级—文化升级—产业升级—中国制造升级—文化输出”这是一个因果性的链条。在我看来，由于社会制度的制约与整个社会价值观的落后和教育体系的落后，当代中国大约只用了自己潜能的30%，还有70%的潜能有待开发。所以，今天的中国还需要实现制度的转型与以“美育”为中心的教育文化的转型。我想问的是，中国能够实现这种转型吗？

三、中国文化能够引领世界思想!

2012年9月18日下午3:00在美国硅谷“中国传统文化读书会”演讲。

中国传统“天人合一”的自然文化达到了人类精神价值的最大值，刚好弥补了西方人文文化与科学文化的不足。中国的茶道、静坐、参禅、气功、古琴、围棋、书法、国画、诗学、易学、风水、中医、养生、太极、武术、儒家的心学、道家的哲学、佛教的禅学与藏传佛教的修炼体系等都是全世界最有精神美感的文化，如果与西方的人文文化和科学文化相结合，就能创造出一种融合东西方精神的新文明。

——柯领

谢谢各位的光临。中国文化在人类文化中的位置，这是正在崛起的中国所必须要回答的问题。日本著名画家东山魁夷在《美的情愫》一书里，称西方文化是人文主义的，东方文化是自然主义的。“在精神思索之深刻方面，中国有胜于或不亚于西方的东西”[①]**。对此观点，我深表认同。在西方生活，有许多身临其境的感受，根据我的体验与观察，欧洲与美国的思想，主体论、认识论、方法论、实践论都很先进，就缺“天人合一”的本体论，这种视野和感觉，主要是在中国的传统文化里。**事实上，人类的文明发展要经历“原始文明、农业文明、工业文明、生态文明”这样四个阶段。文明发展遵循“正—反—合”这一规律，生态文明是原始文明、农业文明与工业文明的整合，是一种追求更加平衡与可持续性发展的文明，现在全球正处于生态文明的序幕期。农业文明以自然文化为

① 东山魁夷：《美的情愫》，唐月梅译，复旦大学出版社2008年版，第112页

主，工业文明以人文文化与科学文化为主，因此，**构成生态文明核心精神的生态文化就应该是“自然文化、人文文化、科学文化”三位一体的统一。在这里，中国传统文化的优势地位就突显了出来，中国有全世界最发达的农业文明与最发达的自然文化，中国传统“天人合一”的自然文化达到了人类精神价值的最大值，刚好弥补了西方人文文化与科学文化的不足。**中国的茶道、静坐、参禅、气功、古琴、围棋、书法、国画、诗学、易学、风水、中医、养生、太极、武术、儒家的心学、道家的哲学、佛教的禅学与藏传佛教的修炼体系等都是全世界最有精神美感的文化，如果与西方的人文文化和科学文化相结合，就能创造出一种融合东西方精神的新文明。**中国文化的宇宙观是一种“与天道合一，天地人共生，一气流注”的宇宙观，抱持着“一圆融合”的精神而充满了一种强烈的“共生思想与共生思维”，天地与我并生、万物与我为一的“天人合一”的东方精神具有最大的文化内涵与外延，将吞并全世界的文化，形成“天人合一的本体论、主体论、认识论、方法论、实践论”五位一体的综合，人类将建成天人合一的“市场经济、个人主义、民主政治”三位一体的社会，实际上就是“道家型的社会”，与天道合一，“天道信仰”应成为人类的共同信仰，天地境界是人类的最高境界。**今天德国的政府模式与绿党所倡导的社会发展模式正在全世界带头朝向生态型社会发展。早在几十年前，美国建筑大师莱特、小提琴大师梅纽因、人本主义心理学大师马斯洛、德国哲学大师海德格尔、英国中国文明史大师李约瑟、日本第一个物理学诺贝尔奖获得者汤川秀树、美国后现代的文化大师卡普拉与后现代心理学大师韦伯都不同程度表达过，人类要用道家的宇宙观与思维方式来建设社会，形成道家型的市场经济，道家型的个人主义，道家型的民主政治。[①]显然，中国足可以向全球输出本体论的“天人合一”的文化，这是一种生存境界，一种哲学思维，一种文明模式，也是一种生活方式。如，生态社会的医学模式是“生态医学模式 = 自然医学 +

① 董光璧：《当代新道家》，华夏出版社 1991 年版。

生物医学＝中医＋西医”，每个民族都有自己的自然医学，但是，中医是人类自然医学的顶峰，据我观察，人类的疾病大约 80% 需要西医治疗，大约 20% 需要中医治疗，中医现在在美国大约只占领了 2% 的市场，还有较大的发展空间，这就是中医正在迅速走向西方、走向全球的最根本的原因。

在全球化时代，当代西方的政治、经济、文化、科学、艺术、生活方式的发展 已经走到了极限、走到了最大值、走到了尽头，需要向东方学习与借力才能摆脱困境。物极必反，西方阳极而衰，这个世界和平的，人类要走向阴阳平衡，今天西方人的工资收入是东方人的几倍到十几倍，这是不可能持续下去的，东方人会以自己的吃苦耐劳与拼命勤奋来扭转这一局面，就像今天中国经济突飞猛进的发展，是全体中国人敢于挑战与努力拼搏的结果，今天美国遍地都是中国制造的各类产品，风水轮流转，三十年河西，三十年河东，能量是守恒的，东方上升，西方必然下降，东西方的差距正在渐渐地缩小，欧洲、美国、日本、澳洲渐渐会衰落下去，直到实现一种东西方“文化、政治、经济、生活方式”的一种动态平衡，这是谁也阻挡不了的大趋势。海德格尔曾预言：走出西方哲学的困境很可能需要来自东方一种古老哲学的启示（指《道德经》）。现在世界的经济正在倾向东方，最早工业化发展的西方已经成熟和饱和，欧洲像老年，美国像更年期综合征的中年，亚洲还处于少年阶段，发展才刚刚开始，还需要由农业社会转型为工商业社会与生态社会，还有着巨大的增长空间。**现在世界的“心”正在倾向东方，倾向中国“天人合一”的精神意境，倾向儒家心学、道家哲学、佛教禅学的生命境界，像甲骨文公司总裁劳伦斯·埃里森用风水来规划公司总部的景观设计一样，像苹果公司总裁乔布斯修炼禅学一样，东方“天人合一的修炼文化与思维方式”在西方是一股由弱渐强的风，**像好莱坞电影《功夫熊猫》内涵与意境都是中国的，但形式、色彩与表现方式是西方的，二者合一就征服了全世界，产生了很好的票房收入。

欧美20世纪60年代以美国加州为中心兴起的“回归心灵——回归原始，滋养灵魂，在日常生活中发现精神性”的新时代运动（New Age），正在渐渐地影响全球。新时代运动涵盖的范围非常广泛，包括了：后现代哲学、科学、心理学、音乐、文学、绘画艺术、超能力、通灵、水晶研究、外星人、古文明等题目，逐渐形成一种崭新的生命观与宇宙观及其身体实践体系。新时代运动现今已在各层面如文化、电影、著作、艺术、以极快的速度向全球展开，如电影《阿凡达》《功夫熊猫》《美食·祈祷·恋爱》以及欧美的一些大片，音乐有英格玛、班德瑞、爱尔兰的凯尔特风格、梵乐、禅乐、喜多郎的音乐、谭盾的音乐、何训田、刘索拉、萨顶顶的音乐等等。**新时代运动其中一个重要的分支就是“向东方行”。“爱自己、走向天人合一、活在当下”这三大思想是新时代运动强有力的口号。这是一场发生在人们内心深处的静悄悄的革命：在当代，学习实践东方哲学体系的人越来越多，天人合一、超觉静坐、气功、生活禅修炼、瑜伽、易经、太极、禅学、密宗、道德经、逍遥游、风水、中医、水疗、香疗、苏菲玄秘学、马哈拉志等等拓展心灵意识的法门大大风行起来。每年都有成千上万的人在发现了东方智慧之后，抛弃了毒品而回到心灵经验的正确道路上来**[②]。人类在经过了一个黑暗充满暴力的“双鱼座时代”，正进入一个充满爱心和光明的一千年，也就是“水瓶座时代”，也就是“新时代”，是心灵真正得到自由解放的时代。一种新的人类正在诞生，这些人是经历了身心的大变化，彻底改变了自己而得到了自由心的革命者，这些人是绝不以自己的私心作为生活目标的人。现在，参与拓展心识的人每年有上百万、上千万，各阶层的人都有，他们形成一个网，比革命计划还要广大，比革命活动还要深远，是一个“秘盟”，正在触发一项在历史上最可观的文化重振事业。他们包括思想家、教师、文员、科学家、政府雇员、立法者、艺术家、百万富翁、的士司机等各个范畴的人，正在形成21世纪一个与主流体制并行的静悄悄的文化运

①陈瑞献：《第四座桥——跨世纪的文化对话》，新世界出版社1999年版，第41页。

动。**如果说，以希腊精神为主的欧美文化使全球实现了由“农业文明”向“工业文明”的转型，那么，以“天人合一”精神为主的中国文化会成为使全球实现由“工业文明”向“生态文明”转型的主力文化，将为人类文明灌注“天人合一”的灵魂，人类的生活方式将更加追求“自然化、人文化与科学化”的统一。**由此，我对中国人、对中国文化与中国政府充满了期待与必胜的信念。

四、一个心理学体系的诞生

2012年11月25日与12月2日下午3：00在美国硅谷“中国传统文化读书会”演讲。

像思想家罗素一样，有三种激情一直强烈地支配着我的人生：对美与爱的渴望、对真理的求索、对人类不幸与苦难的无限怜悯。这三种激情时而像狂风时而又像细雨一样一直揪心揪肺地主导着我的生活。

——柯领

开讲之前，我想说的第一句话是：中国，请跟随我，走出困境！全世界，请跟随我，走出困境！谢谢读书会对我的邀请，谢谢各位的光临与我一道分享我的心理学的探索心路。回顾我的人生历程，那是激动人心的一次又一次充满生命激情的精神历险。**像思想家罗素一样，有三种激情一直强烈地支配着我的人生：对美与爱的渴望、对真理的求索、对人类不幸与苦难的无限怜悯。这三种激情时而像狂风时而又像细雨一样一直揪心揪肺地主导着我的生活。**从1985年开始，为了实现当世界级的教育家的梦想，我不断地向心理学与教育学中的世界难题挑战，一路走来，我创办过三所学校，我目标明确，意志坚定，披荆斩棘，勇往直前，无所畏惧，所向披靡，成果丰硕。1997年1月6日的早晨，我发现了“美是教育的本质”，提出要培养“美、德、智、体、劳”全面发展的人，为人类的教育建立了共同的基础；1998年我连续解决了三道心理学的世界难题，揭示了人的心理的发生学机制、情感结构、价值观的形成原理，画龙点睛地作了最后的心理学的突破而形成了二分法的心理学的体系，这是人类科学心理学体系的诞生。在此返本开新的基础上，我花了26年探索并撰写了一本二十几万字的名为《追问教育的本质》的学术专著，在人学、心理学、教育学这三大领域可能为人类做出了开创性的重大贡献。我把人类教育由经验变成了科学，我可能是当今全世界唯一把“人的成长规律”从心理学到教育学,从宏观到微观搞清楚了的第一人。但，这是建立在全世界辛勤劳动的所有主要心理学家与教育家的研究成果的基础上的，没有他们艰辛的在微观的局部的研究成果，就没有我的宏观的整体的综合与建构，也就没有我的《追问教育的本质》一书的体系。他们集体地把水烧到了80℃，我在此基础上再烧了20℃水就开了。所以，我的内心充满了对这些辛勤劳动的人们（包括我的心理学导师唐自杰教授)的无限感激之情。瑞士著名的认知心理学的大师皮亚杰认为，心理学与教育学研究的最高境界，就是要像医学一样，能为各个年龄阶段的人开教育的治疗处方。而我现在就做到了这一点。以下讲解的内容，是我1998年9月份花了近三个月时间撰写的学术论文《教育的心理学基础》，在2011年中国人民日报出版社出版的《追问教育的本质》一书里有较详细的叙述。这里，我突出重点来进行讲解。

当今世界心理学的局面，已严重地滞后于现实生活的需要。**当代世界的教育改革之所以左右摇摆、举步维艰，其中一个主要原因是人类并不清楚自己心理世界的客观规律，心理仍然是一个黑箱，“认识自己”还是一个未猜透的迷，人类只能靠经验的摸索在试探中向前迈进。教育改革应以心理学理论为基础。只有心理学理论的突破，才能使我们对理论与方法抱有信念，以促进教育改革的突破。**可是，当今的心理学仍然在局部的范围内探索，缺少总体的宏观的突破，因此，教育改革也只是经验归纳性的，在试错中前进，缺少理性演绎性的结构从宏观到微观来指导教育改革。

当代世界心理学的发展，尽管欧美有构造主义心理学、机能主义心理学、格式塔心理学、弗洛伊德心理学、行为主义心理学、人本主义心理学、认知心理学、神经心理学等八大学派，苏联有维、列、鲁学派，中国有潘菽心理学学派。但是，经过一百多年的探索，心理学还没有发展成为一门成熟的科学，至今还处于前科学阶段，仍有许多困扰全世界心理学界的问题，主要表现在：(1) 心理发生的机制是什么？目前，在解释心理发生的机制上主要有三大学说：心理发生是大脑机能说、心理发生是客观现实的反映说、心理发生是主观外化说。显然，没有一种解释能贯穿人的整个心理活动的全过程，到目前为止没有一个权威性的结论。(2) 还没有出现一个统一的心理学模型作为科学心理学的范式。尽管当今世界出现了十几个心理学学派，每个学派都建立了自己的概念体系与研究思路，但仍然呈现的是“盲人摸象”的局面，还没有出现一个学派能够把十几个学派的理论整合为一个统一的模型，并对各种心理现象做出全面的解释。(3) 心理学的研究偏重的是心理形式的研究。当代心理学的研究主要注重的是心理形式的研究，而缺少把心理形式与心理内容相整合而形成完整的心理结构的研究，心理形式是人类的共同心理，是共性；心理内容是人类文化的积淀，是个性。人的心理一定是心理形式与心理内容的统一。如何统一？这是世界性的难题。

中国著名的心理学家荆其诚教授在他 1990 年出版的《现代心理学发展趋势》一书中认为，心理学目前还不是一门规范的科学。主要表现在以下三个方面：

1. 至今还没有一个学派能成为心理学公认的范式：科学心理学诞生以来，虽然产生了许多心理学派，但还没有一个学派能把这些不同的主张统一起来，形成一个公认的范式。在 20 世纪 50 年代，似乎巴甫洛夫学说能成为解释心理活动的科学基础，但是当代神经生理学告诉我们，大脑并不完全是以条件反射或暂时联系的方式活动的。当前正朝着研究脑的单细胞活动的方向，或者朝着制定信息加工模型的方向发展。我们还不能肯定认知心理学能成为心理学的范式。

2. 心理学中没有一个理论能贯穿人的整个心理活动：一种理论适用于解释某一水平的心理活动，就不能解释另一种水平的心理活动。条件反射可以解释学习，用它来说明人格就有困难；完形理论能解释知觉，却不能说明记忆。这和物理学和化学不同。波动理论可以贯穿到声、光、电，甚至更复杂的物理现象。最复杂的化学现象也脱离不开化学元素的分解和结合。从心理学理论所能解释的问题没有太大的普遍性来看，心理学还没有一个统一的范式。

3. 心理学中的许多概念是从其他科学中转借过来的：完形心理学派的同型论来自电学的磁场理论。行为主义移植巴甫洛夫条件反射的理论。认知心理学的信息加工模型则步通信工程的后尘。随着其他科学领域中新分支、新理论的出现，心理学还会借用它们的概念。科学思想的转借和类比对于科学的发展非常重要，常常由此产生科学上的突破。但是一门独立的科学毕竟应该有自己的东西。至今心理学还没有独创的理论体系。

显然，人类的心理学仍然处于危机之中。人类心理学的危机强烈呼唤着一个能够整合一切流派的独创的理论体系的出现。理论研究的最终目的就在于在一特定领域内找出支配全局的统一规律。

世界在等待，在等待心理学与教育学的新思维的出现……

科学上的重大发明或发现往往是外在客观原因与内在主观原因相互作用的结果。当代人类价值的沦丧、各类犯罪的增加、区域文化的冲突所产生的困惑，心理学无法做出合理而令人满意的解释，迫使许多心理学专家在矛盾与痛苦中更进一步地深入思考。“摆脱当代世界的心理学危机与教育学危机”就成了全体心理学工作者与教育学工作者的共同心愿。就在这时，我经过二十几年潜心思考与实践探索，提出了一个统一的心理学模型，以期望为摆脱人类的心理学危机与教育学危机作出贡献。

我所创建的普通心理学体系———个人类统一的心理学模型，可用如下图式表示：

普通心理学体系的结构
一、心理发生：心理发生于需求以及对需求的刺激
二、心理活动与心理成长
（一）心理活动的结构：意向活动（情意活动）与认识活动
意向活动包括：需求、情感、意志、理想、信念、价值观
认识活动包括：注意、感知觉、记忆、思维
（二）心理成长的规律：情感成长规律与认知成长规律
情感成长的三个阶段：本能情感—审美情感—理智情感
认知成长的三个阶段：动作把握—形象把握—逻辑把握
三、心理结构：人格结构与智能结构
（一）人格结构=需求+情感+价值观
（二）智能结构=知识+能力+思维方式

这是人类科学心理学体系的诞生。这里，我突破了自柏拉图（公元前427—前347年　）以来的心理是“知、情、意”三分法的体系，而创建了心理是“意向活动与认识活动”二分法的体系。在这儿，叔本华、尼采、狄尔泰、柏格森的非理性主义哲学转向的伟大意义突显了出来，理性主义与非理性主义的争论有了一个准确的定位，非理性为本（体），理性为末（用），唯心主义终于取得了伟大的胜利。文化是一种自由心灵的创造，唯物主义这种严重忽视了人的主体能动性的机械主义的思维方式统统被扫进了历史的垃圾堆。德国哲学家胡塞尔开创的现象学与存

在主义运动，一直想找到人类最基本的精神结构，让哲学成为科学，为人文学科建立一个永恒的科学基础，从而一劳永逸地终结人文学科与自然科学之间关系的争论，但，他们没有成功，而我找到了人类这一最基本的精神结构。这个具有思想性、整体性与可操作性的统一的心理学模型，是欧美心理学体系的八大学派，苏联心理学体系的维、列、鲁学派与中国心理学体系的潘菽学派的一次综合创新的整合，人类的主要文化流派与主要文化现象都是局部的"盲人摸象"，其深刻的内涵与外延大都可以从这一综合的框架所主导的理论体系中得到较好解释。

在这整体的模型中，我从揭示心理发生的机制开始，提出了心理发生于需求以及对需求的刺激，这可能是心理学研究中具有奠基意义的最重大的突破，是对马斯洛的需求层次论与行为主义心理学家托尔曼提出的S—O—R 理论的重要补充与完善；在心理活动的结构中，我继承了中国著名心理学家潘菽的心理活动二分法的思想[1]，但对意向活动与认识活动所包含的心理要素重新进行了因果性的排列与组合，并在心理活动中首次引入了价值观的概念；在心理成长的过程中，我继承了皮亚杰发生认识论的结构主义与建构主义的心理学思想，以及哈佛大学布鲁纳教授的"动作掌握、映象掌握、符号掌握"的认知发展三段论的思想，[2]在此基础上，我创造性地提出了情感结构论与情感成长论的思想，由此，心理成长的规律主要由情感成长与认知成长这两大规律组成。个体的情感成长过程是一个由"本能情感到审美情感再到理智情感"的建构过程，个体的认知成长过程是一个由"动作把握到形象把握再到逻辑把握"的建构过程，这两大以操作内化为中心的建构规律，为我们制定教育方针、设计教育内容与应用教学方法指明了一个合规律性的前进方向；心理结构由人格结构与智能结构这两个部分组成。人格结构主要由个体的意向活动内化而形成，是一个意愿所向的动力结构，主判断与决

① 潘菽：《潘菽心理学文选》，江苏教育出版社 1987 年版，第 569 页。

② 钟启泉编译：《现代教学论发展》，教育科学出版社 1994 年版，第 121 页。

定；智能结构主要由个体的认识活动内化而形成，是一个认识问题、分析问题与解决问题的认知结构，主分析与综合。二者合一构成了一个独立的、稳定的、个性鲜明的心理结构，个体的心理结构与外在的环境（自然环境与社会环境）相互作用而产生求生存与求发展的个体行为。以下就对这些问题展开具体的论述。

（一）心理发生

目前，对心理发生的机制的阐释主要有三大学说：

（1）心理是人脑的机能说。这是从大脑神经活动要经历反射弧的感受器—传入神经—反射中枢—传出神经—效应器的传导过程来阐释心理发生机制的。

（2）心理是客观现实的反映说。这是从环境决定论的角度来阐释心理发生机制的学说：由物质决定意识、社会存在决定社会意识的普遍哲学原理可知，物质第一性、意识第二性。物质是不依赖于人的意识并为人的意识所反映的客观实在；意识是物质高度发展到人脑所产生的特殊机能，是人脑对物质的反映。人的心理活动是受客观事物的影响而产生的，没有客观事物的影响，就不会有感知、思维、情绪、意志等心理活动。比如没有客观存在的花草树木，人们就不会有关于花草树木的感知，记忆和爱好等心理活动，这正像没有一定的事物在镜子面前，镜子里就不会反映出那种事物的形象一样。所以，心理是人脑对客观现实的反映，客观事物是人的心理的源泉。

（3）心理是主观的外化说。这是从主体内发论的角度来阐释心理发生机制的学说：精神分析心理学家弗洛伊德认为，本能的性冲动与反抗死亡的冲动是心理发生的基础，由本能的无意识到前意识再到意识就是心理发生与成长的规律；人本主义心理学家马斯洛坚决反对弗洛伊德过分强调本能的学说，认为需求是产生行为的动机，是心理活动与行为实践的动力系统。人的需求由低向高发展有七个层次：生理的需求、安全的需求、归属与爱的需求、尊重的需求、求知的需求、审美的需求、自我实现的需求，人的心理活动与行为实践就受这七个层次的需求支配；格式塔心理学认为，大脑内部有一个心理力场，大脑外部的物质世界有一个物理力场，认识之所以发生是由于大脑内部的心理力场与大脑外部的物理力场相互作用而形成了一个完形（结构），因此，心理不是客观现实的反映，而是心物同构所建立的完形。

我认为，这三大学说只是笼统而粗糙地说明了心理产生的相关因素和可能性的方向，并没有从微观到宏观相统一的发生学的角度真正揭示出心理发生的机制。难怪，心理的实质是什么？至今仍是一个未揭开的谜。下面，我就对这一问题尝试性地做出解答。

当代，在世界心理学界解释心理行为发生机制的最权威的理论是美国新行为主义者托尔曼提出的S—O—R 模式。这个心理行为发生机制的解释结构是在继承吴伟士的心理学思想与批判华生 S—R 模式的基础上提出来的。S 表示客观观察的刺激，O 是个体的心理变量，包括需求、意志、感知、思维、经验等，R 是个体对刺激的行为反应。也就是说，外在刺激作用于个体，个体往往要根据自己的需求、经验、价值观等变量对刺激做出应答性的反应。这是一个主动应答的过程，而不是一个被动接受的过程。如图所示：

S————————————O————————————R

刺激——————个体心理变量——————行为反应

（需求、经验、价值观等）

这个模式只是大致地阐释了心理行为的发生规律，它的优点是试图从建立系统模型的角度来解释心理行为的因果关系，其缺点是：(1) 这一解释结构并没有明确指出心理发生的出发点。(2) 这一解释结构突出的是心理与行为的被动性，突出的是刺激（S）第一性，个体心理过程（O）第二性，行为反映（R）第三性。(3) 这一解释结构在论述人的心理行为过程的时候，缺少层次性、有序性与反馈性。因此，还没有真正揭示出心理行为的发生规律，还需要对这一模式进行进一步的补充与完善。

我的观点非常的鲜明与突出，我认为心理发生于需求以及对需求的刺激。

需求是什么？需求是先验自我，是心理活动的本体，是有机体向外扩张的一种生理要求与心理要求，是一种生存的本能与发展的潜能。需求的结构是一个先验的时空结构，它是人类进化而形成并由遗传而获得的原型结构。人的需求从低级向高级发展，由生存的需求、审美的需求、理智的需求组成一个三层次的结构。如图所示：

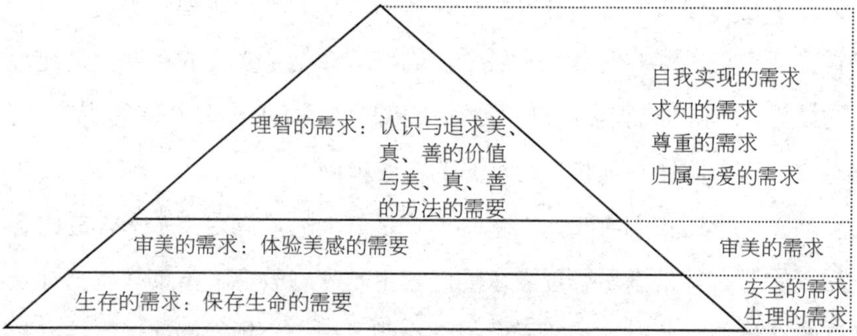

1. 生存的需求。生存的需求是一种保存生命的需求，由生理的需求与安全的需求组成。如对空气、阳光、食物、水、性、睡眠、趋利避害、生存安全等的需求。生存需求是最基本的需求，它虽然重要，但不能过分强调它在现代社会生活中的作用，对大多数人来说，这种需求容易得到满足。

2. 审美的需求。审美的需求是一种体验美感的需求，这是人所独有的需求，是对生存需求的一种超越，是一种既包含自然属性又包含社会属性的高级的心理需求，主要表现为对愉快感、优美感与崇高感的体验的要求。

3. 理智的需求。理智的需求是认识与追求美、真、善、爱的价值与美、真、善、爱的方法的需求，这是在审美需求的基础上逐渐发展出来的更高级的精神需求，主要表现为归属与爱的需求、尊重的需求、求知的需求、自我实现的需求等。

需求是生命展开的种子，需求原型即需求结构的形式是先天遗传决定的，是人类通过进化而形成并以集体无意识的方式保存在物种的遗传之中，表明向外扩张的一种可能性，它是一个逐渐展开的时空结构，随着生理发育而逐渐展开，最初以生存的需求为主导动机，后来以审美的需求为主导动机，最后又以理智的需求为主导动机，完成一个周期循环后，表明需求的成长已经成熟；满足需求结构的内容是后天环境提供的，因此，需求的成长是一个有机发育的过程，需求原型与外部环境相互作用塑造了它的现实形态，并成为决定行为选择的动力定型，决定个体的感觉、情感与思维的发展水平。个体的需求原型是人类的共性、是纯形式的结构，个体的成长环境（自然环境与文化环境）是外在的客观实在、是造成个体与群体心理和行为差异的主要根源。

从以上论述我们可知，需求的形式是先天的，满足需求形式的内容是后天的，尤其是满足心理需求的内容更是家庭教育、学校教育与社会教育的结果，因此，这为我们的教育指明了一个合规律的前进方向：教育的任务就在于要通过满足个体生存的需求、审美的需求与理智的需求来把学生们引向审美的境界、求知的境界与自我实现的境界，以促进个体充分走向自我实现与社会实现，为社会创造更多的物质财富与精神财富，从而更好地建设生态文明、精神文明与物质文明相统一的社会。

二、心理活动与心理成长

由于人的内在有向外扩张的生理要求与心理要求，才使心理活动的展开成为可能，心理活动围绕意向活动与认识活动而展开，这是一个由低级向高级发展的社会化的过程，经过社会化的过程，心理形式与心理内容相整合，心理得以全面成长，并最终内化形成独立的、稳定的、富有个性的心理结构，心理结构主导个体的人生实践，这就是心理发生与成长的全过程。现在让我们回到起点，从剖析心理活动的结构与功能及其要素开始来全面展开我们的论述。

（一）心理活动的结构

人的心理活动由两个部分组成:意向活动（情意活动）与认识活动。

意向活动包括：需求、情感、意志、理想、信念、价值观

认识活动包括：注意、感知觉、记忆、思维

意向活动或称非理性的心理活动，也就是人们常说的非智力因素，主要由需求、情感、意志、理想、信念、价值观组成。

认识活动或称理性的心理活动，也就是人们常说的智力因素，主要由注意、感知觉、记忆、思维组成。

意向活动是个体在求生存与求发展的主导下，通过情感与意志的相互作用来实现自己目的的一种心理活动。

认识活动是个体在意向活动的主导下，通过注意、感知觉、记忆与思维的相互作用来把握外在事物的一种心理活动。

意向即人的意愿所向，它是人活动的动机部分，也是人活动的动力所在。在心理活动中，意向活动是第一性的、居核心支配地位、起主导作用的心理活动。

认识活动是在意向活动主导下的认识活动，意向活动是在认识活动指引下的意向活动。

意向活动主导认识活动，认识活动指引意向活动，所以，意向活动比认识活动更根本。

（1）需求—情感—认识与行动

在心理活动中，需求是先验自我，是心理活动的本体，是有机体向外扩张的一种生理要求与心理要求，是一种生存的本能与发展的潜能。需求以及需求是否得到满足而产生情感，情感内化就形成价值观。在心理活动展开的过程中，情感活动是起主导作用的活动，是控制心理活动与行为实践的动力结构，情感决定意志、理想、信念与价值观的方向，决定认识活动的深浅程度，决定行动的方向与大小。

从发生认识论的角度看，需求是心理的发生本体，情感是心理与行为的动力本体。情感为本，认识与行动为末，情感本体主导认识与行动。人的心理行为结构应该是“情知行合一”的结构，人生就是围绕这一结构展开的。情感是一种直觉把握世界的方式，具有本体的价值；情感是内在动力，它使心理与行为自动化。在自然状态下，人只生活在自己情感投射的范围内，或者说，人的认识与行动只为自己情感所投射的范围包围；人只愿意去认识自己所感兴趣的事物；只愿意去做自己所希望做的事情。因此，以情感为本体的“情知行合一”的心理行为结构就是我们认识自己与认识他人、洞察人性与理解世界的最有力的心理分析工具。只要我们了解一个人的情感模式——准确地说是美感模式，我们就可以大致地预见他（她）的认识活动与行为实践展开的基本情况。

（2）情感的性质与情感的结构

情感是个体的需求以及需求是否得到满足而产生的主观心理体验，是一种直觉把握世界的方式，是心理活动与行为实践的动力系统。

情感是一个有层次的动态结构，由本能情感、审美情感、理智情感三部分组成。人的情感的发生与成长的过程是一个由本能情感到审美情感再到理智情感的建构过程。

本能情感是由生理的需求与安全的需求以及生理的需求与安全的需

求是否得到满足而产生的情感。如食欲、性欲、睡欲、趋利避害、原始的喜、怒、哀、乐、悲、恐、惊的基本情绪与本能的爱等。

审美情感是由人的审美的需求通过心灵对客体的审美共鸣而产生的情感；审美的需求得到满足而产生积极的情感体验，如愉快感、优美感、崇高感等；审美的需求得不到满足而产生消极的情感体验，如痛苦感、悲伤感、愤怒感等。

理智情感是认识与追求美、真、善、爱的需求是否得到满足而产生的情感：认识与追求美、真、善、爱的需求得到满足而产生积极的审美情感体验，进而内化为积极的理智情感。如认识兴趣，追求真理的情感，道德情感，利他主义的情感，爱的情感，创造的情感，光荣感，责任感，自信感，积极的理想，希望，信念等；认识与追求美、真、善、爱的需求得不到满足而产生消极的负向情感体验，进而内化为消极的理智情感。如厌恶感，厌学感，厌世感，冷漠感，缺德的情感，逃避感，恨的情感，自卑感，消极的理想，希望，信念等。

本能情感是人与动物都共同拥有的低级情感，审美情感与理智情感是人所独有的具有社会性的高级情感，而积极的审美情感则是走向积极的理智情感与积极的理智行动的动力基础，因此，培养积极的审美情感就应该成为教育的核心任务。

3. 意志的概念与意志的训练

意志是什么？意志是个体完成任务时的一种克服困难的坚持精神。意志同性格是具有相似含义的概念，它们是一个整体，意志是内核，性格是外壳。我们常常用坚强的意志、勇敢顽强的性格、敢于拼搏的冒险精神来形容意志与性格的优良品质。意志只有大小，没有方向，意志的方向是情感与目标给予的，因此，通过生活的磨难与超越极限的体育锻炼及其吃苦耐劳的生存训练所磨炼出来的优良的意志品质，可以迁移到学习、工作与创业的实践中，成为创造性生活所需要的勇敢顽强精神的内在支持。

对于追求卓越的人来说，生命要“野性而又高贵”。野性就意味着身强力壮，有顽强意志与拼搏精神，高贵就意味着情趣高雅，相信“精神高于物质”并充满创造性。**事业的成功，首先是性格的成功**。因此，磨炼意志、塑造勇敢顽强的性格应成为我们教育的核心组成部分。

磨炼意志、塑造勇敢顽强性格的训练主要有三种途径：

第一途径是激发梦想成功与冒险精神的情感训练。

听讲一些饱受磨难而走向成功的伟人故事，诵背一些名人自我激励的格言，阅读一些名人传记和一些催人上进的经典文学作品，通过向伟人，向英雄，向为美、真理与正义而献身的名人的学习来激发追求卓越的使命感，激发“敢上九天揽月、敢下五洋捉鳖”的想象力和冒险精神，激发彻底拼搏的生命意志。

第二途径是进行吃苦耐劳的实践训练。

在追求卓越的使命感和充满想象力与冒险精神的跃跃欲试的理想的观照下，我们需要进一步的通过实践训练来磨炼意志。意志既然是一种克服困难的坚持精神，那么，我们就需要在克服困难的实践中去磨炼它，以使它形成并内化为一个人所固有的勇敢顽强的性格。

进行吃苦耐劳的训练主要包括三大相反相成的实践训练：

第一大实践训练是进行独立自主的生活训练。父母与老师要千方百计地为孩子与学生的成长创造许多独立尝试，独立选择与独立地吃、穿、住、行、用、玩的机会。让他们在独立的尝试与独立的选择及独立的生活实践中，通过尝试失败与尝试成功来磨炼意志，学会选择与学会生存。我们要永远记住：父母与老师能够给予子女与学生的最大贡献，就是帮助他们学会自助。

第二大实践训练是进行超越极限的训练。体育的功能至少包括三个方面：强身健体、掌握运动技能、塑造勇敢顽强的性格。因此，我们要利用体育在强身健体的基础上，通过掌握运动技能来磨炼意志与塑造勇敢顽强的性格。人的体能是有极限的，每个人的体能也是有极限的，因此，我们要向人的体能极限挑战，在长跑、游泳、球类等竞技性的运动中经常性的超越体能极限，建立挑战体能极限的快感。一个人只有经常处于超越极限的磨难考验，才能最大程度磨炼意志，从而塑造勇敢顽强的性格。

第三大实践训练是进行野外磨难的生存训练。生存训练是体育训练的一种扩展，是在野外围绕完成一定难度的任务而展开的一种训练，如夏令营活动、长途拉练、野外探险与露宿、打游击战、登山比赛、社会调查、在农村或工厂劳动、参与服务社会的公益活动，等等，通过广大学生充满参与乐趣与冒险精神的生存训练，培养他们吃苦耐劳的精神与勇于克服困难的意志品质。

第三途径是自我激励的磨难训练。坚强的意志与勇敢顽强的性格是在胸怀理想彻底行动的追求中，在克服困难的抗争中，在掌握命运向环境挑战的过程中逐渐磨炼出来的，前面第一途径与第二途径主要是一种他励，是在父母、老师与学校的安排下进行的训练，而更为重要的是要如何由他励转化为自励，是自已出自内心想选择一种磨难。一切梦想成功的人都要清醒地认识到，磨难是走向成功的基本功，从而怀着“天将降大任于斯人也，必先苦其心志，劳其筋骨，饿其体肤，空乏其身”的积极乐观的心态走向自我激励的磨难训练。冬练三九，夏练三伏，勇于选择，敢于冒险地投入到追求卓越的奋斗之中，在求生存与求发展的拼搏中、在超越极限的考验中、在把理想灌注到世界中去的情感冲动中，体验一种掌握命运、参与竞争、追求卓越的人生乐趣，从而更好地走向自我实现与社会实现。

这就是我所理解的磨炼意志、塑造勇敢顽强的性格训练。

4. 理想、信念、价值观

理想就是个体把自我意识投向未来的一种美好愿望，是一种激励自己积极主动地认识与行动的情感动力。

信念就是个体对某种观念或某种存在抱有一种坚定不移的确认，是内心深处产生的朝着一个方向的理智情感。

价值观是个体区分好坏标准并由内而外地主导认识与行为选择的心理倾向系统。它是一种深层的心理品质，居于心理活动的中心，是由情感内化而形成的、以审美价值为核心的、对人的认识与行动具有根本导向作用的观念系统，是个体社会化后形成的一种新的心理需求。

价值观是主导认识与行为选择的根本，人与人之间认识与行为方式基本相同或不同，主要就是因为价值观基本相同或不同造成的。

价值观具有观念的一致性、主导认识与行为的选择性以及评价的主观性三大特征。

观念的一致性。价值观系统包含多种因素，如需求、兴趣、态度、政治价值观、理论价值观、道德价值观、职业价值观等，这些因素并不是杂乱的、相互矛盾的，而是以审美价值为中心相互联系而结合成的一个整体。个体的任何出自内心的选择都受内在价值观念的支配，都是审美价值观念的一种投射。当外在的事物与我们内在的价值观相抵触，也就是与我们内心的美感模式相抵触，我们就会表现出痛苦与愤怒；而当外在的事物符合我们的价值观，也就是与我们内心的美感模式相共鸣，我们便会感到满意与喜悦。

主导认识与行为的选择性。价值的一个基本特征是两极性，表现为有正价值与负价值，有美与丑、真与假、好与坏、公正与不公正，等等。由于美是价值的本质，每个人的认识与行为选择都受内心审美观念的支配。人们对有价值的事物便不可能采取无所谓的中立态度，或是喜欢，或是不喜欢，或是接受，或是拒绝，或是追求，或是逃避，总要选择其一。当然，从好到坏，从美到丑……其间有层次性。人总是根据自己的审美价值观对其做出选择的，审美价值观决定人在生活中的位置和追求各种事物的先后次序，有的人看重高雅艺术、有的人看重通俗艺术，有的人看重真理、有的人看重财富，有的人热衷权力、有的人热衷学术，有的人为国家利益着想、有的人为个人利益盘算，有的人为长远利益谋划、有的人图当前的享乐、等等。显然，**价值观对人的认识与行为具有定向作用，透过人们的行为选择，我们便可以窥见人们的价值观，并判断人们的审美价值层次。一般来说，审美修养高的人，往往更看重事物的精神价值，行为选择通常是精神利益第一，物质利益第二；审美修养低的人，往往更看重事物的物质利益，行为选择通常是物质利益第一，精神利益第二。**

评价的主观性。经过社会化，人一旦形成了价值观，其区分美与丑、真与假、善与恶、荣与辱等价值观念是根据个人自己内心的审美价值尺度来衡量的。虽然客体的结构和属性是客观存在的，但人对其意义的认识和评价都取决于自身内在的价值尺度。通常，人都具有多种需求，对于各种需求重要性的衡量，也是由价值尺度决定的。**一般来讲，审美修养高的人，对事物侧重精神价值评价；审美修养低的人，对事物侧重物质价值评价。**

5. 注意、感知觉、记忆、思维

认识活动由注意、感知觉、记忆、思维这四大基本要素构成，它们是一个由外到内、由表到里、由感性认识到理性认识的发展过程。

认识活动的展开是在意向活动的主导下进行的。

注意是心理活动对一定对象的指向和集中。

感知觉是感觉与知觉的统称。感觉是人脑对直接作用于感觉器官的客观事物的个别属性的反映，人的主要感觉器官就是眼、耳、鼻、舌、身，因此，我们的感觉也主要有五类：视觉、听觉、嗅觉、味觉、体觉。知觉是人脑对直接作用于感觉器官的客观事物的整体属性的反映。知觉可以根据反映活动中某个分析器起主导作用来进行分类，可分为视知觉、听知觉、触知觉等；也可以按被知觉的客体来划分，可分为空间知觉、时间知觉、运动知觉、社会知觉、错觉、统觉等。

记忆是人脑对刺激信息的一种存储功能，是对过去经历过的事物的一种信息保存。记忆的原则主要有意向原则、联系原则、强化原则；记忆的基本过程包括识记、保持与回忆这三个环节；记忆的本质就是建立联系、建立大脑细胞与信息之间的联系。因此，一切改进记忆的方法都符合情感化、结构化、有序化与形象化的简化原则，其目的是为了强化联系。

思维是认识活动的核心，就像情感是意向活动的核心一样。

思维是个体为了求生存与求发展的需求而借助动作、形象、概念来把握外在事物的一种认识活动。它由动作思维、形象思维、逻辑思维这三种普遍的思维形式组成一个结构。

创造性思维，或称灵感思维，或称直觉顿悟是一种复合思维，是动作思维、形象思维与逻辑思维在解决问题时的一种整合。

动作思维：从思维内容看，动作思维是个体通过动作的感受来进行的思维。它具有具体性、实践性与经验性三大特征。动作思维必然有动作作用的对象，这个对象一定是具体的事物，这就是它的具体性；动作思维是主体对客体的一种具体操作，这就是它的实践性；动作思维的主体对客体的具体操作后，会产生把握客体的直接体验，这就是它的经验性。一般来说，从事工、农、兵、学、商的实践性工作的人，都需要有较好的动作思维。

从个体思维形成看，动作思维是0—3岁幼儿掌握世界的主要思维方式，这是个体思维成长的第一阶段。幼儿在动作之前常常是没有思考的对象与任务，只是当拿起竹竿后，马上想到“骑大马了！”一会儿看到小椅子又丢开竹竿，想到“开小汽车了”。很明显，这时幼儿的思维活动是以动作的感受来进行的，是在实际操作中产生的，直观性非常明显。

形象思维：从思维内容看，形象思维是个体通过形象的再现与表现来进行的思维，它具有直观性、生动性与情节性的三大特征。形象思维是对具体的人、事物、事情的形象的再现与表现，因此，它必然是直观的，这就是它的直观性；形象思维再现与表现的人、事物、事情是具体的、动态的，因此，也就必然是生动的，这就是它的生动性；形象思维再现与表现的人、事物、事情是在特定的时空中展开的，充满过程的情景与细节，这就是它的情节性。一般来说，作家、艺术家、设计师、演员等需要有较好的形象思维。

从个体思维形成来看，形象思维是4—11岁儿童掌握世界的主要思维形式，这是个体思维成长的第二个阶段。这个时期的儿童的知识经验比较少，对很多事物还不能进行本质的概括，还不能超出直接地、感性地给予的东西以外抽象出更多的东西。因此，这时儿童教育的主要任务是通过多听、多看、多做来积累大量的关于人、事物、事情的感性形象，为今后在形象思维的基础上形成逻辑思维打下坚实的感性基础。

逻辑思维：从思维内容看，逻辑思维（符号思维）是个体通过概念的推理来进行的思维。它具有概念性、判断性与推理性的三大特征。逻辑思维不像形象思维把形象作为思维的内容，而是把语言作为自己思维的内容，是在高度抽象的层次上达到对事物的掌握，因此，语言的特性也就是逻辑思维的特性。由于语言是由许多概念组成的符号，因此，逻辑思维首先表现的是具有概念性；语言是由概念与判断组成的句子，由此来表达特定的内容，离开判断，语言不能准确表达内容，因此，判断是语言的组成组分，这就是逻辑思维的判断性；语言要通过概念与判断才能准确而完整地表达意思，要通过推理（或归纳推理，或演绎推理，或类比推理）才能由表及里，由现象到本质地得出具体解决问题的结论，因此，推理也是语言的组成部分，这就是逻辑思维的推理性。一般来说，从事数学探索、科学研究与哲学思考的人，需要有较好的逻辑思维，也就是需要有较好的概念、判断与推理的思维能力。

从个体思维形成来看，逻辑思维是12—18岁的青少年掌握世界的主要思维形式，这是个体思维成长的第三阶段。这个阶段是个体逻辑思维的优势成长阶段。这个时期的青少年已不满足于仅仅从感性的角度来形象地把握世界，还强烈要求从理性的角度来概念地把握世界，以形成对世界更全面、更深刻与更本质的认识。**在列维·维果茨基所著的《思维与语言》一书里，向我们介绍了心理学家里马特实施的一个精心设计的针对青少年概念形成的研究，他认为："我们已经明确地确认，儿童在没有他人帮助的情况下形成概括性的客观概念的能力，只有在12岁左右才显示快速增长……要求儿童在12岁以前就能摆脱知觉用概念进行思维，这是超出心理可能性的。"[①]因此，理性色彩较浓，概念性较强的课程，应主要在12岁以后开设，才能顺应人的思维成长规律取得最好的学习效果。**

（二）心理成长的规律

人的心理成长同生理成长一样，都有一个由不成熟到成熟的发展过程。生理的成长要完成一个结构，心理的成长也要完成一个结构。生理的成长伴随着心理的成长，生理的成熟对应着心理的成熟。

人的生理成长结构与心理成长结构是先天遗传的，它是通过人类进化而形成的先验的时空结构，它预示了生理成长与心理成长的发展趋势。关于生理成长规律，人类通过生物学、生理学与分子遗传学的研究，从宏观到微观都有一个较好的把握，但是，关于心理成长规律，人类还认识较少。人类借助于科学仪器对物质世界的了解远远多于对精神世界的了解，因为在精神世界的面前，再先进的科学仪器也会失去意义，探索精神世界的方法，主要不是通过科学仪器的测试，而是通过实践、体验与天才般的感悟，是内省方法与实验方法的综合。

通过心理活动的结构分析，我们不难发现，人的内在成长规律主要由情感成长规律与认识成长规律这两大规律组成。情感与认知是人类精神世界中的两个不可分割的有机整体。人的心理成长同生理的成长一样

① 维果茨基：《维果茨基教育论著选》，人民教育出版社1994年版，第121页。

是一种时间结构，要经历由发生、成长到成熟的自然发展过程。

个体情感的发生与成长的过程是一个由本能情感到审美情感再到理智情感的建构过程；个体认知的发生与成长的过程是一个由动作把握到形象把握再到逻辑把握的建构过程；这两大以操作内化为中心的建构规律可用如下图式表示：

	情感成长规律		认知成长规律
个体成长的第一阶段：	本能情感（0—3岁）	————	动作把握（0—3岁）
个体成长的第二阶段：	审美情感（4—11岁）	————	形象把握（4—11岁）
个体成长的第三阶段：	理智情感（12—18岁）	————	逻辑把握（12—18岁）

三、心理结构

长久以来，在知、情、意心理活动三分法的指导下，心理学家们普遍地把人的心理结构划分为认识结构、情感结构与意志结构三个部分。我认为，这是错误的。认识、情感、意志只是心理活动的要素而不是心理结构，心理结构只能是心理活动与社会环境（自然环境、文化环境）相互作用而内化形成的结构，是心理形式与心理内容的整合。

根据心理活动的结构由意向活动与认识活动两个部分组成，我们可以得出一个结论：心理结构由人格结构与智能结构这两个部分组成。其中，人格结构主要由需求、情感、价值观三大要素组成；智能结构主要由知识、能力、思维方式三大要素组成，因此，心理结构的两大子结构可以近似用如下公式表示：

人格结构＝需求＋情感＋价值观

智能结构＝知识＋能力＋思维方式

价值观是人格结构的核心，价值观的定型就伴随着人格结构的定型。

思维方式是智能结构的核心，思维方式的定型就伴随着智能结构的定型。

事实上，文化积淀成人格，人格结构在 12 岁左右就已基本定型，因为，此时审美情感已基本定型，审美情感的基本定型就意味着价值观的基本定型。在 12 岁以前，主要是人格结构的成长，这一时期是人一生中可塑性最大的时期，要努力培养学生们文明礼貌的能力，形成野性而又高贵的人格与美真善爱的心胸，有了这一奠基性的品格，一辈子都会受用不尽；在 12 岁以后，主要是人格结构与智能结构相平衡的成长。所以，我们的教育实践应顺应这两大成长规律，建立在合规律的基础上，才能取得最大的育人效益与社会效益。

（一）人格结构

人格结构是由心理的意向活动内化而形成的心理结构，由需求、情感、意志、理想、信念、价值观相整合而形成，表现为前后一致的价值观与行为模式，是个体心理与行为发生的定向系统 / 主判断与决定。

关于人格结构组成的三大要素，我在前面的论述已作了较为详细的讨论，在这里，我重点要论述的是人格结构的三大类型。

人格由低层次向高层次发展大致可分为功利型人格、审美型人格与创造型人格三种类型：功利型人格追求的是物质利益第一、精神利益第二；审美型人格追求的是精神利益第一、物质利益第二。审美型人格可以走向创造，功利型人格也可以走向创造，但是功利型人格立足的是求生存而创造，以满足自己生理的需要与安全的需要为主；审美型人格立足的是求发展而创造，以满足自己审美的需要与自我实现的需要为主，其创造的层次及其创造的数量与质量都会远远高于功利型人格的创造。因此，由审美型人格到创造型人格再到创造性的精神向物质的转化，这是开发人类创造潜能的最佳途径，也是提高人类生活质量与生活水平的最佳途径。

在观察现实中的人与阅读名人传记的过程中，我发现创造型人格的人的身上，大多充满了强烈的美、真、善的人格特征，具体表现在如下的9个方面：

美的人格特征：(1) 有极高的审美鉴赏力与强烈的批判精神

(2) 有唯美主义与理想主义的人生价值取向，并抱持自由、选择、责任的人生信念

(3) 有强烈的求知欲与审美创造冲动

真的人格特征：(4) 朴素、单纯而追求真理

(5) 待人真诚与充满社会正义感

(6) 平实的生活作风并维护主观与客观的一致

善的人格特征：(7) 有自由、平等、博爱的品格

(8) 有乐于为社会奉献的牺牲精神

(9) 有利他（它）主义的高尚情感

美、真、善的人格特征是一个理想化的人格结构模型，是一切为美、真理与正义而献身的人身上所表现出来的心理行为特征，我们的社会应该为这种人的出现创造更好的社会环境，我们的教育应把培养独立而又高贵的审美型人格作为奋斗理想，从教育方针的制定、课程结构的设计与教学方法的应用，都要以培养独立而又高贵的审美型人格为中心，尽可能地由审美型人格走向创造性人型，造就更多的美、德、智、体、劳全面发展的创造型人才。这就是教育改革的方向。

一个社会审美型人格与创造型人格的人越多，就表明这个社会越人道、越健康、越文明。

（二）智能结构

智能结构是由意向活动主导下的认识活动内化而形成的心理结构，

由知识、能力与思维方式相整合而形成，表现为个体认识问题、分析问题与解决问题的综合素质。

智能结构是由知识、能力、思维方式三大要素整合成的一个立体结构，这个立体结构可近似用如下公式表示：

智能结构＝知识＋能力＋思维方式

外在的知识与经验需要经过个体内在的动作思维、形象思维与逻辑思维的加工，才能逐渐内化为个体的知识与个体的能力，知识与能力的积淀就形成思维方式。

（1）关于知识：知识是人类经验的符号化体系。**人类的知识从功能上划分，大致可分为三大类型：第一类是塑造我们灵魂的知识（价值形态的知识）。如艺术、哲学、美学、道德伦理、生态文化、宗教等；第二类是放大我们手脚的知识（工具形态的知识）。如科学、技术、工艺技能等；第三类是扩展我们视野的知识（事实形态的知识）。如一般常识、历史、地理、风土民俗等。这种三位一体的知识结构如果可以形象地比喻为一棵树，那么，价值形态的知识就是它的根，工具形态的知识就是它的干与枝，事实形态的知识就是它的叶，根深、干粗、叶茂才是健康成长的象征。**这就是完整教育的知识结构的模型，是我们进行教育设计、教育实施与教育测评的理论依据与判断标准。

这个知识结构的模型，把人文精神的建设放到了本体的地位。因为在我看来，人文是埋在地下的精神基础，是国家走向强大的必需的土壤；人文、民主与科学是一个整体，人文为民主灌注自由、平等、博爱的精神，为科学灌注充满创新精神的审美价值，为社会灌注生态主义与人道主义的终极关怀。因此，人文是立人之本，科学技术是立人之术，二者合一，才能造就出抱持健康价值观与充满创造活力的个体。

2. 关于能力：一个全面发展人才的能力主要由情意能力、整体思维能力与动手操作能力这三个部分组成。情意能力就是情感能力与意志能力的总称。主要由鉴赏力、自信力、意志力、亲和力等组成。一个人最重要的能力是什么能力？在我看来，一个人最重要的能力就是辨别美丑的能力，也就是人们常说的审美鉴赏力。培养审美鉴赏力只有靠阅读伟大的文学、艺术与哲学作品，才能真正培养出高级的美感，阅读通俗小说、听流行歌曲不会提高人的美感，只能使美感庸俗化。德国大文豪歌德告诫他的秘书说："鉴赏力不是靠中等作品，而是靠观赏最好的作品才能培育成的。所以，我只让你看最好的作品，待你在最好的作品中打下了牢固的基础，你就有了用来衡量其他作品的标准，估价不至于过高，而是恰如其分"；自信力是通过不断尝试成功而培养出来的对自己素质与能力极其肯定的情感。要想培养自信，没有其他办法，就只有依靠你无所畏惧的彻底行动，从尝试失败中去总结经验，从尝试成功中去培养自信，因此，我们可说，**自信是成功的土壤里开出的一朵最美丽的花朵；**意志力是指个人勇敢克服困难去完成任务时的坚持精神。意志力的培养主要来自家庭教育的独立生活训练、学校教育的体育训练与生存训练以及个人与环境抗争中通过克服困难来逐渐提高；亲和力是一个人充满爱心与人情味的文明教养能力。有礼貌、有分寸、自然、真诚、亲切、自由、平等、博爱、准时、守信用、注意小节、整洁、爱卫生等素质不是一种一般的知识，它是一种能力，得靠无数次的训练与习练才能有的一种自然的品质，就像运动员要投篮一千次，要游上几万米，就像小提琴演奏员一个乐句得拉上几千次……同样，我们的微笑问候倾听关注也得训练操练演习无数次才能自然亲切。充满爱心与人情味的文明教养能力是隐之于内的东西，但它又应该显之于外，让人可观可听可触摸可感知。人一旦获得了爱心与良好的教养，就像一辆车在向前运行时获得了惯性一样，再要让他去随地吐痰，再要让他在公众场合喧哗，再要让他冷漠地面对他人请求，再要让他迟到，再要让他说谎话就成为一件很困难的事了。

整体思维能力就是指善于从整体的角度来认识问题、分析问题与解决问题的思维能力。整体思维是高级智慧的表现，是一种可以通过训练而开发出来的潜能。我们每个人都要努力培养一种从“整体—部分—整体”思考问题的习惯；努力培养一种从“过程与方法”相统一的角度来认识问题、分析问题与解决问题的思维素质；努力培养一种从过程的联系中去认识与掌握知识的学习方法。通过学习中西哲学史与系统科学方法论，有助于培养我们的整体思维能力。

动手操作能力就是一种通过动脑与动手相结合去解决实际问题的能力。动手操作能力的培养主要是通过不断地参与动手操作的实践，在实践中逐渐培养出最佳动手的控制能力。

3. **关于思维方式**：思维方式是一种接受信息、组织信息与传播信息的加工方式，是由知识与能力逐渐内化而形成的一种个性化的思维模式。人类思维的头脑主要用艺术的、哲学的、科学的和实践的四种方式掌握世界。优秀的思维方式应该是用“艺术的感觉、哲学的思辨与科学的实证”建构起来的立体思维方式。

艺术的感觉也就是艺术的思维方式，是一种用审美的眼光来把握世界的思维方式。

哲学的思辨也就是哲学的思维方式，是一种用整体概括的眼光来把握世界的思维方式。

科学的实证也就是科学的思维方式，是一种用实验化、逻辑化、模型化与定量化的眼光来把握世界的思维方式。

我们的生活经验表明：头脑只有借助对艺术、哲学与科学的思考，才能趋于完善。因此，艺术、哲学与科学的思维方式就是健全理智与完整人性的象征。

以上，我们从心理发生、心理活动与心理成长、心理结构这四个方面论述了普通心理学体系的结构。现在，让我对这一心理学体系作一简要的概括：心理发生于需求以及对需求的刺激。心理活动由意向活动与认识活动这两大部分组成；其中，意向活动由需求、情感、意志、理想、信念、价值观构成；认识活动由注意、感知觉、记忆、思维构成；这两大活动相互作用，既对立又统一地构成了一个以需求、情感、价值观为中心的心理世界。心理成长主要由情感成长与认知成长这两大规律组成；其中，情感的成长过程是一个由本能情感到审美情感再到理智情感的建构的过程；认知的成长过程是一个由动作把握到形象把握再到逻辑把握的建构过程；这两大以操作内化为中心的建构规律，是我们制定教育方针，设计课程内容与运用教学方法的理论根据。心理结构由人格结构与智能结构这两个部分组成；其中，意向活动与环境相互作用内化成人格结构；认知活动与环境相互作用内化成智能结构。心理结构具有稳定性与不稳定性的特点。心理结构的稳定性表现为选择与行为的模式化，心理结构的不稳定性就意味着可以通过短期的强化训练、通过激活“自我心象”，依靠“意念力与行为习惯”的转换来重塑心理结构。

这样，**我就重建了人类心理学的体系，突破了传统的以认知为中心的“知、情、意”心理学三分法的体系，而创建了以需求与情感为中心的“意向活动与认识活动”心理学二分法的体系。全世界的人文与社会科学的学术界都要从这种重认知、重理性、重思维的心理学三分法体系的灾难中解放出来，关于人的学术研究才能走上正轨，走向为人谋幸福的康庄大道。我深深地感到，全世界学术界都还需要来一次最根本与最彻底的思想解放，把人从片面的唯物主义的压抑中、从片面的实用主义的压抑中、从片面的理性的压抑中、从片面的科学技术的压抑中、从片面的诺贝尔奖的偏重自然科学的压抑中、从片面的美国领头的重工业与重商业的社会发展模式的压抑中、从片面的金钱与物质的压抑中、从片面的国家主义的道德的压抑中、从片面的经济竞争的压抑中、从片面的文化精神生态失衡的压抑中、从片面的教育生态失衡的压抑中、从片面的自然生态失衡的压抑中解放出来，一切以自然为本、一切以人为本、一切以人的需求与情感为本、一切以美为本，让人最大程度获得幸福。**当今的人类思想主要是两千五百多年前被德国思想家雅斯贝尔斯称为人类思想第一个轴心时代的孔子、柏拉图、释迦牟尼、基督教以及稍后一些的伊斯兰教等站在一个地域的窄小的视野上制定的，整个人类就被这几个思想家的“以道德为本”，“以理性为本”，以“佛”为本，以“上帝”为本，以“真主”为本的思想主导着，并成为主导人类社会运行的各种价值范式，而其中又以柏拉图建立的以理性主义为中心的文化体系成为西方文化的主体在全世界强势传播。柏拉图的灵魂论把人的心理划分为“理性、意志（激情）、欲望”这样三个部分，认为理性是心理的中心，理性位于头部、意志（激情）位于胸部、欲望位于腹部横膜与肚脐之间，后来德国哲学大师康德以理性为中心按“知、情、意”三分法的思路建立了《纯粹理性批判》、《实践理性批判》、《判断力批判》这三大批判的哲学体系，黑格尔以理性为中心建立了“绝对精神”的哲学体系，全世界的学术界就在这个以理性为中心的圈圈里迷宫般地转了两千多年。而我把人的心理划分为“情、知、行”这样三个部分，认为情感才是心理的中心，我作了发生学的逻辑论证。事实上，西方文艺复兴以来学术界一直有一个非理性主义的潮流（非理性主义其实质就是情感主义，一种以情感为中心的思想潮流）想突破理性主义主导一切的这个瓶颈，如西方的卢梭、歌德，后期的康德、席勒、帕斯卡尔、克尔凯戈尔、叔本华、尼采、狄尔泰、柏格森、弗洛伊德、荣格、杜威、怀特海、胡塞尔、海德格尔、萨特、雅斯贝尔斯、马尔库塞、马斯洛、罗杰斯、弗罗姆等，中国心学流派的大师，如孟子、陆九渊、王阳明与当代的著名学者，如梁启超、王国维、蔡元培、熊十力、梁漱溟、贺麟、唐君毅、牟宗三、朱光潜、李泽厚、刘再复、高尔泰等，他们都不同程度站在西方文明的角度与站在东方文明的角度，从个人的生命体验出发都感觉到了情感的重要，感觉到了自我意识的重要，感觉到了生命意志与人的主体性的重要，可是就是说不清楚，只是个人的经验之谈，还没有上升到科学的高度作发生学的逻辑论证。**而我从心理科学的角度在人类史上第一次以需求的内涵与外延为突破口揭示了人的心理的发生学机制（这一机制跟佛教《瑜伽师地论》与《成唯识论》的“八识”学说很相似），对以“人**

的需求与情感为本的心理学体系”作了逻辑论证，我可能是全世界第一个把“情感为本、认知为末”这个事情说清楚的第一人，所以，全世界的教育都要以人的需求与情感为中心，依据“美是教育的本质”这一最高规律的世界观与方法论来制定整个人类教育的游戏规则，来带动人类思想的全面解放与人类思想的第二个轴心时代的来临。我的关于心理学的两次讲座到此结束。谢谢各位的光临！

五、中国崛起的核心是教育转型

2013年3月16日下午3:00在美国硅谷“中国传统文化读书会”演讲。

要时刻认识到人类个体是目的，而不要把他们仅仅作为达到目的的工具。

——康德

朋友们，现在谈论中国崛起是一个热门话题，我的心情跟大家一样很希望勤劳的中国能够迅速地崛起，但我们必须要正视一个问题。中国崛起了吗？在我看来，今天的中国主要还是一种 GDP 主义的物质的崛起，而不是一种文明的崛起。英国前首相撒切尔夫人曾断言：中国不可能成为一个世界强国，因为中国没有足以影响世界的思想体系（据《凤凰周刊》2006 年第 16 期的一篇文章，英国前首相撒切尔夫人针对“中国威胁论”曾经说过这样一句话：中国不会成为超级大国，因为中国在 100 年以内不会有那种可以用来推进自己权力的先进思想，从而削弱我们西方国家的具有国际传染性的学说。今天中国出口的是电视机而不是先进的思想）。我相信撒切尔夫人的断言是片面的。这就需要我们更上一个台阶，从全面变革教育开始，追求一种文明的崛起。我的看法是，中国崛起的核心是教育转型。由此，需要我们对中国教育的现状与未来有一个清醒而深刻的认识。

长久以来，在国家主义意识形态的主导之下，中国的教育把人要么当成政治工具，要么当成经济工具，较少考虑个人主体性的需求和个人自由选择与独立人格的培养，人被严重地异化成了“政治人”或“经济人”，而缺少“文化人格”的培养，这种功利主义的教育文化使得整个社会的创造性与生产力和人民的生活方式一直处于较低层次的运作状态。**在我看来，当代中国教育的失败是一种价值观的战略性的失败，有着深刻的文化、政治与经济的原因，所以，转型特别困难；必须要从功利主义的“培养工具人”的教育文化转型为超越功利主义的“培养文明人”的教育文化，实现中国文化深层价值观的根本改变，才能逐渐走出困境。**现在，具有英明领袖气质的中国政府提出了要建设“以人为本，和谐社会，创新国家”的发展理念，以此更好带动中国经济三大方向的发展：产业升级、西部大开发、城镇化。这就需要我们要在精神上回到“五四运动时代”与回到“80年代的新启蒙运动时期”，要重新高举人道主义的旗帜，重新认识人的主体性的地位与重新定义当代中国教育并实现中国社会与中国教育的现代转型。教育是什么？这是中国学校与每个家长和教师们都必须认真思考的核心问题。在我看来，教育就是一种引导，引导孩子与学生们形成积极的自我意识、形成高级的美感。

经过多年的研究以后，我发现，培养“野性而又高贵”的人格应作为人类教育的终极目标。当今世界教育主要有两大教育体系，一种是德国教育家赫尔巴特（1776—1841）在两百年前创建的“教师中心、教材中心、课堂中心”的教育体系，中国大陆与台湾当今的教育就属于这一体系，与中国从隋代开始传承了1400多年的科举教育的传统是一致的，重视书本知识的死记硬背与基础知识和基本技能的训练，培养的是善于考试的人，这样的人大多只能成为人类历史的配角与现代社会的民工；另一种是美国教育家杜威（1893—1978）在一百年前创建的“学生中心、活动中心、经验中心”的教育体系，今天发达国家的教育多数属于这一体系，重视“独立生活能力、体育艺术能力、科学探究能力”这三大能力的训练，培养的是善于自我实现的人，这样的人有可能成为各种类型的创造性人才。**如果说，赫尔巴特的课程观是以“知识为中心”来建构**

的课程与教学体系，杜威的课程观是以“能力为中心”来建构的课程与教学体系，那么，我的课程观则是以“人格为中心”来建构的课程与教学体系。在我看来，教育应该用唯美主义与理想主义的普世价值来引领社会发展，而不是跟着社会跑。课程的本质不是知识，也不是能力，而是人格，是一种“野性而又高贵”的人格，实际上就是一种贵族精神，一种“自由、平等、博爱”的普世价值，一种审美的生命状态与精神境界，这是一种有精神深度的价值观。教育首先是一种充满人文教养的人格训练与精神训练，其次才是知识训练与能力训练。事实上，古今中外一切优秀者的身上大多都有“野性而又高贵”的人格。古代中国夏、商、周时期“射、御、乐、礼、书、数”的六艺教育，儒家强调要“内圣外王”，道家倡导“虚静与逍遥”，佛教抱持“修行与慈悲”，西方主张“博雅教育”，只不过西方教育特别重视这一点。西方的教育从古希腊开始就是以培养“野性而又高贵”的人格为中心来展开的，到了中世纪中断了，文艺复兴后又恢复了，这种“野性而又高贵”的贵族精神创造了西方近代与现代发展的奇迹。教育应该是理想主义的事业，要与社会保持距离并引领社会精神文明的发展。可惜，今天的西方教育在自由主义与实用主义的主导下迷失了方向，正在失去“博雅教育”这一高贵的内涵，被数字化生存的科技爆炸、信息化泛滥、世俗化浪潮盖住了，电脑、互联网与电子游戏正在使全球青少年越来越成为空心人，成为缺少精神深度的白痴，就像是一群浮游动物在那里歪歪倒倒地生存，成了身体虚弱、心无定力与人格萎缩的宅男宅女，被喻为“游戏的一代”，导致了“人与自然、人与自己、人与人、人与社会、人与上帝”这五大关系的由近渐远的疏离，学校与个人更多追求的是“失去了灵魂的卓越”。教育失去了“高贵的单纯与静穆的优雅”这种情趣主义的内涵，失去了“神圣感”而变得越来越快餐化、工具化、数字化，全球正在逐渐变成精神的废墟，童年消失与娱乐致死而呈现出垂死挣扎状，弥漫着一种物质主义的死亡气息。当今全球的文化与教育生活，被无中心思想的后现代主义搞得庸俗不堪，乱七八糟，搞笑、喧闹而又假、大、空，世界沉闷得太久了。**教育跟着社会跑，教育即生活，学校即社会，这是当代世界教育犯的一个严重错误。**

打开窗户，让新鲜的空气吹进来吧！现在，我们需要回到"博雅教育"这一"野性而又高贵"的内涵中去，人类社会正在实现由"工业社会"向"生态社会"的转型。教育要从"养心"开始，要回归天道、回归自然、回归传统、回归原始、回归农业社会；贯彻"人格成长第一，智能成长第二，专业学习第三"这样一种教育思想；倡导"生态世界观，公民、体育、音乐、文学、美术、哲学学习第一，数学、物理、化学、生物、历史、地理、英语、电脑学习第二"这种以美育为中心的教育价值观。教育就是训练身体和陶冶心灵，好的教育应根据"效法自然"的原理，从感觉开始，也就是从身体的感觉与形象的感觉开始，按人的成长进程的顺序依次是"躯体—情感意志—理性灵魂"的内在节奏来安排课程；教育的规律是人在12岁以前主要是"躯体—情感意志"优势地成长，也就是人格优势地成长；12岁以后主要是"理性灵魂"优势地成长，也就是智能优势地成长。以人为本的教育，就应当遵循人的这种自然进程，通过体育、美育、德育、智育、劳育使人得到多方面的和谐的发展。这就要求我们的教育要从"心"开始，也就是说教育要从"躯体—情感意志"开始，而不是从条条框框的"理性灵魂"开始。教育要以人为本，要遵循由外而内的"动作把握、形象把握、逻辑把握"的认知成长的建构规律，在教育孩子与学生时，应从动作把握与形象把握开始，说的少一点，要尽量引导儿童去活动、去发现、去探索、去看、去听、去感觉，通过动作、形象与逻辑的内化来建构智能，而非一味地将枯燥的知识硬塞给儿童。教育的原则和方法是否正确，关键在于过程中是否造成儿童一种愉快的兴奋，是否引起兴趣和爱好，以提高儿童学习的主动性。

这一教育思想，对今天正在崛起的中华民族与实现"中国梦"来说太重要了。中国长期都是封建社会，封建社会的最大特点就是泯灭个性以整体来压倒个体，培养“场——依附性”的人格，对人的角色期待为“呆长”，而不是“成长”。因此，封建社会的教育就有一个显著特点，一定要从束缚人的“躯体”、弱化人的“情感意志”、消灭人的“自我意识”开始。这就是中国社会从古到今不重视体育与美育的根本原因，因为体育使人“野性”，美育使人“高贵”，这种人是现代人，内心有一股自我实现的“豪气”，需要现代民主制度来管理，同封建社会格格不入，你死我活，水火不容。中国传统社会具有淘汰精英的官本位的机制，只有张扬体育与美育，铸造“野性而又高贵”的人格才能真正彻底埋葬封建社会。尽管 1911 年辛亥革命以后，中国推翻了清王朝，告别了封建社会，但封建社会的价值观与思维方式直到现在还依然严重存在，并以集体无意识的方式在主导着我们的日常生活，阻碍中国成为现代性的国家。**看一看当今的中国教育，仍然是“坑害人、糟蹋人、消灭人”的科举教育的集中体现：“不要让孩子输在起跑线上”，“幼儿园要小学化，小学要初中化，初中要高中化”等让人难以承受的重成了我们的至理名言。浮躁的社会再加上急功近利的心态，让多少儿童本应充满纯真和快乐的童年不在、让多少青少年本应充满朝气和活力的青春不在，醒着的时间就只有一个字——快！要知道，在许多成人眼中自然而然的事情，对于孩子来说，却需要时间，我们不能焦急，只能慢慢等待，要把人生当成是一趟旅行而不是一场赛跑！只有有了旅行的心境，我们才会对我们的人生学会欣赏、学会享受、学会快乐！面对幼稚的生命，我们不应催促，我们只有等待，这是人伦，更是常识。**我基于这样的理念：文明是一种内在的精神状态，一个社会的改变有三个方面，人心—制度—物质。现代文明的根本，不在物质上，也不在制度上，而是人们内心的精神上。国家的文化发展要追求普世价值与多元文化的统一，没有个人主义的文化就没有国家的现代化，也没有现代化的基础教育与现代化的大学。一个好的国家与好的社会以及好的教育，主要就只有一种核心的主义，这就是个人主义；只有一种核心的精神，这就是人文精神；只有一种核心的信仰，这就是对“自由、平等、博爱”的信仰。变革社会要从变“心”开始，教育是“心脑手合一”的结构，心的变革才是社会最根本的变革，而心的变革应从重建个人主义的文化价值观开始，鼓励人人追求自我实现，并从制度上保证人人都有追求自我实现的可能性。也就是说，社会文明的提升要从重建个体的内在精神世界着手，从“身体动作的自由”与“艺术想象力的自由”开始，只有鼓励个体的自我意识，尊重自我与尊重多元的个性，承认个性存在与自由选择的合理性，人民才有“幸福”可言。在我看来，**中国的崛起应围绕“以美立国，以法治国”来展开：美是内治，学校教育要以“美育”为中心，努力培养“美、德、智、体、劳”全面发展的人才；社会教育要以“宗教”为中心，通过社会自发的宗教组织与宗教活动，努力提升人的心灵美感与人格品质；法治是外治，其目的是以普世人权为中心使社会管理有序化，构建宪政民主法治下良序的市场经济秩序；这就是民族国家走向现代文明国家的必由之路**。还好，当今中国政府高瞻远瞩地提出了要建设“以人为本，和谐社会，创新国家”的发展理念，这是一次伟大的发生在心灵深处的革命，是中华民族深层文化价值观的重大转型，由重视国家转向为重视个人，由重视集体主义转向为重视个人主义，由重视群体意识转向为重视自我意识，这是文明进步的表现，是中华民族摆脱封闭状态走向开放状态的必然选择。为此，我们的教育也需要“从上到下”与“从下到上”地跟随时代的步伐，由功利主义的教育文化转型为超越功利主义的教育文化，实现中国文化深层价值观的重大转变：教育要由“国家本位的教育体系”转型为“个人本位的教育体系”，教育的核心理念要由“以德为本”转型为“以美为本”，人格塑造要由培养“场——依附性”的人格转型为培养“场——独立性”的人格，教育目标要由培养“善于考试的人”转型为培养“善于自我实现的人”，教育内容要由“学好数理化，走遍世界都不怕”的偏重智能的训练转型为“人文精神与科学思维并举”的训练；**从“自由、选择、责任”三位一体的教育理念出发，以关怀个体的生命质量与幸福**

度为中心，追求“自由、平等、博爱”的社会理想，让教育从“心”开始，也就是从“躯体—情感意志”开始，把“体育与美育”作为激发社会活力与创造性的突破口。这就是中华民族实现伟大复兴并使人民幸福的真正道路。

六、美是教育的灵魂

2013年5月4日下午3:00在美国硅谷"中国传统文化读书会"演讲。

据我观察，发达国家的教育普遍重视“体育与美育”，发展中国家的教育普遍缺少“体育与美育”。这就是发达国家与发展中国家的最根本的区别。

——柯领

人类的教育有共同的灵魂与出发点吗？这是一个世界性的学术难题。我的回答是有，美就是教育的灵魂与全人类教育的共同出发点。道理很简单，美是人的自然属性与社会属性、人的感性与理性、人的现实性与超越性相统一的中介。因此，我们有理由相信：美是人的本质与教育的本质及其人类文化本质的最完美的展现。据我观察，发达国家的教育普遍重视“体育与美育”，发展中国家的教育普遍缺少“体育与美育”。这就是发达国家与发展中国家的最根本的区别。

在我看来，**重建中国社会的核心价值观需要从美学开始——中国由民族国家走向现代文明国家，需要经历儒家文化阶段、经济学阶段与美学阶段这样前后相继的三个发展阶段。现在中国与全世界正处于由经济学阶段向美学阶段转型的过程之中，美学价值观与生态世界观已凸显为当今世界的普遍需要**。文化的核心是价值观念体系，价值观念体系的核心是信仰。历史是通过信仰的培育和人性的不断改造而走向自由的进程。近代由民族国家纷纷迈向现代文明国家的正反两方面的经验启示我们：

“变革社会要从变心开始。”教育是“心·脑·手合一”的结构，心的变革才是社会最根本的变革，而心的变革要从重建民族的审美价值观开始。

爱美是人的天性，人类就统一于审美价值观的一致。审美价值观是人对世界的一种态度、一种眼光与整体的思维方式；它是人类人性的共同根基，是人们内心最根本与最核心的导向系统；它具有唤醒人的自我意识的功能、为人灌注人生理想的功能与为社会创造新文明的功能。就人的精神世界来说，情感与认知是构成人心理世界的两个既对立又统一的维度，而情感比认知更根本。我抱持的是“情感本体论”的价值取向。我把情感划分为本能情感、审美情感与理智情感，它们是一个三位一体的结构。其中本能情感是人天生具有的情感，审美情感与理智情感是人后天由教化形成的具有社会属性的情感。而审美情感比理智情感更根本，它是连接本能情感与理智情感的中介和桥梁。美是人类进化的产物，美是人由动物性走向人性的起点，美是人化程度的标志。人只有通过审美这个收缩点才能确立一个新的存在。审美能给人以丰富的自由体验并充分地解放个性，也就是说，人只有通过审美才能成为一个自由而幸福的人。一个人的审美层次决定了他的文化品偿还与人生境界，决定了他的人格结构与智能结构及其创造性才能的发展水平。因此，教育的逻辑起点就应该是以培养人的审美情感为核心，通过积淀，逐渐由审美情感内化为审美价值观，以主导个体的人生实践。这里，关于美是人的本质与人类文化的本质还需要作一些解释：人的本质控制着人的行为，人的本质是精神而不是物质。要认识清楚人的本质，需要我们回答两个问题：人与动物的根本区别是什么？人与人的根本区别是什么？我通过自己的生命体验、观察与理性论证后，得出的结论是，美既是人与动物的根本区别，又是人与人的根本区别（人文学者与追星族的根本区别，其实就是审美的区别，前者的美感模式是高雅美，后者的美感模式是通俗美）。人性不只是自然属性与社会属性这两重属性的统一，而是自然属性、审美属性与社会属性这三重属性的统一。美不仅是人的本质，同时，美又是文化的本质，也就是说，艺术、哲学、科学与宗教等各种不同的文化形态，其本质都是美，只是表现美的形式不一样。艺术用具体的形象表现美、哲学用抽象的理念表现美、科学用准确的概念、原理与公式表现美、宗教用“神”的理念与仪式表现美……这一结论需要用较长的篇幅来阐释，我把它放到我的《人的革命》这本书里作进一步的诠释与论证。在这里，美的价值充分地显现了出来：美是天地人的共同精神，是宇宙、人生与艺术的生命力的表现，是“自由、平等、博爱”的象征。爱美是人类的共同本性，只有美的价值才是社会永恒的共同价值，只有建立在共同人性基础上的审美价值，才能使人们产生普遍的审美共鸣，形成一致的认同感；美是价值的本质，美的价值构成价值体系的根部，是各种价值相互渗透的中心，所有价值从某方面说都是审美价值；美的价值是评价社会一切价值的标准，是社会最基础的价值体系，所以，建立在审美价值基础上的审美情感就是人类人性的共同根基与建设大同社会的共同生长点。

美是世界的最高价值；文明的目的就是为了创造美；人活着的目的就是为了体验美。

美既是走向真、善、爱的基础，又是真、善、爱的和谐统一，只有通过美才能进入真、善、爱的结构。

美是什么？美是和谐，是崇高，是主观与客观的统一。

美是一种形式，也是一种价值，更是一种生命的体验；美是创造的源泉，也是人生的最高境界。

真是什么？真是人们对客观事物的本质及其规律的认识与把握，是主观与客观的相符。真是科学的美。

善是什么？善是一种利己与利他合一的行为意识与行为实践。善是道德的美。

爱是什么？爱是一种付出、一种给予、一种分享、一种责任、一种默默无语的操心与关怀。爱是利他的美。

人有美、真、善、爱与丑、假、恶、恨的两面，美是引导人抑制丑、假、恶、恨走向真、善、爱的伟大道路。美、真、善、爱构成了人类健康的精神世界，是健全理智与完整人性的象征，所以，作为生命最高价值的人的最高使命就是永远追求合目的性的美与合规律性的真以及合完美性的善与爱的和谐统一。

因此，教育的出发点应该是把美、真、善、爱的价值与美、真、善、爱的方法，通过训练与实践逐渐内化为人们稳固的心态习惯，这种稳定的使人高贵的情感体验模式是使人作为人能最大程度发挥其功能的核心品质。

由上论述，我们可以得出如下结论：

美是教育的本质，构成教育的核心与灵魂。在此教育思想的彻照和穿透下，教育内容的五育结构，就应该是“美、德、智、体、劳”的有序结构才符合教育发展的客观规律。由此，教育的实践就应该在“教育为立国之本、美育为立教之本、审美为立人之本”这三大信念的主导下，以培养学生“艺术的感觉、哲学的思辨、科学的实证”这三大核心素质为目标，围绕建构人生的三重境界，即“审美境界、天地境界、功利境界”全面而系统的展开。

七、美学将拯救世界

2013年5月25日下午3:00在美国硅谷“中国传统文化读书会”演讲。

我们必须将这片土地由冰冷无情的工厂改造为花园……直到有一天，我们的头顶出现清澈的蓝天，脚下长出茵茵的青草，工人们可以恢复享受四季之美好，博物馆与学校不再是专属于有钱人的消遣，大地之美被重新交还给大众。

——威廉·莫里斯

希望大家用心品味以上威廉·莫里斯的名言。这里，我把对美的思考向大家作一汇报。在我看来，绝对精神的艺术陶冶我们美的心灵，美是我们快乐的源泉，美是我们幸福的源泉，美是我们创造的源泉，美是我们不满社会现实进而变革社会现实的源泉。正因为如此，**在现在这个特定的时代，我们非常有必要使感性的审美精神找到一条通向心灵的道路，并唤起一种渴望、一种内在的冲动，让美成为现实的种种形式。**在当代，我深深体会到现代西方哲学家尼采、海德格尔、马尔库塞的“艺术本体论与审美解放论”的思想对提升整个人类精神文明的重要价值，为当今世界的文化转型奠定了本体论的哲学基础。现代社会是围绕“科学技术本体论”来展开的，倡导的是工具理性高于价值理性，数、理、化的价值高于“音、体、美”的价值。这种片面价值的发展，使当代社会出现了文化生态与自然生态的严重失衡，于是遭到了强烈批评迫使人类提出了生态主义的“可持续性发展”的社会发展战略。哈贝马斯说：

后现代是从尼采开始的。尼采提出了“艺术本体论”的社会发展观，倡导价值理性高于工具理性，艺术作为本体价值将超越科学技术而成为现代社会的价值中心。现在，我把“尼采、海德格尔、马尔库塞”的“艺术本体论与审美解放论”的思想作一简要的叙述。

（一）尼采的“艺术本体论”

生命意志哲学家叔本华（1788—1860）认为：只有宗教、哲学和艺术才是人们获得自由的途径。而站在19世纪向20世纪过渡转折点上的尼采（1844—1900）认为：上帝已死，宗教陨落，神恩消退，世界缺乏道德,因而艺术浮出水面,成为拯救人类精神家园的唯一基地。他在《悲剧的诞生》中强调，整个世界和人生只有作为审美现象才是合理的，也只有在审美目光凝视中，被理性所窒息的生命才会重新变得充满生机和光彩。

在尼采看来：

艺术是生命的最高使命和生命本来的形而上活动。

只要我们不单从逻辑推理出发，而且从直观的直接可靠性出发，来了解艺术的持续发展是同日神和酒神的二元性密切相关的，我们就会使审美科学大有收益。这酷似生育有赖于性的二元性，其中有着连续不断的斗争和只是间发性的和解。我们从希腊人那里借用这些名称，他们尽管并非用概念，而是用他们的神话世界的鲜明形象，使得有理解力的人能够听见他们的艺术直观的意味深长的秘训。我们的认识是同他们的两位艺术神日神和酒神相联系的。在希腊世界里，按照根源和目标来说，在日神的造型艺术和酒神的非造型的音乐艺术之间存在着极大的对立。两种如此不同的本能彼此共生并存，多半又彼此公开分离，相互不断地激发更有力的新生，以求在这新生中永远保持着对立面的斗争，艺术这一通用术语仅仅在表面上调和这种斗争罢了。直到最后，由于希腊意志的一个形而上的奇迹行为，它们才彼此结合起来，而通过这种结合，终于产生了阿提卡悲剧这种既是酒神的又是日神的艺术作品。为了使我们更切近地认识这两种本能，让我们首先把它们想象成梦和醉两个分开的艺术世界。在这些生理现象之间可以看到一种相应的对立，正如在日神因素和酒神因素之间一样。

现在，我们在这里必须勇往直前地跃入艺术形而上学中去，为此我要重复早先提出的这个命题：只有作为一种审美现象，人生和世界才显得是有充足理由的。

一切存在的基础，世界的酒神根基，它们侵入人类个体意识中的成分，恰好能够被日神美化力量重新加以克服。所以，这两种艺术冲动，必定按照严格的相互比率，遵循永恒公正的法则，发挥它们的威力。酒神的暴力在何处如我们所体验的那样汹涌上涨，日神就必定为我们披上云彩降落到何处；下一代人必将看到它的蔚为壮观的美的效果。任何人只要一度哪怕在梦中感觉自己回到古希腊生活方式，他就一定能凭直觉对这种效果的必要性发生同感。漫步在爱奥尼亚的宏伟柱廊下，仰望轮廓分明的天际，身旁辉煌的大理石雕像映现着他的美化的形象，周围是步态庄严举止文雅的人们，有着和谐的嗓音和优美的姿势——美如此源源涌来，这时他岂能不举手向日神喊道："幸福的希腊民族啊！你们的酒神必定是多么伟大，如果提洛斯之神认为必须用这样的魔力来医治你们的酒神狂热！"但是，对于一个怀有如此心情的人，一位雅典老人也许会用埃斯库罗斯的崇高目光望着他，回答道："奇怪的外乡人啊！你也应当说：这个民族一定受过多少苦难，才能变得如此美丽！但是，现在且随我去看悲剧，和我一起在两位神灵的庙宇里献祭吧！"[①]

啊！尼采朝向古希腊审美精神的精彩的言说，激励我们永远向往艺术这个无限的美的世界。艺术不是什么别的，艺术是生命力丰盈饱满的表现。艺术家是生命力极其旺盛的人，受着内在活力丰盈的逼迫，不得

① 尼采著：《悲剧的诞生》，广西师范大学出版社，2002年版，第2页。

不给予。而生命力衰竭的人是毫无美感的人，与艺术无缘。人生本无意义，艺术的使命就是赋予它以意义，使得人生成为可能，艺术的价值正是在于战胜人生的无意义的可悲性质，生命的痛苦正是经由审美的桥梁化为生命的快乐。总之，艺术是生命的伟大刺激剂，是人类感性生命的精神家园。

尼采比较了三种人生观，认为印度的出世和罗马的极端世俗化均是迷途，唯有希腊人的艺术化人生才是正道。出世和玩世都是生命的自暴自弃，艺术却是生命的自救。希腊人对于人生的痛苦体味最深，却没有自暴自弃，这正是因为："艺术拯救了他们，生命则通过艺术拯救他们而自救。"所以，艺术绝非娱乐的闲事，绝非人生可有可无的东西，恰恰相反——"艺术是生命的最高使命和生命本来的形而上活动。"艺术是"生命最强大的动力"，是"使生命成为可能的伟大手段，求生的伟大诱因，生命的伟大兴奋剂"。因为"只有作为审美现象，生存和世界才是永远有充足理由的"，"作为一种审美现象，我们总还感到生存是可以忍受的"。这就是尼采试图建立的"审美形而上学"或"艺术形而上学"。他一再赋予艺术以形而上意义，谈论"至深至广形而上意义上的艺术"及其"形而上的美化目的"。

显然，尼采的立足点是价值论。后来他明确说，为了肯定人生，他对人生提出了一种审美的、艺术的评价，以反对科学的、伦理的或宗教的评价。所以，"艺术形而上学"的基础是价值形而上学，即把价值判断置于真理判断之上，把人与世界的关系归结为价值关系。美使人生具有魅力，值得一过，对美的热爱出于对人生的热爱，这种爱是全心全意的，甚至不惜付出生命的代价。"美在什么地方？在我必须以全意志去意欲的地方；在我愿意爱和死、使意象不再是意象的地方。爱和死：永久相伴。求爱的意志，这也是求死的意愿。"在尼采那里，艺术化的人生是一种生命激情奔放、积极进取的人生。

生命要野性而又高贵。尼采之所以提倡以艺术的态度对待人生，是为了肯定人生。他进而发现，能否肯定人生，关键全在于一个人内在的生命力是否强大旺盛。为了肯定人生，他又提倡强力意志说。强力意志说突出了尼采的艺术化人生哲学的进取性质。作为一个人生哲学家，尼采提出强力意志说终归是为了给人生意义一个解答。生命的意义不在于活得长久，而在于活得伟大，活得高贵，活得有气魄。人生诚然充满痛苦，然而，痛苦磨炼了意志，激发了生机，解放了心灵。没有痛苦，人只能有卑微的幸福。伟大的幸福正是战胜巨大痛苦所产生的生命的崇高感。人生诚然是一出悲剧，那就把它当悲剧来演吧，演得轰轰烈烈，威武雄壮。在悲剧艺术中，悲剧英雄用他的毁灭使我们感受到生命本身的不可摧毁，精神为之欢欣鼓舞。在人生悲剧中，我们自己就是悲剧英雄，我们也要欢欣鼓舞地演这悲剧，从自身的痛苦乃至毁灭中体会生命的伟大和骄傲。“笑一切悲剧”——这就是人生的顶峰。做一个强者吧，唯有强者，才能痴恋生命的美梦，醉饮生命的琼浆。人生的图画美如梦幻，却有赖于力的线条。人生的乐曲令人陶醉，却回响着力的旋律。生命的梦和醉原是生命力的喷涌迸发。

（二）海德格尔的“诗意地栖居”

存在主义哲学大师海德格尔（1889—1976）以诗人哲学家的敏锐直觉和深邃，看到了科学技术或工具理性的终极目标是把人类居住的这个地球变成宇宙中的一个巨大的“行星工厂”——我们生活的现实世界中，到处响彻理性的声音：石头在重量中，颜色在波长中，声音在频率中，思维在逻辑中，道德在利益中，神祇在教会中……总之，理性的计算成为普遍的尺度，而设计的目的在于合理的使用，于是，任何目的即使上帝都逃不脱沦为手段的命运。理性确立了一个“手段的王国”，一切都是手段，一切都是控制，唯有手段与控制才是目的。如何使人类摆脱机械主义的设计与控制造成对人与社会的桎梏，海德格尔提出了“人生诗化”的思想——让我们走向“诗化的思与诗意的栖居”。

在海德格尔看来：

“存在与时间”，说的就是时间吞噬了存在，而存在又只有在时间中方能显现出来，在这里，“存在”的魔圈转换成了“时间”的魔圈，“时间”成了“一般的、可据以对任何一种存在获得领悟的可能的境域”。

基础存在论——所有各种存在论都只有依此才能提出，——必须在对亲在的存在论分析中去寻找。

亲在的根立于时间性中，只有从这个基础出发，才能澄明那我们从一开始就力图弄清的在世现象在生存论上的可能性。

日常生活就是生和死“之间”的存在。

凡高的绘画《鞋》：“从凡高的画上，我们甚至无法辨认这双鞋是放在什么地方的。除了一个不确定的空间外，这双农鞋的用处和所属只能归于无。鞋子上甚至连地里的土块或田里的泥浆也没有粘带一点，这些东西本可以多少为我们暗示它们的用途的。只是一双农鞋，再无别的。然而——从鞋具磨损的内部那黑洞洞的敞口中，凝聚着劳动步履的艰辛。这硬邦邦、沉甸甸的破旧农鞋里，聚积着那双寒风料峭中迈动在一望无际的永远单调的田垄上的步履的坚忍和滞缓。鞋面上粘着湿漉漉的泥土，暮色降临，这双鞋底孤零零地在田野小径上踽踽独行。在这鞋具里，回响着大地无声的召唤，显耀着大地对成熟谷物的宁静的馈赠，表征着大地在冬闲的荒芜田野里朦胧的冬冥。这双鞋具浸透着对面包的稳靠性的无怨无艾的焦虑，以及那战胜了贫困的无言的喜悦，隐含着分娩阵痛时的哆嗦，死亡逼近时的战栗……”

所有存在者的存在都栖居于词语，所以有了这样的说法：语言乃是存在的家园。

“诗，这是人的一切活动中最纯真的。”荷尔德林的诗受到诗的天命的召唤真正地吟唱出诗的本质。

一件真正的艺术品如同一首美妙的诗，艺术本质上就是诗。存在在诗中“捐赠”，真理在艺术作品中敞亮，这种“捐赠”，这种“敞亮”，就是“美”。“如此朗照的光把自己的光线投射进作品。这投射进作品的光线就是美。美是作为真理存在起来的一种方式。”

……人诗意地栖居……诗化筑造了栖居之本质。诗化与栖居不仅不相互排斥，而且它们本是相互依赖，相依为命……只要仁爱之惠临尚存，人将常川地以神性度测自身。只要此种度测出现，人将据诗意之本质而诗化。只要诗化呈现，人将人性地栖居于大地上。[①]

静静聆听海德格尔的言说，能开启我们生存智慧的道路。“思”和“诗”的特殊地位就决定了思想家和诗人的神圣使命。真正的思想家应当是诗人哲学家，而真正的诗人则应当是哲学家诗人。总之，神思存在的天命召唤诗哲，诗哲是神和民众之间的中介人。通过赋诗运思，诗哲聆听神灵无声的语言，并用自己的口将那在一刹那间所感悟到的神的信息昭示给民众，从而唤醒世人明晓自己的命运，走向“诗意的人生”。

海德格尔说：“语言乃是存在的家园。”这里的“语言”是指艺术语言。艺术语言是人类本真生命的敞开，这种语言不仅是比逻辑思维更本源，而且是比认识、反思、我思以至内省、体验都更深一层的东西。人们正是通过艺术语言多义性、表达的隐喻性、意义的阐释增生性，而领悟了人生存的诗意性。艺术语言弱化和消解了语言的逻辑功能，从而将人的生命体验带入流动和开放状态，使人生意义进入澄明之境。艺术语言的不确定性和多样性，不仅标示出艺术存在与生命流变的同形同构，而且标示出以艺术语言所代表的新感性对日常感性的超越。艺术以其感性生命所带来的鲜活流动和生生不息，造成人类生命力永不衰竭。艺术以其变换着、求新着的新语言、新感性，去撞击理性主义的铁门，而渴求以新的艺术语言为人类开辟一片无限广阔的自由天地。因而，艺术语言乃是人类存在的家园。

海德格尔以存在主义哲学家的智慧，看出了现代世界的根本危机不

①海德格尔等：《人类困境中的审美精神》，东方出版中心，1994年版，第572页。

是别的什么，而是现代人远离了自己诗意的生存根基，悬于无底的深渊之中而不自知。更明确地说，现代人不再以诗意的方式聆听命运的声音，不再响应命运的召唤而进入与天地神的亲密关联之中，他被作为Cestell（普遍强制）的现代技术所鼓动，自以为是天地万物中的主宰者，自以为自己的意志就是一切存在者存在的根据，自以为无条件地贯彻自己的意志是天经地义的事情，于是，天地人神之间那种只有平等自由的“中间”而无任何强制“中心”的关系被掩盖起来了。现代人正走在远离人的命运的途中。人类真正的家园是天地人神四方游戏而没有任何中心的世界，现代人则自诩为天地人神的“中心”，人的中心化导致了天地神的边缘化，也导致了天地人神之自由关系的破坏。人站在他自己构造的世界的中心，却远离了他归属于其中、并只是在其中才能成为自己的那个无中心的世界，正因为如此，现代人才在存在的根基处感到自己是“无家可归”的。也正因为如此，解救现代危机的根本方案就不是寻找什么控制技术的办法，或以这个主义来取代那个主义，而是“归家”，即回归到命运所分派给人的“世界家园”中去。离家久远而早已忘了家的现代人如何才能归家呢？深蔽于技术对本真家园的隐瞒的现代人如何才发现自己的家呢？这一问题引出了现代处境中诗人的使命问题。在无家可归的现代世界，诗人的使命就是引领人们归家，现时代之一切伟大的诗都是“归家诗”。家是什么？家是本真的世界——是天地人神的四方域，是内心的平静和喜悦，是天、地、人、神合一的感受。作为归家诗的诗乃是传达家之信息的诗，比如荷尔德林的诗和特拉克尔等人的诗。诗是开辟道路的道路。作为开辟道路的道路，诗将人引到与天地神相关的近处和地方，那近处与地方就是本真的世界，就是人的家。

作为“腐朽的类型”的现代人是失去了人的本质的那种人，而“本真的类型”则是本原性地具有人的本质的人，这种人是比现代人要早得多的“最早的种类”。海德格尔说特拉克尔的全部诗作都在歌唱一条小路，在这条小路上行走的“异乡人”引领他的“兄弟”“朋友”们离开

“腐朽的类型”，回到“本真的类型”。回到“本真的类型”意味着什么呢？对海德格尔来说，回到“本真的类型”就是要回到人的本质，而回到人的本质就是要回到人与存在的本原性关联，回到人与天地神的本原性关联，回到人与自然的本原性关联。人与自然、人与天地神、人与存在、人与语言这种赤身裸体的关联就是“本原性关联”的要义，如此这般的关联决定了人的本质，也构成了人生存的基本家园。在一个遗忘了“本原性关联”的世界中，只有伟大的诗还顽强地守护和保存着这种关联，思与诗的对话就是要揭示保存在诗之中的本原性关联，聆听那保存在诗之中的本原性关联的言说，并在解释中更明确地回应和传达此一言说，从而唤起更多的人来聆听这一言说，一起重建被历史破坏的本原性关联，回归人们出离的本原性关联——人类生存的基本家园。就此而言，思与诗的对话非他，引领人归家而已。通过“思与诗”的对话，唤醒人本真的生命，从而走向“诗化的思与诗意的栖居”。

（三）马尔库塞的“美学救世论”

法兰克福学派的代表人物马尔库塞（1898—1979）立足于美国这个工业化国家“科学技术至上”与“商业至上”的社会现实，始终关注着现代人的境遇及其审美解放。他认为现代工业社会中科学技术至上的极权主义和消费主义的融合，形成的“单向度的社会”造就了“单向度的人”。这是一种完全僵化的物，是按照技术理性行事的工具，是被动接受而没有主动创造的人，这类人只能是屈从现实而不能批判现实和改变现实的人。马尔库塞指出，艺术可以拯救人僵化了的感性，因为艺术本质是与现实疏远的，艺术就是对异化世界的拒斥、控诉和反抗。艺术在反抗现实非人境遇的同时，又永远地祝福人的激情、回忆、渴望、爱恋，并创造出一个属人的世界，使人的感性得到审美解放。“所有物化皆为一种忘却。”艺术通过让物化了的世界讲话、唱歌甚或起舞，来同物化做斗争。

忘却过去的苦难和快乐，就可把人生从压抑人的现实原则中提升出来。

在马尔库塞看来：

艺术代表着所有革命的终极目标：个体的自由和幸福。

艺术的使命就是让人们去感受一个世界。这使得个体在社会中摆脱他的功能性生存和施行活动。艺术的使命就是在所有主体性和客体性领域中，去重新解放感性、想象和理性。

艺术向现存现实的垄断性宣战，以便去确定什么东西是“真实的”。艺术是通过创造一个虚构的世界，即一个“比现实本身更真实”的世界，去达到这个目的的。

艺术对现存现实的控诉，以及艺术对解放的美景的呼唤，艺术的这些激进性质，的确是以更基本的维度为基础的。艺术正是在这个更基本的维度上超越其社会决定性，挣脱既存的论域和行为领域。同时又保持它在这个世界中难以抵挡的显现。艺术正是在这个维度上创造了一个王国，在这里，艺术特有的对经验的倾覆成为可能的：艺术创造的世界被认作是一种在现存的现实中却被压抑和扭曲了的现实。这种体验，于一些极端的情境（如爱情与死亡、犯罪与失败，还有快乐、幸福和满足）中达到顶点；这些情境以正常条件下被否定的甚至前所未闻的真理的名义，粉碎着既存的现实。艺术作品从其内在的逻辑结论中，产生出另一种理性、另一种感性，这些理性和感性公开对抗那些滋生在统治的社会制度中的理性和感性。在审美形式的法则下，既存现实必然被升华了：直接内容被风格化，“素材”依照艺术形式的要求被重新组合和重新排列。这就要求即使对死亡和毁灭的重现，都应表现出对希望的渴求——这就是以体现在艺术作品中的新意识为基础的渴求。

审美升华在艺术中构成肯定、妥协的成分。虽然它同时又是通向艺术的批判、否定功能的桥梁。艺术对眼前现实的超越，打碎了现存社会关系中物化了的客观性，并开启了崭新的经验层面。它造就了具有反抗性的主体性的再生。因此，以审美的升华为基础的个体，在他们的知觉、情感、判断思维中就产生了一种反升华，换句话说，产生了一种瓦解占统治地位的规范、需求和价值的力量。所以艺术虽然有“肯定的意识形态的特征”，但它仍旧是一股异端的力量。

艺术不能直接改变世界，但是它却可以致力于变革那些能够改变世界的男人和女人的意识与冲动。60年代的那场运动，旨在全面改变人的主体性、本性、感性、想象力与理性。它开启了认识事物的全新视野，也开启了上层建筑对基础的渗透过程。

新感性已成为一个政治因素。这场事件(指60年代兴起的艺术潮流、学生运动等）或许在当代社会发展中标识出一个转折点。这场运动需要我们的批判理论，把那些新颖的维度接纳到它的概念中，使我们的批判理论构想出一个自由社会的可建构之内蕴……新感性，表现着生命本能对攻击性和罪恶的超升，它将在社会的范围内，孕育出充满生命的需求，以消除不公正和苦难；它将构织“生活标准”向更高水平的进化。生命的本能，在规划不同生产部门中的社会必要劳动时间的分配时，将会找到自己的合理表达（升华），因而，就会使选择和目标具有优先的地位，也就是说，不仅在于要生产什么，而且还在于生产的“形式”。解放的意识，将高扬科学和技术的发展，使它们在保护生命和造福生命中去自由地发现并实现人和事物的可能性；并且，为达到这个目标，充分调动起形式和质料的潜能。这时，技术就会成为艺术，而艺术就会去塑造现实，也就是说，在想象与理性、高级能力与低级能力、诗歌与科学思维之间的对立，将会消除。于是，一种崭新的现实原则就诞生了，在这个原则下，一种崭新的感性将同一种升华的科学理智，在以“美的尺度”的造物中，结合在一起。……审美的天地是一个生活世界，依靠它，自由的需求和潜能不能生长于一个受制于或者为了攻击性的冲动而构织的社会环境，它们也不能被看作是一套新的社会制度的简单结果；它们只可能出现在创立一个新的社会环境的集体实践中：在物质的和知识的生产中，一步步、一层层地创造。在这个新的社会环境中，人类所拥有的非攻击性的、爱欲的和感受的潜能，与自由的意识和谐共处，致力于自然与人类的和平共处。在为达到此目的而对社会的重新建构中，整个现实都会被赋予表现着新目标的形式，这种新形式的基本的美学性质，会使现实变成一件艺术作品。不过，由于这个形式出现于社会的生产过程，所以艺术就应相应地改变它在社会里的传统地位和功用。艺术应当不仅在文化上，并且在物质上都成为生产力。作为这种生产力，艺术会是塑造事物的“现象”和性质、塑造现实、塑造生活方式的整合因素。这将意味着艺术的扬弃：既是美学与现实分割状态的结束，也是商业与美、压迫与快乐之间的商业联合的终止。艺术将会重新把握住它自身的某些更原初的“技术”内蕴：即作为调制（烹饪）、培植、促进事物生长的“艺术”，也就是说，给予事物以既不破坏它们的内容，又不破坏它们的感觉的“形式”。这样，就把形式上升为一种必然性的存在，上升为了超越了趣味和通感等所有主观多样性的普遍性东西。①

谛听马尔库塞的言说，我们渴望建立一个新感性的审美王国。人只有通过审美，才能臻达自由境界。只有通过审美造成心理结构革命，重塑人的新感性，现实社会的革命才有可能完成。马尔库塞呼唤新的感受性，这种新感性使人在现存社会中超出现存社会关系和社会技术的系统，而进入一个灵性和鲜活生命的境域。马尔库塞非常看重艺术想象和想象所创造的理想世界，认为其可以给人类普遍地被压抑的本能一个瞬间的满足，从而“获得摆脱现实原则的高度自由”。

马尔库塞的艺术革命理论是由美的本体论、想象的认识论、审美形式的革命论所组成。他提出让艺术成为现实的形式的主张，即通过艺术去建造一个完全不同的与给定现实相对抗的现实，使艺术的规范性成为现实的内容和质，使现实社会转换成另一种自由的社会。马尔库塞强调艺术对现实的变革，强调艺术对新人的塑造。同时，他又对失去颠覆现状和批判现实力量的“大众文化”表示深深的不满，认为这种大众流行

① 马尔库塞著：《审美之维》，广西师范大学出版社，2001 年版，第 189 页。

艺术浸入灵魂，人们变成了整个文化机器中的小零件，在卑微的感官享乐中，以一种所谓的“幸福意识”取代了“不幸意识”，即沉沦和屈从取代了觉醒和反抗，最终掩盖了人的异化这一真相，重新阻绝了人们对现实怀疑和反思的道路。马尔库塞呼唤一种铸造灵性的高级艺术（高雅文化），以反抗工业社会对人的扭曲，对抗“大众文化”的麻木和“卑俗”。

在我看来，马尔库塞最为重要的思想是鲜明地提出了“通过艺术造就新感性”来达到解放人与解放社会的目的。艺术的革命和造反特性作为马尔库塞“总体革命”的一个重要方面，主要是通过艺术和审美进行人的心理、本能革命，消除异化，造就“新感性”，达到解放人的目的。为此，他恢复了“美学”一词在鲍姆伽登创立时的原初意义——“感性学”，强调在哲学史上该词“反映了对感性（因而是肉体的）认识过程的压抑性看法”，即不断从理性上去理解它而驱逐它的感性本意，因此，需要恢复这一本意。他的美学理论，基本上是围绕着“新感性”展开的。

首先，他认为艺术的永恒性以普遍人性为基础，而他对普遍人性却作了弗洛伊德主义的解释，说这是“原始精力的领域，即性欲能力和破坏能力的领域”，也即生本能与死本能的领域；而艺术的永恒性就来源于对这种普遍的爱欲的表现，他甚至说，“艺术作为性爱和幸福的升华形态，在根本上就是性爱和幸福的代用品”；艺术表现普遍的爱欲，就是表现了“生命本能在其反抗本能压迫和社会压迫的斗争中对自身的深刻肯定”。

他的理由是，资本主义现实世界对人性造成了压抑，而艺术由于超越直接现实而展现了一个非压抑条件，使人的感性本能如狭隘的性欲得以升华为广泛的“爱欲”，这是“性欲的自我升华”；他并说，“性欲的自我升华”这个词意味着，在特定条件下，性欲可以创造高度文明的人类关系，而不屈从于现存文明对本能的压抑性组织。艺术的革命功能就体现在这种升华中。

其次，他同样借用弗洛伊德主义，把人的本能需要与文明社会的进步对立起来，认为这种对立是快乐原则与现实原则的对立，也是感性与理性的对立。人生来就追求各种需要的满足，这是人类生活中本能的、感性的快乐原则；而在现代文明社会中，为满足这些需要就必须做出种种限制与让步，快乐原则受到现实原则的压抑，感性本能受到理性的压抑。马尔库塞认为这种“压抑性理性统治”应当废除以获得心灵的自由。但要完全摆脱现实原则和理性的统治，在现实中是不可能的，唯有幻想与想象两种心理机能在意识领域内“不受现实的检验，因而只从属于快乐原则”（弗洛伊德语），它们“保护了受理性压抑的人和自然要求全面实现的欲望”。而想象与幻想正是艺术和审美的特有领域，所以艺术与审美就具有非压抑性目标和本性。他说，通过想象与幻想，艺术对现行理性原则提出了挑战，这是对理性的“统治逻辑组织生活的持久抗议，是对操作原则的批判”，它使主体感性摆脱压抑状态，达到感觉与理智的会合，即“感性的解放”。

最后，他提出了通过艺术造就“新感性”的主张，并认为这是一种政治实践，说“这种政治实践必然破除了看、听、感觉和了解事物的惯常方式，使有机体变得善于接受一个非攻击性的、没有剥削的世界的潜在形式”。这就需要改变人们旧的感受世界的方式，造就具有“新感性”的社会主体。这种新感性，就是能“超越抑制性理性的界限（和力量），形成和谐的感性和理性的新关系”的感性，它体现了“否定整个旧制度”、“肯定建立一个新社会的要求”。就此而言，“新感性已成了一个政治要素，它预示着当代社会的一个转折点”。他把当代苏联、东欧青年中用超短裙、摇滚乐等反对认真精神，强调社会主义应当轻松、愉快等行为，都说成是新感性的实践。

他认为，造就新感性的最佳途径在于现代艺术。“艺术通过对现实的变形造就了新感性，这样同时也就释放了新感性中被束缚的审美力量”。如现代的“反艺术”用“句法的消灭，词句的破碎，普遍语言的爆炸性使用，没有乐谱的乐曲”等激进方式体现摧毁旧感性、造就新感性的力量，使人们“把解放同废除普通、守法的感觉连在一起”。同时，审美能解放被理性压抑的感性，使感性与理性达到和谐统一的自由状态，从而形成新的感受方式即新感性。他说，审美“遏制了攻击性”，在审美中，人们摆脱了“不自由社会的抑制性满足的感受”，消除了“竞争性的剥削或恐怖”因素、“资本主义精神所产生的物质垃圾”，以及“这种精神本身”，因此，“审美活动就是自由的需要的机能赖以获得解放的领域”，造就自由的新感性的领域。

他还强调新感性体现了一种新的价值观，具有改造和重建世界的力量。他说，通过艺术形成的新感性能“产生一种生产力”，在重建现实过程中，“其主要审美特质将使现实成为一件艺术品”。所以，在他看来，“社会生产力可能近似艺术的创造力，艺术世界的建设可能近似现实世界的重建”，二者是统一的。在此，马尔库塞的思路是：艺术和审美造就了主体的新感性，而新感性能变成一种改造、重建社会的现实（物质）生产力，这种艺术和审美化的生产力能把现实改造为“艺术品”。这种艺术化的现实正是马尔库塞的审美乌托邦的理想国，在那里，“审美事物与现实事物的疏离状态将告终，事物和美、剥削与娱乐的商业性联合状态亦将告终”，社会的异化将被彻底扬弃。

以上尼采、海德格尔与马尔库塞的“艺术本体论与审美解放论”的思想，为当今世界的文化转型奠定了本体论的哲学基础。

八、中华文明将再一次崛起！

2013年7月6日下午3:00在美国硅谷“中国传统文化读书会”演讲。

一切非西方国家的现代化发展，大概要经过两个阶段。第一个阶段是西方化引领现代化，第二个阶段是去西方化，回归传统文化，继续引领现代化。

——亨廷顿

感谢各位的光临，从2004年8月3日开始，我来美国生活已经9年了。在这里生活，有许多身临其境的感受，根据我的体验与观察，欧洲与美国的思想，主体论、认识论、方法论与实践论都很先进，就缺“天人合一”的本体论，这种视野和感觉，主要是在中国的传统文化里。今天，我把最近几年对中西方文化个性比较的思考向大家作一个汇报。自从1840年鸦片战争以来，中国社会与中国文化受到了西方文化与西方社会发展模式的严峻挑战，用李鸿章的话说，中国遭遇了“三千年未有之变局”。中国知识分子对中西方文明的优缺点进行了许多的比较，主要提出了“中体西用说”“全盘西化说”“西体中用说”“中西会通说”这四大理论。现在，这四大理论仍然在不断的争论之中。这里，我从文化哲学的角度建立了一个中西方文化精神比较的坐标系，希望从文化精神的比较中找到中国文化最优化发展的道路。下面就具体地论述。

19世纪初，德国著名的“狂飙突进运动”启蒙思想家席勒（1759—1805）在《审美教育书简》一书里，强烈地表达了一个观点：**当今时代的特征是“上层腐败，下层粗野”，只有通过“美”才能拯救堕落的社会。他认为，政治问题的解决必须借助美学问题，人们只有通过美才能**

走向自由。因此，要顶住时代的需要和风尚，让美在自由之前先行[①]**；“政治方面的一切改进都应从性格的高尚化出发（而性格的高尚化只能通过艺术）”**[②]**；“近代人要做的，就是通过更高的艺术即审美教育来恢复他们天性中的这种完美性”**[③]**；“只有美的性格在一个民族中得势，理想中的国家才能成为现实，国家与个人才能达到和谐统一”**[④]。引用席勒的观点，为我下面的论述做了铺垫。改造国民性问题，是20世纪中国精英知识分子共同思考的核心问题。20世纪初中国新文化的大师、民国时期的第一任教育总长与北京大学的校长蔡元培去德国留学的时候，受西方人的启发，他认为近代中国人的身上最缺乏的就是审美精神，因为美具有超越性与普遍性，只有美才能让中国人摆脱功利主义、物质主义、人欲横流主义的纠缠。于是回国后，就倡导“教育救国”，“美育救国”，“以美育代宗教”，在1912年4月发表的关于讨论教育方针的《对于新教育之意见》的文章里，首次提出了要实施“军国民主义教育、实利主义教育、公民道德教育、世界观教育、美育”这五育并举的教育方针，1912年7月召开的全国临时教育会议上讨论并通过了新的教育方针，即“注重道德教育，以实利教育、军国民教育辅之，更以美感教育完成其道德”，同年9月，这一新的教育方针由教育部公布实施，这一教育方针特别突出了美育的重要价值，蔡元培一直想写一本《美育》的学术专著，可是由于公务太忙，一直没有时间写，只写了几篇小文章，成为了中国教育界的一大遗憾。

经过多年研究以后，**我发现“以美立国，以法治国”是建设国家的根本规律**。中国的崛起应围绕“以美立国，以法治国”来展开：美是内治，学校教育要以“美育”为中心，努力培养“美、德、智、体、劳”全面发展的人才；社会教育要以“宗教”为中心，通过社会自发的宗教

---

① ［德］席勒著，冯至，范大灿译《审美教育书简》，北京大学出版社1985年版，第12页。
② 同上，第44页。
③ 同上，第27页。
④ 同上，第19页。

组织与宗教活动，努力提升人的心灵美感与人格品质；法治是外治，其目的是以普世人权为中心使社会管理有序化，**构建民主法治下良序的市场经济秩序，这就是治理国家的普遍规律。让美走在自由之前，审美教育走在政治改革之前，培养高素质的公民，逐渐建设“自由、平等、博爱”的民主社会，这是一条平稳转型的道路。**有人说：“李泽厚也说过，以美储善，以美启真，以美立命，美育代宗教，是中国文化传统的特征，和你的观点异曲同工吧。”我回答说：是的，和李泽厚的观点有相似之处。不过，我并不认为美学是中国文化的特征，而伦理学才是中国文化的特征。儒家可分为政治儒家与心性儒家两大流派，政治儒家“以德治国”是主流、是家长制的等级的伦理，是一种反个性，反创新，反“自由、平等、博爱”与反普世价值的伦理体系，这是中国社会官本位与人格普遍萎缩并使社会长期停止不前而又周期性地动荡的根本病根，而心性儒家、道家、禅宗是美学，是一种追求“自由、平等、博爱”与天地境界的修炼美学，主张自由与个性解放并反抗条条框框的政治儒家伦理，对中国压抑人性的等级社会与功利社会起平衡作用。事实上，美学恰恰是西方文化的根本特征。黑格尔在《历史哲学》一书里说：“雅典生活中主要的元素，便是个别的独立性和美的精神所鼓动的一种教化。”[1]也就是说古希腊是一个美的个性化的社会，也就是一个美学的社会。当今的欧美文化就是在希腊文化与希伯来文化的基础上发展而来的，整个社会有一种浪漫的审美精神并追求“自由、平等、博爱”的品格。现在，在欧美国家生活的人，都可以从日常生活的细节中感受到这种精神与这种品格的存在，所以，我同意“欧美文化是现代世界的入口”这样一种说法。这种以人为本的社会，对全世界的人民都具有吸引力。显然，美育不可能代宗教，美育与宗教是互补的，应该共生，学校教育以美育为主，社会教育以宗教为主，当今的欧美。已经是这样做的。中国还是一个“以道德为本”的国家，条条框框太多，社会品质与生活品质还比较粗糙，

① [德] 黑格尔著，王造时译 《历史哲学》，上海世纪出版集团 2006 年版，第 243 页。

学校缺少美育，社会缺少宗教，**人们还普遍缺少体育、音乐、文学、美术、哲学、美学、宗教、生态文化等人文精神的教养与教化，使得整个社会的精神文化生态严重的失衡，功利性十足的“又土又俗”的大众文化与意识形态文化成了学校与社会的主导文化，人们还普遍生活在功利的价值选择之中，发展缺少原创，主要依靠复制与低端产品制造，使得中国人的生存状态与精神境界还处于较低的谋生的层次，难以对国际社会承担更多的责任与对国际社会产生更大的文化影响力。大国的崛起不仅仅是经济的崛起与政治的崛起，而更应该是一种文明的崛起！一种新人文精神的崛起！也就是一种生态人文科学主义的崛起！中国，您需要一场文艺复兴！请问，中国，现在您做好了文艺复兴，做好了文明崛起的准备了吗？**据凤凰卫视总裁刘长乐介绍：全世界文化产品市场，美国占 43% 的市场份额，欧洲占 34%，亚洲占 19%，其中日本占 10%，中国占 4%。在美国基本上感觉不到当代中国文化对美国社会的影响，除了少数中餐馆、中医诊所与中国传统文化中心外，在美国九年，我只听到过一次美国人的“垮掉的一代”的博物馆放中国《梁祝》的音乐，看过两部中国电影。显然，中国还需要不断地向欧美学习与向自己的优秀传统文化学习，以美学来改造社会，才能逐渐进步并由内而外地提高社会方方面面的品质。

在美国生活，有许多身临其境的感受，根据我的体验与观察，欧洲与美国的思想，主体论、认识论、方法论与实践论都很先进，就缺“天人合一”的本体论，这种视野和感觉，主要是在中国的传统文化里。美是万物存在的最高理由，是天地人的共同精神，是宇宙、人生与艺术的生命力的表现，是“自由、平等、博爱”的象征。黑格尔在《历史哲学》一书里说，历史是根据太阳的光线从东方开始在西方终极的，人类历史开始于中国和蒙古，要逻辑地经历“中国文明—印度文明—波斯文明—希腊世界—罗马世界—日耳曼世界”，日耳曼世界就构成了人类历史与文明的终点。而我认为，要经历了西方文化的“市场经济、个人主义、民主政治”三位一体洗礼后的中国所创造出的“东西方合一”的文明，才可能是人类文明的终点，从而完成了“正—反—合”三段式的辩证循环，也就是历史与文明的轨迹是中国—印度—波斯—古希腊—古罗马—日耳曼—中国，中国是起点也是终点。中国的传统文化是一种“天人合一”的文化，“与天道合一，天地人共生”这是人类生存与发展的根本，人类文明开始于“天人合一”，经过否定之否定之后，又终结于“天人合一”，这样才完成了人类文明精神的循环。剑桥大学的著名历史哲学家汤因比在《历史研究》一书里，强烈地表达了一种观点：人类文明的未来发展主要取决于“希腊文明模式与中国文明模式”的互补。[①]对此观点我深表认同。西方自然观是原子论思维方式，从微观开始到宏观，东方自然观是元气论思维方式，从宏观开始到微观，二者构成互补，被系统生态自然观所整合。在我看来，西方文化主“动”、主“阳”，阳盛阴衰；东方文化主“静”、主“阴”，阴盛阳衰；动以健身，静以养心；要“动静互补”与“阴阳平衡”方能可长可久。由美的鉴赏力与整合力造成的混血的趋势是世界文化发展的潮流。**事实上，中国传统“天人合一”的文化是很有美感的，天地与我并生，万物与我为一。天地有大美而不言，圣人者，原天地之美而达万物之理。中国的“元气、阴阳、五行、八卦”的哲学与美学，名山大川、园林、古镇，茶道、书法、国画、养生、中医、风水、太极、武术，饮食文化，儒家的心学、道家的哲学、禅的艺术、藏传佛教的修炼体系与气功的自我训练等是一种追求天地境界的自然美学，这是一种注重艺术感觉与内在心性修养的修炼美学。这种充满了静穆精神的“天人合一”的自然主义文化达到了人类精神美感的最大值，刚好弥补了西方文化的不足，因为西方文化侧重的是个人主义的人文美学，重视对现实世界的“原子论思维方式的科学观察、实验、概念、判断、推理”与“自由、平等、博爱”的体验以及对“神性世界”的向往。中国天地境界的自然美学与西方的人文美学和科学思维方式是一个互补**

①[英]汤因比著，刘北成、郭小凌译《历史研究》，上海人民出版社2000年版，第33–43页。

的结构，21 世纪的世界文化应该是“自然文化、人文文化、科学文化”三位一体的统一。中国人应该有对自己民族文化的自信与优越感，这些传统价值会逐渐发掘出来将影响全世界进行文化转型而建设成为全球的生态社会。这就是中国文化的希望与新的文化生长点。如果说，以希腊精神为主的欧美文化使全球实现了由“农业文明”向“工业文明”的转型，那么，以“天人合一”精神为主的中国文化将会成为使全球实现由“工业文明”向“生态文明”转型的主力文化，将为人类文明灌注“天人合一”的灵魂，人类的生活方式将更加追求“自然化、人文化与科学化”的统一。

在对东西方文明的学习与体验中，四十岁之前，我更喜欢西方文化，热情、个性、奔放、逻辑思维；四十岁以后，我逐渐更喜欢东方文化，宁静、淡泊、天人合一、养生，整个身心都有一种回归自然的倾向。现在，作为个体的我经常陶醉在中国传统文化的美感里而不能自拔。仅仅泡一杯盖碗绿茶，看几幅国画，读一读《黄帝内经》《中国道家养生文化》《中国佛教养生文化》这样一些书，我就完全被中国文化这种天地境界的美感所征服。在我的心中，中华民族是一个很美的民族，为人类创造了一种“天人合一”的文明。这既是一种古老的文明，又是一种未来的文明。中国人的性格历史如同黄河，先秦是上游，清澈见底；汉唐是中游，虽泥沙俱下，毕竟有波涛汹涌之雄大气象；明清是下游，经常断流，已奄奄一息。中国人的品质，春秋时代清澈刚健，魏晋时代虚静逍遥，唐宋时代雍容文雅，明清时代则奴性和流氓气十足。近百年来，我们错过了什么，“国民劣根性”的改造从哪里开始？要恢复中华民族的元气与汉唐盛世的雄大气象并实现“中国梦”，依我之见，“以美立国，以法治国”是唯一的出路。**还好，走向宪政民主，建设“自由、平等、博爱”的社会制度正在逐渐成为人们的共识，“法治和自由”这种普世价值正在中国的大地上逐渐生根。现在，具有英明领袖气质的中国政府高瞻远瞩地提出了，我们要建设“以人为本、和谐社会、创新国家”的发展战略，这是中国文化价值观的重大转型。**集体利益高于个人利益而转向重视个人，由重视公有制而转向重视私有制，重视个人的尊严与幸福，重视个人的自由选择与自我实现，这是文明进步的表现，是一次关于文化深层价值观的伟大的变革。所谓“以人为本”，这是一个很大的概念，其中重要的一点就是要唤醒自我，在家庭、学校与社会中有更多选择的自由，从而才能更好地发现自我与实现自我。**人一定要活在自由中，活在自我意识的感觉中，活在自我实现的生命状态中。**对教育的定义说来说去，说了两千多年，其实很简单，教育说到底就是对人的自我意识、对美感的唤醒。人最本质的力量与创造性是根源于自我而发展出来的，没有自我就没有人权，也没有个人的幸福与个人的创造性。所谓人权，其实就是人天生就具有自由选择的权利，也就是要在宪法的主导下，个体要脱离国家、脱离家庭、脱离学校的监护状态，成为有独立判断能力、独立思考能力与独立行动能力的人，自己决定自己的命运——成为自己，成为自己期待的那种人。只有这样，个人才有自由度与人的尊严，社会才有更大的创造性，人民才有更多的幸福感。这就是“个人主义文化”的真正魅力，也是发达国家真正的成功之道，因而，对全世界人民都具有吸引力。我最后的疑问是，中国做好了由集体主义文化向个人主义文化转型的准备了吗？我不知道，只有走着瞧吧！我的讲座到此结束。再次谢谢各位的光临。

后记：为成为“审美国家”而努力

一个时代教育艰难之根源，不仅在于人力、财力、物力的不足和匮乏，更在于失去了灵魂没有方向和理想。从中国到美国，这个世界总让我揪心揪肺，我看到了中国教育的现实被高考指挥棒绑架与被应试教育所主导，用缺少人文精神的课程、教材与教法在强迫学生们学习导致普遍厌学而陷入了困境；美国的教育现实由布什总统签署从 2002 年开始执行的《不让一个孩子掉队》的教育改革法案，正在强化基础教育与通过考试竞争评价学校优劣，减少体育与艺术的课程而加强数学与科学课程的训练，给小学生与中学生布置更多的家庭作业，在多数情况下也是失去了理想走入了歧途。教育改革者们依据“丛林法则”为了自己的国家能出人头地，更好地参与国与国的竞争，并在国际竞争中取胜，把人当成经济工具、当成政治工具、当成人力资源开发的对象，教育改革方案重视的是工具主义的教育价值，缺少对生命的关爱与对个体幸福的关注，缺少人类“美、真、善、爱”的理想主义的核心价值观，培养的人大多缺少人文精神与内心的定力，追求的是失去了灵魂的卓越。**这既让我难受也激发了我的斗志，使我不得不站出来纸上谈兵地用教育的真理——美是教育的本质与培养“美、德、智、体、劳”全面发展的人作为永恒的光源普照大地，**以好让清新的阳光穿过乌云照射下来，柔和而温馨地跟随春、夏、秋、冬的自然节奏，安安静静地滋养大地，润泽生命，使心随“美、真、善、爱”而和鸣，唤醒全球的每一个角落最终都成为审美国家与审美地区，让一个充满“自由、平等、博爱”的大同世界从地平线上诞生。

以上的论述，就是我的关于“人类教育的公理体系与中国社会转型

的美学”解决方案　，希望得到读者真诚的赞美与善意的批评。教育是事关人类自身命运的最后一道难题。它是人类通向自由的最后一把锁。欢迎加入到探寻教育之密钥的队伍中。本书引用了部分家长、学者与老师撰写的材料，在此表示深深的感谢！

谨以此书，献给天下的父母与孩子们！

美国全人教育国际机构

AMERICA WHOLE PERSON EDUCATION INTERNATIONAL INC

柯领

2016 年 8 月 28 日于美国旧金山